ro
ro
ro

DANIELA DAHN

DER SCHNEE VON GESTERN IST DIE SINTFLUT VON HEUTE

DIE EINHEIT – EINE ABRECHNUNG

Rowohlt Taschenbuch Verlag

Originalausgabe
Veröffentlicht im Rowohlt Taschenbuch Verlag,
Hamburg, Oktober 2019

Lektorat Rüdiger Dammann und Frank Strickstrock
Covergestaltung zero-media.net, München
Coverabbildung Horst Galuschka / picture alliance
Satz aus der Minion 3, InDesign,
bei Pinkuin Satz und Datentechnik, Berlin
Druck und Bindung CPI books GmbH, Leck, Germany
ISBN 978-3-499-00104-8

INHALT

TEIL III
NEUE SCHÖNE WELT 183

TEIL I

GEHT EIN KAMEL DURCHS NADELÖHR

Mit der Mauer war jegliche Zurückhaltung der Sieger gefallen. Seither werden Kamele ständig gezwungen, durch Nadelöhre zu gehen. Damit sie den Reichen ermöglichen, schon auf Erden ins Himmelreich zu kommen. Das ist offenbar gedeckt durch die christliche Leitkultur. Die Nächstenliebe.

Eher geht ein Kamel durch ein Nadelöhr, als dass ein Reicher in das Reich Gottes gelangt. Im Neuen Testament ist dies so oder ähnlich eines der am häufigsten zitierten Gleichnisse Jesu. Es geistert durch die Evangelien – Markus, Lukas, Matthäus und das der Nazaräer –, es ist biblischer Fakt. Theologen haben sich jahrhundertelang verrenkt, dem verqueren Bild eine tiefe Bedeutung abzugewinnen, und sind zu den abenteuerlichsten Interpretationen gekommen.

Dieses Gleichnis hat ermutigt und eingeschüchtert, selbst Kinder. Als kleines Mädchen im Religionsunterricht erfasste meine Mutter blankes Entsetzen. Als Tochter zeitweilig halbwegs wohlhabender Kaufleute malte sie sich ihr Schicksal als Himmelverstoßene aus. Ihre Vorstellungskraft verschwendete sie allerdings nicht darauf, wie man vermeintlichen Reichtum teilen, sondern wie das Kamel doch noch durch das Nadelöhr passen könnte. Kindliche Phantasie ist bildhaft direkt: Selbst wenn man die allergrößte Pelznadel nähme, würden wohl beim Durchzwängen als Erstes die langen Ohren dran glauben müssen. Wenn das Kamel die breite Schnauze noch spitzen könnte, spätestens am Hals würde es erwürgt.

Doch das Gruselgleichnis hat womöglich mit Jesus gar nichts zu tun. Dieser sprach aramäisch, die Ursprache des Neuen Testaments ist Griechisch. Erst in den letzten Jahren hat sich die Forschung auf Übersetzungsfehler konzentriert, die wohl zahllos sind. Kamel heißt gamla. Aber gamta heißt Schiffstau oder Seil. Das hat der Übersetzer offenbar verwechselt. Eher geht ein Schiffstau durch ein Nadelöhr, als dass ein Reicher in das Reich Gottes gelangt. So erst wird das Bild stimmig, gewinnt Jesus seine Sensibilität für Sprache zurück. Und all die schlauen Ausleger des falschen Bildes sind blamiert.

Jesus' angebliche Vorliebe für das Kamelgleichnis ein Fake? Ein Fakt ist so lange ein Fakt, bis das Gegenteil bewiesen ist. Denn ob nun Schiffstau oder Kamel, Fakt ist, dass das Evangelium verkünden wollte, dass ein Reicher sich an den Armen versündigt und daher keinen Anspruch auf Vergebung hat. Bald nach der Wende hatte sich die Zahl der Sünder in der Bundesrepublik verdoppelt.

Und nicht nur da. Deshalb ist die Geschichte der deutschen Einheit nicht nur eine deutsche Geschichte und sollte auch nicht nur so erzählt werden. Die Mauer ist natürlich nicht einfach gefallen, plötzlich und unerwartet wie ein Soldat im Krieg. Seit dem Tag des Mauerbaus haben verschiedenste Kräfte an ihrem Fall gearbeitet. Es gab brenzlige, gefährliche Versuche – dass sich schließlich die Keine-Gewalt-Fraktion durchgesetzt hat, war auch Zeichen gewachsener politischer Reife der Beteiligten. Wir haben schon vergessen, welches Glück letztlich alle hatten. Insofern wird der Begriff des Fallens der Komplexität des Vorgangs natürlich nicht gerecht, aber er hat sich durchgesetzt. Wie so manch andere unangemessene Deutung auch.

Fakt ist, dass der sogenannte Mauerfall eine tektonische Erschütterung des ganzen Globusses war. Weil damit nicht nur die Teilung eines Landes aufgehoben wurde, sondern die der Welt in zwei sich mehr oder weniger feindlich gegenüberstehende Systeme. Die Mauer trennte längst nicht nur Deutschland. Hier verlief sie nur oberirdisch, sichtbar, in ihrer ganzen Hässlichkeit und Hilflosigkeit. Unterirdisch durchquerte sie die Kontinente, die Köpfe und Herzen. Aber die deutsche war auch nicht die einzige, die zeitweilig oder bis heute quer durch ein Land gegraben war, eine Sprache und Kultur zerriss und mit Munition gleicher geschichtlicher Herkunft bestückte Kanonen gegenseitig in Stellung brachte.

Die erste Mauer nach dem Epochenumbruch von 1945 fiel 30 Jahre später am 17. Breitengrad, nach einem US-Angriffskrieg, der die ganze Welt empörte. Als Sieger ging die Sozialistische Demokratische Republik Vietnam hervor. Die Vereinigung des sozialistischen Süd-Jemen mit dem kapitalistischen Nord-Jemen fand einige Monate vor unserer statt. Mit ähnlichen Fehlern, aber voller Gewalt. Ich komme darauf im dritten Teil zurück. Und die Mauer an Abschnitten der Militärischen Demarkationslinie zwischen Nord- und Süd-Korea besteht noch – mit atomarer Sprengkraft.

Da können wir Deutschen doch sehr zufrieden sein. «Keine Gewalt», stand auf allen Armbinden der Ordner der Großdemo vom 4. November 1989 auf dem Alexanderplatz. Und das hat die «friedliche Revolution» durchgehalten. Sie war derart friedlich, dass sie im Westen alles beim Alten gelassen hat. Sie hat nur im Osten alle Tore weit aufgerissen, das Brandenburger Tor und das Betriebstor und das Scheunentor auch. Für den Investor aus dem Westen. Und den Liquidator. Den Experimentator und den Triumphator. Den Gladiator und den Plagiator, den Multiplikator und den Kalkulator, den Reformator und den Deklamator, den Senator und den Usurpator, den Imperator und den Kolonisator, den Polarisator und den Agitator. Weit, weit auf. Für viele Kamele.

Wie der Mauerfall Himmel und Hölle öffnete

Die Einheit war eine feindliche Übernahme auf Wunsch der Übernommenen. Für die Sieger war das schönste an der friedlichen Revolution, dass sie nichts revolutionierte. Das Neue bestand darin, den alten Spielregeln beizutreten. Kaufen und sich kaufen lassen. Dieser Mechanismus funktioniert zuverlässig und gibt keinen Anlass zur Klage. Wer Geld in die Hand bekommt, kann sich nach freier Wahl

Wünsche erfüllen, je mehr Geld, je schöner die Erfüllung. Dieses Versprechen ist eingehalten worden. Es hat den meisten Ostdeutschen bis dahin unerreichbaren, wenn auch oft überschaubaren Wohlstand und Bewegungsraum ermöglicht.

Man lässt sie allerdings spüren, dass es ein subventionierter Wohlstand ist, kein selbsterarbeiteter. Wie auch, wenn 95 Prozent des volkseigenen Wirtschaftsvermögens in westliche Hände übergingen. Damit war über den Grad der Abhängigkeit der Neubundesbürger entschieden. Denn nur Eigentum gewährleistet persönliche Sicherheit und geistige Unabhängigkeit – das aus dem antiken Rom stammende Fundament westlicher Funktionslogik erwies sich als immer noch stabil. Auf diese Steine konnten sie nicht bauen.

Die Einheit hatte lange gefälligst als Erfolgsgeschichte zu gelten. Nicht nur in den Großmedien, wohl auch bei der Mehrheit der Menschen in Ost und West und Nord und Süd. Doch die angeblich «nachholende Modernisierung» galt der Kopie eines Systems, das damals längst veraltet war. Und heute von allen Seiten erodiert. Diejenigen, die sich in der historischen Situation nach Öffnung der Mauer einen fortschrittlichen Schub für das ganze Land erhofften, hatten von Anfang an eine kritischere Sicht. Denn es war abzusehen, wohin das Veruneinheitlichen führen würde: Ein Prozent hyperreiche Haushalte verfügen über ein Drittel des volkswirtschaftlichen Gesamtvermögens. Die Quittung für soziale Kälte und politisches Versagen ist die AfD.

Heute lebt das Prekariat landesweit, von der Bildung der öffentlichen Meinung ist es ausgeschlossen. Auch deshalb konnte die Einheit lange als Erfolgsgeschichte verkauft werden. Inzwischen ist das Bild gekippt. Solange der Protest von links kam, konnte man ihn «gar nicht ignorieren», wie die Devise war, also vernachlässigen. Was jetzt von rechts kommt, ist nicht nur Protest. Es ist der Versuch, die Macht zu übernehmen. Die Geschichte umzudeuten. Vor Ort Pflöcke zu setzen. Kulturelle Vielfalt zu begrenzen. Das gelingt in den leergefegten Landstrichen schon beunruhigend. Die Beweglicheren, die Kreativeren sind gegangen. Die Bevölkerungszahl in Ostdeutschland entspricht heute der von 1905. Vorindustriell. Das ist ein Menetekel.

Das Leben ist eher postindustriell. Nachdem die riesigen Kombinate zerschlagen waren, blieben nur verlängerte Werkbänke, Mittel- und Kleinbetriebe, die mittlere und kleine Löhne zahlen. Ein Vollbeschäftigter verdient im Schnitt monatlich immer noch 1000 Euro weniger als im Westen, und das Vermögen ostdeutscher Eltern ist halb so groß wie das der Westeltern. Auch das ist nicht nur DDR-Erbe, sondern auch Erbe der Vereinigungs-Enteigner. Diese hatten wohl gehofft, durch die subventionierte Kaufkraft würden sich die Ostdeutschen mit der Deklassierung abfinden. Doch die Probleme von heute sind die Rache für die falschen Weichenstellungen des Anschlusses. Immerhin – die Luft konnte sich erholen. Um anderswo schlechter zu werden. Gerade erst alarmierte die UNO, dass pro Jahr sieben Millionen Tote durch verdreckte Luft zu beklagen seien. Himmel und Hölle.

Hierzulande ist es zweifellos zu begrüßen, wie die Mauerneurosen auf beiden Seiten einer Art staatlichen Normalität Platz gemacht haben. Wie herausgeputzt im Osten die einst vorwiegend grauen Städte und Gemeinden sind und alle Anteil an den positiven Neuerungen einer globalisierten und digitalisierten Welt haben. Wunderbar, wie junge Leute weltweit studieren, praktizieren, arbeiten, heiraten. Wie sie, wenn sie clever sind und möglichst von den Eltern finanziell unterstützt werden, in der Gründerszene Start-up-Karrieren machen. Wer nicht zu den Verlierern gehört, dessen individueller Spielraum hat sich zweifellos enorm erweitert.

Doch die weitverbreitete Annahme, dass sich daher in der jüngeren Generation die innere Einheit längst vollzogen hat und Vorbehalte nur verbitterte Ältere pflegen, ist weit gefehlt. Das Bild von einer eher angepassten, unpolitischen Jugend hat sich in jüngster Zeit zum Glück generell ins Gegenteil verkehrt. Wir sind konfrontiert mit der *Generation Alarm* – und das ist gut so. Die ostdeutschen

Jugendlichen haben sich ein kritisches Bewusstsein bewahrt, bedingt durch eigene Nachwendeerfahrungen und die ihrer Eltern.

Die absolute Mehrheit ist mit der Wirtschaftsordnung und der dieser untergeordneten Demokratie unzufrieden – weit mehr als im Westen. Bei den jungen Frauen sind das sogar fast zwei Drittel. Sie beklagen ein Defizit an Mitgestaltungsmöglichkeiten, haben kein Vertrauen zu etablierten Parteien und glauben nicht daran, dass das System die Zukunftsprobleme lösen kann. Die allermeisten jetzt Enddreißiger begrüßen die Einheit. Doch über 90 Prozent haben immer noch eine Doppelidentität. Sie fühlen sich halb als einstige DDR-Bürger und halb als Bundesbürger.

Die anhaltende Fremdheit resultiert eher aus der Begegnung als aus der Trennung. Schon früh wurde mir klar: Das Grundmissverständnis zwischen West und Ost bestand darin, dass die eine Seite dachte, sie gibt ihr Letztes, während die andere meinte, man nähme ihr das Letzte. Wer in Wahrheit gegeben und genommen hatte, sollte sich bald zeigen: Die Zahl der bundesdeutschen Millionäre verdoppelte sich auf über eine Million, während im Osten mit der ersehnten D-Mark die Zahl der Arbeitslosen von null auf vier Millionen stieg. Die Konstrukteure des wirtschaftlichen Desasters haben es laut Experten fertiggebracht, dem Staat, also den Bürgern, für die Kosten dieser Einheit zwei Billionen Euro in Rechnung zu stellen.

So viel Geld hatte niemand. Ein Großteil der Ausgaben wurde über Kredite finanziert, die noch längst nicht abgezahlt sind. Sie sind in die Staatsschuld von derzeit ebenfalls gut zwei Billionen Euro eingegangen, hängen also kommenden Generationen als unerwünschte Mitgift am Hals. Aber auch uns Heutigen, wenn dringende Zukunftsinvestitionen mit Hinweis auf die einzuhaltende schwarze Null ausbleiben. Die reiche Bundesrepublik hat die im Maastricht-Vertrag angegebene Obergrenze für zulässige Schulden in der EU noch nie eingehalten. Dass überhaupt so viel investiert werden konnte, lag nicht nur an Deutschlands Wirtschaftskraft, sondern auch daran, dass unsere Finanzexperten den Euro so konstruiert haben, dass wir die Hauptnutznießer sind, also ärmere Europäer für uns arbeiten lassen.

Was will dieses Buch?

Dies ist kein Buch über die DDR, sondern über die 30 Jahre danach. Es gilt Bilanz zu ziehen, was nicht nur der Mauerfall, sondern der Wegfall des ganzen Realsozialismus in dem angeblich unbetroffenen Westen eigentlich bewirkt hat. Wie hat sich dieses Land, in diesem Europa, auf dieser Welt, in den letzten 30 Jahren verändert? Große Frage. Zumindest auf Tendenzen und einige Details einzugehen sollte möglich sein.

Als Methode für die mit akademischer Systematik in einem Buch kaum zu bewältigende Herausforderung hat sich der Gedankenstrom angeboten. Er fließt geradewegs, gerät gelegentlich auch in Stromschnellen oder Strudel, flüchtet in Seitenarme und rudert dann, bis er wieder im Fluss ist. Er springt von lebhafter Erinnerung zu Auffrischung von fast Vergessenem, von überprüfter Legende zu offenen Fragen und erhebt keinerlei Anspruch auf Vollständigkeit. Am Ende wird sich ein persönliches Panorama zur Lage der Nation und zum Stand des Internationalen abzeichnen, das den Abgleich mit dem Bild des Lesers erhofft.

Ich habe seit dem sogenannten Mauerfall nicht die Einheit als solche, sondern die Art ihrer Verhunzung in sieben kritischen Büchern beschrieben. Das siebente war meine Bilanz zum 20. Jahrestag. In «Wehe dem Sieger» kam ich zu dem Schluss, dass der siegreiche Westen der Verlierer der Einheit ist. Weil er ohne die Systemkonkurrenz vor lauter Gier seinen Halt verloren hat. Mit diesem unerbaulichen Fazit, so hatte ich beschlossen, wollte ich mich ein für alle Mal von diesem Thema verabschieden und künftig nur noch nach vorn schauen. Ankunft im Westen. Der fremde Blick. Das Staunen, das Genießen, das Zweifeln. Die neuen Probleme, die oftmals die alten sind. Das Vertagen der Hoffnung. Das würde hinreichend Stoff bieten für andersartige Analysen. In «Wir sind der Staat» hatte ich damit begonnen.

Aber dann füllte der Osten wieder die Schlagzeilen. Nach 30 Jahren ist sein vorherrschendes Image seine in vielen Regionen, ja in der Mitte der Gesellschaft angekommene Anfälligkeit für rechtsnationales, fremdenfeindliches Denken und Handeln. Nach Ursachen wurde gefragt und von Paradigmenwechsel gesprochen. Aber halbherzig. Deshalb wollte ich es nun doch noch einmal wissen. So soll der staatliche Umgang mit Faschismus und Antifaschismus vor und nach dem Beitritt im Mittelteil des Buches stehen. Welche Folgen hatte der Wandel von verordnetem zu geächtetem Antifaschismus? Es geht um den gefährlichen Mix aus fatal rechtsblinkenden staatlichen Signalen, einer flächendeckenden Entwertung, ja Denunziation östlicher Prägungen, begleitet von einer enteignungsgleichen Streichung von Ansprüchen auf Sozialleistungen, Stellen, Immobilien und Betriebe und schließlich einer Desillusionierung über die Versprechen von demokratischer Teilhabe.

Geschichtsschreibung ist die Summe der Lügen, auf die die Mehrheit sich einigt, das wusste schon Napoleon. Die Mehrheit ist hierzulande immer die westdeutsche, in dem Fall die mit einer geradezu kolonialen Deutungshoheit. Zu jeder Herrschaft gehört die Herrschaft über die Geschichte. Volker Braun: «Was wir landläufig Geschichte nennen, ist Gegenstand einer Konstruktion, die von Jetztzeit geladen ist.» In diesem Buch soll möglichst der Fehler vermieden werden, den Kanzler Kohl erst spät einräumte: Zu behaupten, alles in der DDR war falsch und alles im Westen richtig, sei «idiotisch» gewesen. Laut Duden also einfältig, völlig unsinnig, auch hochgradig schwachsinnig. Insofern wird man auch um Betrachtungen verschiedener Befunde zur DDR nicht umhinkommen, aber immer unter dem Aspekt, wie mit ihnen in den letzten 30 Jahren umgegangen wurde. Hatte es in den Zeiten der Teilung auf beiden Seiten durchaus differenzierte Betrachtungen gegeben, so fehlte es plötzlich über Nacht an der simplen Bereitschaft, denen zuzuhören, die couragiert darauf hinwiesen, was in der DDR richtig war und was in der BRD falsch. Sie wurden als Diktatur-Verharmloser, als Altlast und Nostalgiker verhöhnt. Ich weiß, wovon ich spreche.

Am Anfang war es einfach: Alle Probleme ließen sich mit sozialistischen Altlasten erklären. Das wird nach 30 Jahren immer schwieriger. Umso mehr rücken nun diese Jahre ins Visier der Erklärungssucher. Denn östliche Eigenarten bleiben. Die russische Nobelpreisträgerin Swetlana Alexijewitsch schreibt: «Der Kommunismus hatte einen aberwitzigen Plan – den ‹alten› Menschen umzumodeln, den alten Adam. Und das ist gelungen ..., es ist vielleicht das Einzige, das gelungen ist. ... Man erkennt uns auf Anhieb! Wir alle, die Menschen aus dem Sozialismus, ähneln einander und sind anders als andere Menschen – wir haben unsere eigenen Begriffe, unsere eigenen Vorstellungen von Gut und Böse, von Helden und Märtyrern.»

Auch wenn die DDR-Bürger das Ummodeln nicht 70, sondern nur 40 Jahre erlebt haben, hat das Spuren hinterlassen. Ich bekenne mich zu diesen Spuren und sehe sie nicht als Makel an. «Es ist nie darüber gesprochen worden, was für dramatische Unterschiede es in den ost- und westdeutschen Kulturen gibt», beklagte der Pop-Star Herbert Grönemeyer unlängst.[1]

Also sprechen wir von diesem Drama. Zu dem gehört, dass ein verzerrtes Geschichtsbild schwerlich durch ausgewogene Gesamtdarstellungen zu erschüttern ist. Mit dem hundertmal Gesagten muss heute niemand mehr gelangweilt werden, das hundertmal Verschwiegene wartet auf Kenntnisnahme. Das ist besonders schwierig und wird nur bedingt gelingen. Man steht nicht zuletzt mit Rücksicht auf die Zeit des geneigten Lesers vor dem Dilemma, auf die verordnete Einseitigkeit zu reagieren und damit zu einer Art Gegeneinseitigkeit genötigt zu sein. Auf einen zerbeulten Topf gehört ein zerbeulter Deckel. Ich räume diesen unvermeidlichen Mangel mit der Bitte um Nachsicht ein, wohl wissend, dass ich auf solchen Ablass nicht hoffen kann.

Ich bestehe seit nunmehr 30 Jahren darauf, dass der westliche Diskurs den fremden Blick nicht nur aushalten, sondern als Bereicherung begreifen sollte. Denn er trifft auf blinde Flecken im westlichen Bewusstsein, oder zumindest auf nicht ohne Absicht unterbelichtete. Zu denen gehört, nicht so genau hinzuschauen, was das eigene Treiben bei anderen auslöst, nicht nur im Osten, nicht nur in Osteuropa. Bei allen Schwächeren, bis hin zum Jemen. Wo unsere gottverdammten Waffen Tod und Elend bringen. Allein in diesem Jahr durften alle an diesem Krieg beteiligten Feinde des Jemen eine Milliarde Euro an unsere Rüstungslobby zahlen. Koalitionsvereinbarung? Völkerrecht? Responsibility to protect? Hat die Nato mit ihrer neuen Doktrin die UNO entmachtet, seit es die Sowjetunion nicht mehr gibt? Im letzten Teil des Buches gehe ich davon aus, dass man Geringeres nicht fragen darf, will man die Konsequenzen des Mauerfalls bilanzieren. Beginnend mit der kleinen ostdeutschen Bürgerbewegung, wird am Ende nach einer weltweiten gefragt. Die *Generation Alarm* ist schon da.

Erfülltes und Unerfülltes

Was im Osten überdrüssig und übermütig als friedliche Revolution begonnen hatte, wurde im Westen gekontert mit dem Wechsel auf eine Zukunft, die den über die Freiheit des Konsums hinausgehenden Erwartungen oft nicht standhielt. Sieht man sich heute die programmatischen Gründungsdokumente der damaligen Bürgerbewegungen, oppositionellen Gruppen, Runden Tische, neuen Parteien und die kirchlichen Stellungnahmen an, so erhebt das Unerfüllte immer noch Anspruch. Den dringlichen Forderungen nach Reise- und Meinungsfreiheit, nach einem Ende von Bevormundung und Privilegien der Funktionäre kann man, soweit das für Habenichtse möglich ist, mit der Einheit den *Status: erfüllt* zubilligen.

Das ist keinesfalls geringzuschätzen. Es war aber, angesichts des

Sonderrechts Ost, der fehlenden Chancengleichheit und des Beharrens auf herkömmlichen Demokratieformen im beizutretenden Gebiet nicht eben revolutionär. In den ersten Jahren sprach nicht nur der Initiator der Leipziger Montagsdemo, Pfarrer Christian Führer, davon, dass der eigentliche Teil der Revolution noch ausstehe. Inzwischen sind solche Stimmen angesichts der Realitäten verstummt oder auch verstorben, wie Bärbel Bohley oder Wolfgang Ullmann.

Als oberstes Ziel aller Entwürfe wurde immer wieder ein «solidarisches Gemeinwesen» gewünscht. Das hat zweifellos den *Status: nicht erfüllt.* Die Konkurrenz-Gesellschaft atomisiert die strampelnden Einzelwesen und schleudert sie mit ihrer Zentrifugalkraft in immer neue, voneinander getrennte Umlaufbahnen. Auch die damaligen Vorstellungen über den Charakter von Freiheit lassen sich heute kaum als erfüllt betrachten. Die von der Schriftstellerin Christa Wolf formulierte Präambel des Verfassungsentwurfs der Vertreter des Runden Tisches und einer Expertengruppe aus namhaften, vorwiegend westdeutschen Juristen drückte die Überzeugung aus, «dass die Möglichkeit zu selbstbestimmtem verantwortlichem Handeln höchste Freiheit ist».

In der Möglichkeitsform ist diese Voraussetzung gegeben. Selbstbestimmung wird allerdings ohne eine angemessene Arbeit, und damit verbundene Vergütung, schon schwierig. Und die Mittel für verantwortungsvolle Teilhabe am politischen Geschehen werden bekanntlich mehrheitlich als so mangelhaft empfunden, dass von Fassadendemokratie die Rede ist und notwendiger Selbstermächtigung. Von «höchster Freiheit» wird also kaum jemand reden wollen. Reduziert man die Forderung auf die dennoch wichtige «Vergrößerung der bisherigen Spielräume persönlicher Freiheit», so lässt sich mit Genugtuung mehrheitlich bilanzieren – *Status: erfüllt.*

Revolutionär wurden die damaligen Forderungen auch dadurch, dass neben Verbesserungen im eigenen Leben auch die Belange des ganzen Landes und der Menschheit (Neues Forum) bedacht wurden. Zwar wünschte man sich ein vielfältigeres Warenangebot, man sah aber auch die ökologischen Kosten und plädierte für eine «Abkehr von ungehemmtem Wachstum». Der Sozialismus dürfe «nicht verlorengehen, weil die bedrohte Menschheit auf der Suche nach überlebensfähigen Formen menschlichen Zusammenlebens Alternativen zur westlichen Konsumgesellschaft braucht» (Demokratie Jetzt). Doch alle systemrelevanten Veränderungen bekamen geradezu automatisch den *Status: abgelehnt.*

Der Energieverbrauch sollte spürbar reduziert werden wie auch die Vergeudung natürlicher Ressourcen. Wer Umweltschäden verursacht, sollte dafür haften, also die Schäden bezahlen und ausgleichen. «Wir müssen lernen, unsere Wirtschaft und unsere Bedürfnisse dem Schutz der Umwelt unterzuordnen.» *Status: bedrohlich verschlimmert.*

Die Marktwirtschaft sollte mit einem «strikten Monopolverbot zur Verhinderung undemokratischer Konzentration ökonomischer Macht» belegt werden (DDR-SPD). Die Demokratisierung sollte auch vor der Wirtschaft nicht haltmachen. Sozialismus und Demokratie sollten miteinander versöhnt werden (Demokratischer Aufbruch). *Status: abgelehnt.*

Entschädigte Enteignungen zugunsten des Allgemeinwohls sollten möglich sein, die Privatisierung von Gemeineigentum aber streng reglementiert werden. Der überragenden Bedeutung einer sicheren Wohnung für ein menschenwürdiges Leben war besonderes Gewicht beizumessen. *Status: In der Diskussion.* Artikel 32 des Verfassungsentwurfs sah vor: «Das Eigentum und die Nutzung von land- und forstwirtschaftlichen Flächen, die einhundert Hektar übersteigen, ist genossenschaftlichen und öffentlichen Einrichtungen und den Kirchen vorbehalten.» Über das Privateigentum hinaus ging es um die «Pluralisierung der Eigentumsformen». Wobei das gesellschaftliche Eigentum an Produktionsmitteln vorherrschend sein sollte (Böhlener Plattform). «Wir wenden uns entschieden dagegen, dass politbürokratische Unterdrückung durch kapitalistische Ausbeutung ersetzt wird.» *Status: abgelehnt.* Wertsteigerungen von Boden durch

Umwandlung in Bauland stehen den Kommunen zu. *Status: Ansätze von Diskussion.*

Gefordert wurden politische Verhältnisse, die die Bürger kontrollieren, durchschauen und verändern können. Direkte Demokratie sollte gefördert, der Einfluss von Betriebs- und Bürgerräten erhöht, Volksentscheide, bei Zugang aller zur Öffentlichkeit, ermöglicht werden. Die Akten der Geheimdienste sollten auf beiden Seiten geöffnet werden. *Status: unerfüllt und abgelehnt.*

Der erreichte Stand der Gleichberechtigung von Frauen und Männern sollte verteidigt und verbessert werden, ebenso das Recht auf selbstbestimmte Schwangerschaft. *Status: in der Diskussion.*

Es ging um drastische Senkung der Militärausgaben (Demokratischer Aufbruch), um friedliche Konfliktlösung, um das Konzept der strukturellen Angriffsunfähigkeit und das Wachstum der Konversionsindustrie. Losung: Raketenschlepper zu Straßenkränen. *Status: bedrohlich verschlimmert.*

Immer wieder ging es darum, «Bewährtes zu erhalten» (Bund der Evangelischen Kirchen) und neue Wege zu einer partizipatorischen Gesellschaft zu suchen. Auch die Kirche stehe vor dem Gegensatz zwischen Anspruch und Wirklichkeit. Das Leben erfülle sich nicht im Besitz, «sondern in dem, was ich für andere bin». Niemand habe gegenwärtig d i e Lösung. *Status: unverändert.*

NEBENBEMERKUNG: *Was ich wollte und was nicht*

Ich wollte immer in einer Demokratie leben, aber nie im Kapitalismus. Mit entsprechend unvereinbaren Hoffnungen bin ich in den Sog der Einheit geraten. Zumal ich mit diesem doppelten Begehr natürlich zu einer Minderheit gehörte. Sollte sich jemand jenseits dieser Minorität versehentlich bis hierher verirrt haben, so kann ich nur um die Großzügigkeit bitten, dennoch ein wenig weiterzulesen. Und zu berücksichtigen, dass 30 Jahre ins Land gegangen sind, in denen viele Gewissheiten ins Wanken gerieten. Die Versöhnung von Sozialismus und Demokratie, einst ein Hauptanliegen nicht nur von Rosa Luxemburg, erfährt gerade zumindest rhetorisch eine Renaissance. Von Südafrika bis in die USA. Unter US-Linkeren wächst ein Konsens, wonach Kapitalismus Ungleichheit produziert, der zu Oligarchien führt, die den Weg zum Faschismus bahnen könnten. Auf der Plattform commondreams.org halten zwei junge Frauen ein Transparent hoch: Demokratischer Sozialismus – Kapitalismus hat uns im Stich gelassen! Neben das S-Wort ist ein knallrotes Herz gemalt. Immer wieder wird betont, Sozialismus müsse mehr Gleichheit bringen, ohne dabei die Freiheit zu knebeln.

Es gibt Erfahrungen, die nicht einfach umsonst gewesen sein sollen. Die Möglichkeiten, vermögend zu werden oder große Erbschaften zu machen, waren in der DDR genauso begrenzt wie die, großen Luxus zu kaufen. Das war nicht nur ein Nachteil. Es erleichterte den gesellschaftlichen Zusammenhalt. Und sparte Zeit und Lebensenergie, die man in Freundeskreise investieren konnte. Es ersparte den Familien erbitterte gerichtliche Erbstreitigkeiten, wie ich sie heute staunend verfolge. Die Zweitrangigkeit von Geld war unser Kapital. Mit dieser Diagnose durfte ich nach der Währungsunion zunächst nicht auf allzu viel Zustimmung hoffen. Der Weg ins Paradies schien mit der D-Mark gepflastert.

Niemand konnte sich dem Geld-Fokus entziehen. Schließlich hatte jeder den berechtigten Anspruch, nun endlich das gesunde Obst zu genießen, den zeitsparenden Geschirrspüler, den gerade erst aufgekommenen Computer. Auch Autos, Immobilien, Trüffel begannen zu locken. Problematisch wurde es erst, als klarwurde, da ist nichts, was sich nicht verzollen und zur Ware machen lässt: Informationen. Algorithmen. Kampagnen. Gesundheit. Bildung. Beziehung. Liebe. Einfluss. Kunst. Krieg. Freiheit. Demokratie. Alles käuflich. Und damit toxisch.

Ich fühle mich den Alt-89ern zugehörig, vertraut mit dem Demokratischen Aufbruch, der einst gemeint war, und dem demokratischen Abbruch, der ihm folgte. Ich versuche Argumente aufzugreifen, von denen, die zu wenig gehört werden – die Ostdeutschen, die Frauen, die Friedensbewegten, die Kapitalismus-Attacierenden, die Antifa, die Geflüchteten, die Putin- und Natur-Versteher.

Gern spielte man in den letzten Jahren auf den hauptstädtischen Bühnen Becketts *Endspiel.* Da ließ sich gut munkeln: Immer versucht. Immer gescheitert. Einerlei. Wieder versuchen. Wieder scheitern. Besser scheitern.

Besser scheitern: Vereinigungslegenden

Die Umstände der Einheit sind Schnee von gestern. Mit Folgen bis heute. Um die damaligen Abläufe haben sich vereinfachende Legenden gebildet, die das Verständnis nach wie vor belasten. Es herrscht ein konservatives Narrativ vor, wonach es für den gegangenen Weg keine Alternativen gab. Dieses einst von Margaret Thatcher geprägte Tina-Prinzip gehört zu den Glaubensbekenntnissen, die den Anforderungen an eine moderne, lebenswerte Welt am wenigsten gerecht werden. Schon weil wir weiterhin ständig an Scheidewegen stehen, sollte aus Gründen des nachholenden Dazulernens daran erinnert werden, welche Weichen damals falsch gestellt wurden.

Verfestigt hat sich ein wohlbeabsichtigtes Bild, wonach gleich nach dem sogenannten Mauerfall die Massen zu schneller Einheit drängten, verbunden mit dem Wunsch nach bedingungsloser Übernahme der westlichen Ordnung. Derart seien die bedachtsam zögernden Bonner Politiker nur so zur Tempoeinheit getrieben worden. Doch schon zwei Tage nach Maueröffnung gab Kanzler Kohl vor der Bundespressekonferenz die Marschrichtung vor: «Ich habe keinen Zweifel daran, dass die Deutschen die Einheit ihrer Nation wollen.»

Obwohl Ende November 1989 die meisten DDR-Bürger die Erfahrung hinter sich hatten, wie es ist, mit Begrüßungsgeld durch westliche Konsumtempel zu schreiten, entschieden sich 86 Prozent für «den Weg eines besseren, reformierten Sozialismus», nur 5 Prozent wollten einen «kapitalistischen Weg», 9 Prozent einen «anderen Weg».[2] Rückblickend ist es eher erstaunlich, dass die Menschen der Minderheit von Oppositionellen, Theologen und Bürgerrechtlern mit ihren Angeboten einer grundlegenden Erneuerung für eine kurze Zeit die Regie überließen. Als der damalige Vorsitzende der Ost-CDU Lothar de Maizière zehn Tage nach Öffnung der Mauer der *Bild am Sonntag* ein Interview gab, konnte er sich sicher sein, mit seiner Meinung nicht allein zu stehen: «Ich halte Sozialismus für eine der schönsten Visionen des menschlichen Denkens. ... Wenn Sie glauben, dass die Forderung nach Demokratie zugleich die Forderung nach Abschaffung des Sozialismus beinhaltet, dann müssen Sie zur Kenntnis nehmen, dass wir unterschiedlicher Auffassung sind.» Die Einheit sei nicht «Thema der Stunde», sondern beträfe «Überlegungen, die vielleicht unsere Kinder und Enkel anstellen können».

Was weder de Maizière noch sonst jemand im Osten wusste: Drei Tage nach diesen Überlegungen legte das Direktoriumsmitglied der Bundesbank, Claus Köhler, auf einer internen Sitzung des Zentralbankrates ein Konzept für eine Währungsunion vor. Noch gab es Bedenken. Aber der keine Kosten scheuende Plan zum Aufkauf der Revolution war geboren. Auf Seiten der als Revolutionäre Bezeichneten war die Zuversicht, endlich mitgestalten zu können, noch ungebrochen. Dass es wichtig war, den taumelnden Verhältnissen durch neue Gesetze Stabilität zu geben, war klar. Ich saß zu dieser Zeit in zwei Arbeitsgruppen, eine vom Schriftstellerverband, die ein neues Pressegesetz mit innerredaktioneller Mitbestimmung entwarf. Und eine von der ersten unabhängigen Untersuchungskommission der DDR, die sich nach den gewaltsamen Vorkommnissen im Oktober um ein bürgernahes Polizeigesetz kümmerte, wie es auch heute noch ein Fortschritt wäre.

Im Osten hoffte man noch, so könne Demokratie funktionieren. Wir gingen unverzüglich dazu über, den Augiasstall selbst auszumisten. Und ahnten nicht, dass finanzstarke Kräfte am Werk waren, die den Stall so schnell wie möglich mit allem Unrat kaufen wollten. Weil der Mist den Preis senkt und überdies bestens geeignet ist, ihn uns ein Leben lang vor die Nase zu halten. In seiner «Rede an die Deutschen in der DDR» warnte der langjährige Ständige Vertreter der Bundesrepublik in der DDR, Günter Gaus: «Während sonst Leute, die Geld haben, die Orte von Revolutionen fliehen, kann man hier, etwa im Palasthotel, wo ich wohne, die westlichen Gesichter studieren – die Aufkäufer sind da!»

Der Runde Tisch hatte Neuwahlen zur Volkskammer beschlossen und zugleich verlangt, dass sich die Westpolitiker aus dem Wahlkampf heraushalten mögen. Ich konnte im «Demokratischen Aufbruch» beobachten, wie sich die Westler, wohlmeinend oder nicht, keinen Tag an diese Forderung hielten. Unsere improvisierten Büros wurden mit Spenden und Computern versorgt, die Westmedien boten rund um die Uhr Raum für Interviews und Berichte, Berater wichen uns nicht mehr von der Seite, und bei größeren Zusammenkünften gastierten und redeten huldvoll Spitzenpolitiker aus Bonn.

Die Dosis an besorgniserregenden Fakten zum finanziellen, moralischen und ökologischen Zustand der DDR, die die Medien verbreiteten, erhöhte sich von Stunde zu Stunde. Bankrottgerüchte waren aus politischen Gründen oft heftig überzogen, wie die Deutsche Bank später feststellte. Dazu gehörte auch der sagenumwobene Schürer-Bericht, der die DDR-Auslandsschulden aufgelistet, aber die Guthaben, die weit über die Hälfte davon abdeckten, aus taktischen Gründen weggelassen hatte. So war es für alle schwer, sich ein fundiertes Bild zu machen. Die Rolle von Fake News und Medien als Stimmungsmacher in diesen Wochen ist noch nicht untersucht.

Bei einem Besuch am 20. November in Berlin knüpfte Kanzleramtsminister Seiters Bedingungen an eine mögliche Finanzhilfe der Bundesrepublik, die darauf hinauslief: erst Abschaffung des Sozialismus, dann Geld. Drei Tage später schrieb Klaus Hartung in der *taz*: «Solch eine Politik zerstört jenen zeitlichen Spielraum, den die

Massen von Leipzig und die vielen oppositionellen Gruppen in allen Lagern unbedingt brauchen, um überhaupt das praktizieren zu können, was Selbstbestimmung heißt.»

Unheilbares Deutschland

Viele Wissenschaftler, Theologen, Juristen und Künstler aus dem Westen hatten seit Ende 1989 gewarnt. «Für Euer Land, für unser Land», hieß am 2. Dezember eine Erklärung von drei Dutzend Autoritäten, deren Stimme inzwischen spürbar fehlt. Inge Aicher-Scholl, Heinrich Albertz, Annemarie Böll, Karl Bonhoeffer, Helmut Gollwitzer, Margarethe Mitscherlich, Ossip K. Flechtheim, Luise Rinser, Dorothee Sölle und andere schrieben: «Nicht nur Euer Land, Ost und West stecken in einer tiefen Krise. In dieser Situation werden bewusst nationalistische Gefühle angeheizt. Bundeskanzler Kohl hat mit seinem ‹Zehn-Punkte-Plan› die ‹Wiedervereinigung› zu westdeutschen Bedingungen zum Programm erhoben. ... Damit würde nicht nur Euer Versuch, einen Weg sozialistischer Demokratie aus der Krise Eurer Gesellschaft zu finden, verschüttet. Auch das reformerische Bemühen der sozialen Bewegungen in unserm Lande würde einen schweren Rückschlag erleiden.»

Ein Mitunterzeichner, der österreichische Futurologe Robert Jungk, flehte geradezu: «Lassen Sie sich um Gottes willen nicht von den Konzepten kapitalistischer Staaten verführen. Wenn bei uns weiter in der bisherigen Art regiert und produziert wird, stehen unvermeidlich schwere, nicht wiedergutzumachende Krisen ins Haus.» Inzwischen sind diese Krisen unsere ständigen Begleiter. Vom Keller bis unters Dach. Was anfangs den Euphemismus «Revolution» verdiente, war der ansatzweise Wandel zu einer Demokratie, die den Bürgern mehr Möglichkeiten des Mitdenkens und Mitentwerfens bot als jede andere bisher praktizierte Regierungsform. «Das könnte ein Modell für die Welt werden», schwärmte Jungk. 30 Jahre nach dem

Niedergang des Realsozialismus steht die Welt ohne jedes durchsetzungsfähige Modell da.

Aber welches Land hört schon auf seine Intellektuellen. Von ihnen veröffentlichte im Dezember 89 die *Frankfurter Rundschau* die «Erklärung der Hundert: Wider Vereinigung». Es werde unverhohlen ein Export der gesellschaftlichen und wirtschaftlichen Ordnung der Bundesrepublik nach Osten angepeilt. Diese Großmannspolitik werde «die Wiedervereinigung in einem Scherbenhaufen enden lassen und den Aufbau des Europäischen Hauses gefährden». Ein Scherbenhaufen als Humus für die AfD. Auch die Vorhersage, dass Europa durch deutsche Großmannspolitik bedroht werde, war weitsichtig und zeigt zugleich: Man konnte das alles absehen. Die eingetretenen Entwicklungen hatten nichts mit einer vom Himmel gefallenen Globalisierung zu tun. Der neoliberale Raubmensch-Kapitalismus war nur insofern ein Naturereignis, als nicht zu bestreiten ist, dass auch Aasgeier natürliche Wesen sind.

Kohls Ausschüttung des eiligen Geistes hatte auch die Leipziger Montagsdemonstranten in rivalisierende Gruppen polarisiert. Gegen Tausende Träger schwarz-rot-goldener Fahnen (wo immer die herkamen) rückte ein großer Trupp Studenten an mit Losungen wie: «Reinigen statt einigen», «Kommt die DM zu früh, kommt die Vernunft zu spät». Die meist etwas Älteren mit den Fahnen skandierten daraufhin: «Rote aus der Demo raus!» Die Jungen wehrten sich mit: «Nazis raus!» Es kam zu Tumulten. Plötzlich regnete es vom Himmel 100-DM-Scheine. Mit dem umseitigen Aufdruck: Schon eingekauft? Für einen Moment verschlug es beiden Seiten die Sprache. Wird die Demo als Erstes gekauft?

Wer bei ARD und ZDF in der ersten Reihe saß, bekam künftig fast nur noch die nationale Flagge zu sehen und Demonstranten, die eine schnelle Einheit forderten, als das nachweislich noch nicht Mehrheitsmeinung war. Am heftigsten wurde die DDR in dieser Zeit dadurch destabilisiert, dass täglich etwa 2000 Menschen durch die offene Mauer das Land verließen. Der sowjetische Botschafter

Kwizinskij sprach am 5. Dezember im Bundeskanzleramt vor. Die sowjetische Führung sei besorgt, dass die westlichen Massenmedien die Menschen in der DDR zur illegalen Ausreise aufstacheln.

Die Bundesregierung kam in dieser den Lebensnerv treffenden Frage dem Modrow-Kabinett keinen Millimeter entgegen. Euphorische Empfänge in den Aufnahmestellen, Begrüßungsgeld und bevorzugte Hilfe bei der Suche nach Wohnung und Arbeit waren garantiert und wurden öffentlichkeitswirksam propagiert. «Wir sind uns darüber im Klaren», notierte Kohl-Berater Horst Teltschik in sein Tagebuch, dass erst «nach der Wahl Übersiedler so behandelt werden müssen wie Bundesbürger, die ihren Wohnort wechseln».[3] Kohl frohlockte im In- und Ausland, dass die DDR «die Lage nicht im Griff» habe. Und auf dem Ku'damm demonstrierten 20 000 Westberliner unter dem Motto: Unheilbares Deutschland.

Wahlbeeinflussung und endgültiger Bruch mit dem Sozialismus

Bei seinem ersten großen Wahlkampfauftritt in Erfurt verkündete der führende Historiker unter tosendem Beifall ein achtes Weltwunder. Nach den Hängenden Gärten zu Babylon nun die Blühenden Landschaften in Kohlrabien. Auf der Montagsdemo in Leipzig wurde indessen ein Bürgerrechtler, der vor drohender Arbeitslosigkeit warnte, von Aufhören-Rufen unterbrochen. Eine Sprecherin, die Wuchermieten prophezeite, falls westdeutsche Eigentümer zurückkehren, wurde ausgebuht. Verteilt wurden massenhaft Flugblätter der bundesdeutschen Parteien. Diese haben für den vom Runden Tisch unerwünschten Wahlkampf in der DDR 7,5 Millionen DM ausgegeben, wie erst später bekannt wurde. Der Löwenanteil ging von der CDU an die neue Ostschwester und von der CSU an die rechtskonservative DSU.

Hatte sich der «Demokratische Aufbruch» (DA) in seiner Anfangsphase noch gegen die Unterstellung verwahrt, «die DDR in kapitalistische Verhältnisse zurückreformieren zu wollen», so hat er im Laufe des Herbstes einen Rechtsruck vollzogen und es dem machtbewussten Kohl leicht gemacht, den zwielichtigen Vorsitzenden des DA, Wolfgang Schnur, für die «Allianz für Deutschland» zu vereinnahmen. Bei dem im kleinsten Kreis von Kohl-Vertrauten in Westberlin gegründeten Wahlbündnis dieser drei ging es wohlgemerkt um Volkskammerwahlen der DDR – kann man sich mehr Wahlbeeinflussung vorstellen?

Doch, kann man. Und daran zu erinnern ist nicht der Schnee von gestern, sondern betrifft das bis heute im Osten anhaltende Dilemma. Die Stärke jener Allianz war schwer zu beurteilen, Umfragen sagten immer noch einen Erdrutschsieg der SPD voraus. Am 6. Februar traf sich Bundesbankpräsident Karl-Otto Pöhl (SPD) mit dem Staatsbankpräsidenten der DDR Kaminsky und der DDR-Wirtschaftsministerin Christa Luft und stimmte öffentlich deren Haltung zu, nach der eine schnelle Währungsunion eine völlig abwegige Idee sei. Luft hatte zudem klargemacht, dass ein so einschneidender Eingriff nur über einen Volksentscheid beschlossen werden dürfe. Schon um den Wählern die Tragweite eines solchen auf den ersten Blick verlockenden Angebotes bewusst zu machen.

Ohne Rücksicht auf die DDR-Regierung und den eigenen, damit desavouierten Bundesbankpräsidenten bot Kanzler Kohl am selben Tag eine baldige Währungsunion mit einem Umtauschverhältnis von 1:1 an. Der wie alle völlig überraschte SPD-Vorsitzende Hans-Jochen Vogel sprach sich aus guten Gründen dagegen aus. Die sowieso erregten DDR-Bürger waren nun elektrisiert. Drei Tage später setzte Kohls engster Berater Horst Teltschik im Bundespresseamt noch einen drauf. Er sagte den nahen wirtschaftlichen Kollaps der DDR voraus, es zeichne sich ab, dass sie in wenigen Tagen völlig zahlungsunfähig sei und erhebliche Stabilitätshilfen benötige. Am selben Tag distanzierte sich der sachkundige Präsident des Bundesverbandes Deutscher Banken und Vorstandssprecher der Dresdner

Bank, Wolfgang Röller, auf einer eiligst einberufenen Pressekonferenz von dieser Behauptung und sprach von «durchsichtigen Bankrottgerüchten». Doch dieses Dementi fand in den Medien kaum Beachtung, die bevorstehende Zahlungsunfähigkeit war Aufmacher jeder Zeitung.

Teltschik erklärt seinem Tagebuch: «Wir hatten angesichts der wirtschaftlichen Situation in der DDR sowie der ständig steigenden Übersiedlerzahlen seit Tagen über einen solchen Schritt diskutiert» (mit wem wohl, wenn nicht mal mit dem Bundesbankpräsidenten? D. D.). «Unsere Überlegung war: Wenn wir nicht wollen, dass sie zur D-Mark kommen, muss die D-Mark zu den Menschen gehen.»[4] Diese Formulierung vom 6. Februar ist bemerkenswert. Heißt es doch bis heute, die Straße habe nach dem Geld geschrien, sodass die Politiker nicht anders konnten, als es rauszurücken. Es ist aber erwiesen, dass die Losung «Kommt die D-Mark nicht nach hier – gehen wir zu ihr!» erstmalig am 12. Februar auf der Montagsdemo in Leipzig auftauchte. Also mindestens sechs Tage, nachdem die Idee im Kreis der Kohlvertrauten ersonnen, auf unergründlichen Wegen in Leipzig die Massen ergriff und zur materiellen Gewalt wurde.

Nun war klar, wozwischen die DDR-Bürger in einigen Tagen die Wahl haben würden: die D-Mark 1:1 oder Kollaps. Zumal der Begriff «Zahlungsunfähigkeit» ein völliges Novum war und große Irritation auslöste. In Gesprächen auf der Straße oder in der Sparkasse fragten sich die Menschen, ob denn die Auszahlung der Löhne und Spareinlagen noch gesichert sei. In den darauffolgenden Tagen kam es zu einer fast flächendeckenden Abkehr von allerdings längst brüchig gewordenen Überzeugungen. Der einzige programmatische Unterschied der Ost-CDU zur großen Schwesterpartei blieb vorerst die kompromisslose Anerkennung der Oder-Neiße-Grenze. Ansonsten vollzog Lothar de Maizière, nur drei Wochen nachdem er dies noch den Kindern und Enkeln überlassen wollte, den endgültigen Bruch mit dem Sozialismus.

Die SPD mit ihrer völlig berechtigten zögerlichen Haltung zu übereilter Einheit stürzte in der Volkskammerwahl vom 18. März ab – von noch unlängst prognostizierten 54 Prozent auf 21,9 Prozent. Sie hat sich davon jahrelang nicht erholt. Der Riesenvorsprung der CDU erklärte sich aus deren Erlösungsversprechen. Die Leute glaubten das Kapital zu wählen und wählten die Kapitulation.

NEBENBEMERKUNG: *Treffen mit Karl Otto Pöhl*

In einem vierstündigen Gespräch, dessen Niederschrift er später autorisierte, erklärte mir drei Jahre später der inzwischen bei der Privatbank Saal-Oppenheim arbeitende Karl Otto Pöhl, warum die Währungsunion eine Katastrophe war: «Würde man über Nacht in der Bundesrepublik den viel stärkeren Dollar einführen, wäre die deutsche Wirtschaft sofort ruiniert. Oder wenn Österreich die D-Mark übernehmen würde – der Schilling stand 1:7 –, wäre es sofort völlig pleite. Ich habe allein die Idee für phantastisch gehalten.» Pöhl war immer noch die Verbitterung anzumerken. Ohne ihm, dem Präsidenten der Bundesbank, beim persönlichen Gespräch am Tag zuvor auch nur eine Andeutung zu machen, hätten Kohl, sein CSU-Finanzminister Waigel und der FDP-Vorsitzende Graf Lambsdorff aus dem hohlen Bauch und unter Umgehung des Parlaments die unverzügliche Währungsunion angeboten.

Er mache sich schwere Vorwürfe, dass er nicht sofort demonstrativ zurückgetreten sei. In der Schicksalsstunde der Nation glaubte er loyal sein zu müssen, habe ihr damit aber nicht nur ökonomisch, sondern auch politisch geschadet. Denn «es war doch absehbar, dass man nach Angleichung der Preise auch die Löhne angleichen muss und damit jeder Standortvorteil entfallen würde, dass das Ganze nur zu einem Zig-Milliarden-Beschäftigungsprogramm für die Westwirtschaft würde und im Osten Millionen Arbeitsplätze vernichtet werden.»

Auf meine Frage, wie man eigentlich den Bankrott einer Wirtschaft messe, meinte Pöhl: «Die DDR war ja nicht extrem verschuldet, uns haben die Auslandsschulden nie beunruhigt. Und die Innenschulden waren vollkommen belanglos, die spielten überhaupt keine Rolle, waren eine rein buchhalterische Betrachtungsweise.»* Beide Seiten hatten an der Nahtstelle konkurrierender Ideologien über ihre Verhältnisse gelebt. Gemessen an der Verschuldung pro Kopf, seien die Westdeutschen sogar drei Mal so verschuldet in die Einheit gegangen. Von Zahlungsunfähigkeit zu sprechen, sei eine Unverschämtheit gewesen. Die DDR sei nicht wegen ihrer Schulden gekippt, sondern weil das System moralisch diskreditiert war und Gorbatschow die Hand weggezogen habe.

Zweifellos. Und weil der Westen seine vereinnahmende Hand sofort ausgestreckt hat. Eine Mischung aus angestautem Frust über die diktatorischen Machenschaften der DDR, aus neuen Gerüchten und Desinformationen hatte bewirkt, dass die Leute die Faxen satthatten. Sie ließen Hammer und Sichel fallen, die Gärten sollten nun andere zum Blühen bringen.

* Die Treuhand hat es dann verstanden, die buchhalterische Belanglosigkeit zu einer schweren Last zu machen. Da die Volkseigenen Betriebe ihre Gewinne an den Staat abführten, bekam sie von diesem auch Zuwendungen für Investitionen oder Sozialleistungen. Dieser planwirtschaftlich normale Umverteilungsprozess ist unter marktwirtschaftlichem Fehlverständnis wie ein Schuldverhältnis behandelt worden. Die Zuwendungen wurden verzinst und sollten in einen «Altlastentilgungsfond» eingezahlt werden, was viele Betriebe, Wohnungsunternehmen oder landwirtschaftliche Genossenschaften jahrzehntelang schwer belastete oder zur Privatisierung zwang.

Eine größere Misswirtschaft als die der Treuhand hat es nie gegeben

Wandel durch Restauration – das war letztlich selbstzerstörerisch. Die schon nicht mehr ganz so neuen Länder können ihren Bedarf immer noch längst nicht selbst erwirtschaften, woran sich aufgrund der vollzogenen Deindustrialisierung in den nächsten Jahrzehnten auch nichts ändern wird. Die Treuhand hat eine Gegend zurückgelassen, die aus eigener Kraft weniger lebensfähig ist als zuvor, wenn auch auf deutlich höherem Niveau. Auf die Alimentierung durch Sozialleistungen gibt es einen gesetzlichen Anspruch, am Osten sparen geht nicht. Die alt aussehenden Länder sitzen in der Transfer-Falle. Schon 2004 wollte laut Forsa jeder vierte Westdeutsche die Mauer wiederhaben, unter den Ostdeutschen waren es nur halb so viele, sie sehen sich mehrheitlich als Gewinner. Der Sieger muss zahlen, und sein Wertesystem bröckelt.

Nach 30 Jahren ist die Erinnerung an Vorgänge, die damals die Gemüter auf beiden Seiten erregten, verblasst. Die Jüngeren haben vermutlich nie davon gehört, wie von so vielem anderen auch nicht. So sei hier nur im Zeitraffer an die wohl größte Kriminalgeschichte auf dem ungepflasterten Weg zur Einheit erinnert: an die Veruntreuungen der Treuhand.

Da die Gefahr kommender Raubzüge absehbar war (privare heißt rauben), beschloss der DDR-Ministerrat der Regierung Modrow die Gründung einer «Anstalt zur Treuhänderischen Verwaltung des Volkseigentums». Die Bewahrung des Volkseigentums war oberstes Gebot, die Art von sozialistischer Marktwirtschaft, in der es sich bewähren sollte, blieb in der Eile vage. Diese Anstalt sollte der Volkskammer unterstehen, Eingriffe in die Geschäftsführung der Betriebe waren nicht erlaubt.

Doch am 18. März 1990 haben sich die Wähler mit großer Mehrheit für die blühenden Gärten in Kohlrabien entschieden. Die Fachleute aus der DDR, auch die DDR-Bürgerbewegung, waren damit abserviert. Sofort strömten Tausende westliche Wunderheiler als bestellte oder selbsternannte Berater ins Land. Unter deren heftiger Mitwirkung trat am 1. Juli 1990 der Vertrag über die Währungs-, Wirtschafts- und Sozialunion in Kraft. Nun bekamen die Ostdeutschen die ersehnte DM, aber die zentralen Verpflichtungen des Vertrages wurden nie erfüllt.

Statt die Wettbewerbsfähigkeit der DDR-Unternehmen, wie darin zugesagt, zu stärken, brachen 80 Prozent der DDR-Industrie zusammen. Statt den Bürgern «nach Möglichkeit» ein «verbrieftes Anteilsrecht am volkseigenen Vermögen» einzuräumen, gab es nur ein Anteilsrecht an Schulden und nochmals Schulden. Statt «zu einem hohen Beschäftigungsstand» führte die überstürzte Währungsunion zum Abbau von vier Millionen Arbeitsplätzen, während zur selben Zeit in Westdeutschland zwei Millionen neue geschaffen wurden. Statt zu «außenwirtschaftlichem Gleichgewicht bei stetigem und angemessenem Wirtschaftswachstum» brach die Außenwirtschaft bei stetigem Wirtschaftsschwund zusammen. Statt dass die Verträge mit den osteuropäischen Ländern des Rates für Gegenseitige Wirtschaftshilfe wie vereinbart «Vertrauensschutz» genossen und sogar ausgebaut werden sollten, sanken die Handelsumsätze ostdeutscher Betriebe mit den sogenannten Bruderländern von jährlich 50 Milliarden auf fünf Milliarden. Nach kurzer Zeit hatten westdeutsche Unternehmen den einstigen DDR-Export in diese Länder in vollem Umfang übernommen, hier klappte der Ausbau sehr lukrativ. Die osteuropäischen Märkte waren nicht weggebrochen, wie immer behauptet wird, sondern weggenommen.

Gleichzeitig mit diesem Bankrott-Vertrag für den Osten erließ die Volkskammer unter CDU-Ministerpräsident Lothar de Maizière ein neues Gesetz zur Treuhand. Diese unterstand nun nicht mehr dem Parlament, sondern der Regierung, Eingriffe in die Geschäftsführung der 8500 Betriebe waren weitgehend erlaubt, und das Ziel wurde auf den Kopf gestellt: Privatisierung des Volkseigentums. Dabei sollte nach Möglichkeit angestrebt werden, die enteigneten Bürger mit Anteilsscheinen zu entschädigen. Es war immerhin noch eine DDR-Regierung, die ein Bewusstsein dafür hatte, dass dieses Eigentum denen zustehen sollte, die es erarbeitet hatten. So kam die gute Absicht, beschmunzelt von den Wunderheilern, in den Einigungsvertrag.

Nach dem Beitritt zur Bundesrepublik am 3. Oktober 1990 wurde die Treuhand sofort dem Bundesfinanzministerium unterstellt. Ein Leitungsausschuss aus 100 westdeutschen Experten – wo immer diese plötzlich herkamen – begann umgehend, etwa 2000 Betriebe im Jahr abzuwickeln. Wie seriös die meist nur nach Aktenlage vorgenommene, betriebswirtschaftliche Prüfung ausfiel, mag erahnen, wer verstehen will, weshalb die leitenden Mitarbeiter der Treuhand von CSU-Finanzminister Waigel eine Freistellung vom Straftatbestand der «groben Fahrlässigkeit» bekamen.

Grob fahrlässig in staatlichem Auftrag – das war das eigentliche Programm der untreuen Hand. Ostdeutsche Interessen waren nur dazu gut, sie zu missachten. Der Einigungsvertrag wurde gebrochen, wo immer es ging. Oft genug wurden Betriebe dichtgemacht, die vollkommen intakt waren, aber als ökonomische oder kulturelle Konkurrenten störten. Wie etwa die Untreuhänder den Auftrag des Einigungsvertrages verstanden, die «kulturelle Substanz Ostdeutschlands» zu erhalten, beschrieb der Gründer des nach der Wende entstandenen Linksverlages, Christoph Links, in seiner Dissertation[5].

Die ostdeutschen Verlage «wurden nicht ausgeschrieben, sondern ohne Konsultation der Betroffenen nach unüberprüfbaren Kriterien ‹diskret› vergeben. Als zentrales Problem erwies sich dabei der vorrangige Verkauf an ihre direkten Konkurrenten im Westen des Landes. ... Viele Verlage wurden für die symbolische eine Mark abgegeben», unter Auflagen, die weder kontrolliert noch eingehalten wurden. «Zu Beginn lag die Zuständigkeit für sämtliche DDR-Verlage bei einem einzigen Mitarbeiter, einem Bauingenieur. Ihm wurden – nach Protesten aus der Kulturwelt – zwei Teilzeitarbeiter für ein Jahr zur Seite gestellt.» Deutlicher konnte das Mutterland seine Verachtung der Kultur der beigetretenen, vaterlandslos gewordenen

Gesellen nicht demonstrieren. Das Ergebnis war das erwünschte: Von den einstigen 78 DDR-Verlagen existieren heute noch 12. Von 6100 Arbeitsplätzen gingen 5500 verloren. Da sind die heimatlos gewordenen Autoren nicht mitgezählt. «Selbst mit den neugegründeten Verlagen zusammen werden in den ostdeutschen Bundesländern heute nur noch 2,2 Prozent der gesamten deutschen Buchproduktion erzeugt.» Leipzig, jahrhundertelang die «Nummer eins der deutschen Buchstädte, rangiert inzwischen auf Platz 16 hinter Göttingen, Saarbrücken und Heidelberg». Die Erinnerung an DDR-Kultur wurde so Gedanke um Gedanke ausgelöscht.

Innerhalb kürzester Zeit gelangten in derart kolonialer Manier 95 Prozent des Volkseigentums in die Hände westlicher Unternehmer. Dadurch wurden die Ostdeutschen zu der Bevölkerungsgruppe in Europa, der am wenigsten von dem Territorium gehört, auf dem sie lebt. Ihr Bodenreformland, die Betriebe und Großkombinate wurden unter Konditionen privatisiert, die sie selbst aus dem Prozess weitgehend ausschlossen. Weder gehörten sie zu dem vernetzten Filz, der jetzt zuschlug, noch hatten sie das nötige Geld, noch die Kreditwürdigkeit, noch die Vorzugsbedingungen, die Alteigentümern eingeräumt wurden. Egon Bahr kommentierte damals bitter: «In Ostdeutschland sind feudale, frühmittelalterliche Eigentumsstrukturen geschaffen worden, wie sie selbst in Afrika und im Orient vor zwei Generationen überwunden wurden.»

Es war schon erstaunlich, wie riesig das Kaufinteresse an als total marode beschriebenen Betrieben war. Natürlich wussten die östlichen Direktoren besser als alle anderen, wie heruntergekommen und veraltet ihre technische Ausrüstung teilweise war, aber auch, welche Anstrengungen und Devisen bereits erbracht worden waren, um zu modernisieren und auf elektronische Datenverarbeitung umzustellen.

NEBENBEMERKUNG: *Rostendes Bethlehem*

Bald nach der Wende war mir in Bethlehem, im US-Staat Pennsylvania, ein riesiges, vor sich hin rostendes Stahlwerk aus den 20er Jahren aufgefallen, das bis vor kurzem produziert hatte. Ich machte damals aus naheliegendem Mitgefühl ein Rundfunkfeature mit entlassenen Arbeitern, deren Familien seit mehreren Generationen mit dem Werk verbunden waren. Dem einzigen größeren Anbieter von Arbeitsplätzen in der Region. Allzu gern hätten sie an den veralteten Hochöfen weitergearbeitet, schließlich wurde nicht dichtgemacht, weil alles so altmodisch und unproduktiv war, sondern weil die Nachfrage nach Stahl in den USA und weltweit drastisch zurückgegangen war. Erst da begann ich zu ahnen, dass es wohl nirgends auf der Welt, mit Ausnahme der Bundesrepublik natürlich, eine Wirtschaft gab, die nicht mit zum Teil veralteten Ausrüstungen produzierte.

Am Anfang der kurzen Rohwedder-Ära wurde der Gesamtwert des DDR-Volkseigentums noch zwischen 600 Milliarden und 1 Billion DM taxiert. Am Ende der Treuhandtätigkeit war es gelungen, den Wert einer gesamten Volkswirtschaft, mit ihren riesigen, exportstarken und nicht selten mit Westtechnik ausgerüsteten Kombinaten, mit dem schuldenfreien Grund und Boden und allen volkseigenen Immobilien zu einem Wert von minus 330 Milliarden DM herunterzufälschen. Eine größere Misswirtschaft hat es nie gegeben. Die Treuhandakten sind bis heute verschlossen.

WAS AM MEISTEN FEHLTE: BALANCE

Der Historiker Fritz Stern hatte Helmut Kohl in einem vertraulichen Gespräch gefragt, so erinnerte der *Deutschlandfunk* in seinem Kohl-Nachruf, ob er im Prozess der Vereinigung Fehler gemacht habe. Kohl habe länger überlegen müssen (was nicht überraschend ist) und dann gesagt, doch, er habe versäumt, ins öffentliche Bewusstsein zu bringen, dass nicht alles in der DDR falsch war und nicht alles im Westen richtig. Das mag zunächst wie ein lässliches Versäumnis klingen. Fritz Stern aber, der die DDR gut kannte, fügte hinzu, dass ein solcher Ton des Kanzlers am dringendsten nötig gewesen wäre und genau das war, was am weitestgehenden fehlte. Und immer noch fehlt.

Weshalb darüber geredet werden muss. Dabei sollte die Feststellung, dass Gut und Böse, Wahrheit und Lüge, Recht und Unrecht nie fein säuberlich auf eine richtige und eine falsche Seite verteilt sind, spätestens seit der sich an Dogmen abarbeitenden Aufklärung Allgemeingut sein. Der wahre Ring, vermutlich, ging verloren – Lessing plädierte für Streit. Auch wenn der Disput die Wahrheit nicht ermitteln könne, so gewinne diese doch durch jede Auseinandersetzung. «Der Streit hat den Geist der Prüfung genährt, hat Vorurteil und Ansehen in einer beständigen Erschütterung erhalten; kurz, hat die geschminkte Unwahrheit verhindert, sich an die Stelle der Wahrheit zu setzen.»

Da sich zu viele geschminkte Unwahrheiten erhalten haben, muss weiter gestritten werden. Zwar wird inzwischen angesichts des vor allem im Osten zutiefst verunsichernden Rechtsrucks eingeräumt, dass irgendetwas schiefgelaufen sein muss. Von Paradigmenwechsel ist auch im Blick auf DDR-Geschichtsschreibung und Nachwendezeit die Rede. Aber halbherzig und halbwissend. Vielleicht sei der Westen nicht angemessen einfühlsam gewesen, wird nun eingeräumt. Man hätte die östlichen Lebensleistungen anerkennen sollen. Das hätte nicht mal was gekostet. Oder doch, Überwindung. Denn man sieht den Mienen, die zu dem Zugeständnis gehören, unschwer an, dass sie sich fragen: Ja was wollt ihr denn geleistet haben? In diesem bankrotten Stasi-, Doping-, Unrechtsstaat?

Es gibt keinen Grund, «bei den großen politischen und zivilisatorischen Streitfragen zu behaupten, eine Seite habe recht und die andere unrecht. Praktisch immer haben beide Seiten irgendwie recht, und Rechthaberei kann total in die Irre führen», warnt Ernst Ulrich von Weizsäcker in seiner 50-Jahre-Bilanz des Club of Rome.[6] «Statt Rechthaberei brauchen wir einen durchgehenden zivilisatorischen Sinn für Balance. Das ist der positive Kern unserer Forderung nach einer neuen Aufklärung.»

Balance ist genau das, was auf dem Weg zur Einheit verlorengegangen ist und bis heute nicht wiederhergestellt werden konnte. Vielleicht auch nicht wiederhergestellt werden wollte. Und nach Ablauf von 30 Jahren auf weitere lange Zeit nicht wiederhergestellt werden wird. Wirtschaftswissenschaftler erklären, selbst der Begriff «Mezzogiorno» sei für die neuen Länder ein Kompliment, das diese nicht verdienen. Denn der Süden Italiens hat gegenüber dem Norden ein Leistungsbilanzdefizit von knapp 13 Prozent, der Osten Deutschlands aber gegenüber dem Westen eines von mindestens 45 Prozent. «Auch in 100 Jahren werden die Ost-West-Unterschiede noch spürbar sein», sagt jetzt Sachsen-Anhalts Ministerpräsident Reiner Haseloff, der schon in der DDR-CDU war. Eine Ausnahme ist er nicht mit dieser Ansicht, wohl aber mit seiner Position. Denn in Führungsjobs in Politik, Verwaltung, Justiz, Armee, Polizei, Wissenschaft und Wirtschaft gibt es immer noch so gut wie keine Ostdeutschen. Von 35 Ministern und Staatssekretären der Bundesregierung kommen gerade einmal zwei aus dem Osten. Nur zwei sind es auch unter den 140 deutschen Botschaftern. Und die Tendenz der Teilhabe ist weiter fallend. Auch in Ostdeutschland selbst sind immer noch 80 Prozent der Führungspositionen von Westlern besetzt.

Fehlende Balance, das ist keine Frage von Groß und Klein – Gleiches balanciert sich von selbst aus. Der Sinn für Balance muss sich am Verschiedenen erweisen. Um diesen Mangel auszugleichen, muss der schwächeren Seite privilegiert unter die Arme gegriffen werden. Mit stützenden Informationen und Argumenten, mit gesetzlichen Regelungen und auch Geld.

In einer Dokumentation höre ich im Fernsehen eine AfD-Anhängerin drohen: «Wer jahrelang am Volk vorbeiregiert, muss sich nicht wundern, wenn die Menschen sich abwenden und nach eigenen Auswegen suchen.» Und ein noch sehr junger Rechtsextremer sagt fast weinerlich: «Wenn ich schon nicht geliebt werde, dann will ich wenigstens gehasst werden.» Da wird ein großes Versagen beklagt. Ein Unvermögen von uns Eltern, Politikern, von Gesellschaft. Eine mangelnde Bereitschaft zuzuhören und sich einzufühlen. Zum arroganten Prinzip wurde die Ignoranz oft, wenn im weitesten Sinn Linke, gebliebene Bürgerrechtler, junge Leute von Greenpeace, Attac oder der Friedensbewegung Alternativen verlangten. Günter Grass fand es in einem Gespräch mit Rudolf Augstein «unsäglich», wie über Intellektuelle in beiden Staaten hergezogen werde, die sich erlauben, über eine dritte Möglichkeit nachzudenken. Auch ich hatte mir erlaubt, in offensiven Büchern die Machenschaften auf dem Weg der Vereinnahmung aus östlicher Sicht aufzuzeigen, ohne hoffen zu dürfen, dass die Verantwortlichen sich herablassen, die Folgen ihres Tuns auch nur zur Kenntnis zu nehmen.

NEBENBEMERKUNG: *Mein Buch zu Rückgabe vor Entschädigung*

In meinem ersten Nachwendebuch habe ich die überstürzte Beitrittspolitik am Beispiel der Regelung der Eigentumsfrage sehr grundsätzlich kritisiert und den Juristen gar Vorschläge gemacht, wie das verhängnisvolle Prinzip «Rückgabe vor Entschädigung» wenigstens noch abgemildert werden könnte. Dennoch habe ich mir auch nach sechs Auflagen nicht eingebildet, in irgendeinem Gesetz auch nur ein Komma verrückt zu haben. Nach diesen Westeigentümer bevorzugenden Gesetzen gingen bei den neu eingerichteten Ämtern für offene Vermögensfragen 2,2 Millionen Anträge auf Rückgabe von Wohnhäusern und Wochenendgrundstücken ein. Nach Hochrechnungen war die Hälfte der DDR-Bewohner jahrelang von diesem existenziellen Nervenkrieg betroffen. Selbst der daran nicht ganz unbeteiligte Jurist Lothar de Maizière sprach vom «genetischen Fehler» der Einheit.

Erwartungsgemäß wurde mein Buch im Westen öffentlich ignoriert. Aber hinter den Kulissen tat sich ja doch was. Sind doch ein Ministerialrat des Bundesjustizministeriums und sein Referatsleiter eigens von Bonn nach Berlin geflogen, um sich mit mir und der mich beratenden Ost-Juristin Barbara Erdmann einen Tag lang zu streiten. Bevor sie wieder zum Flughafen abdampften, haben wir nach oft lautstarken Fehden zugegeben, dass beide Seiten etwas gelernt haben. Selbst aus Karlsruhe erreichte mich ein Hinweis, wonach zumindest in den unteren Etagen meine Thesen zur Kenntnis genommen würden. Und als ich der damaligen Bundesjustizministerin Leutheusser-Schnarrenberger bei einer gemeinsamen Podiumsdiskussion vor mehreren tausend Besuchern des Hamburger Kirchentages das Buch schenken wollte, hat sie dankend abgelehnt. Weil sie es bereits habe.

Zuhören von Westbehörden hat es nur in wenigen Ausnahmefällen gegeben, und auch nur dann, wenn die Wellen der Empörung gar zu hoch schlugen. Ansonsten waren die Alltagssorgen und Gefühle im Osten eine zu ignorierende Größe. Vorschläge der PDS oder später der Linken wurden im Bundestag grundsätzlich abgelehnt, ganz gleich, worum es darin ging. Alle anderen Parteien hatten sichtlich Freude daran, den Protest der Protestpartei ins Leere laufen zu lassen und sie so ihrer Wirksamkeit zu berauben. An dem zögerlich einsetzenden Paradigmenwechsel gegenüber den Ostdeutschen ist äußerst ärgerlich, dass erst die AfD kommen musste, damit die politische Klasse aufwacht. Dieser weit rechts von der CSU angesiedelten Truppe, deren gesamte Führungsspitze fast ausnahmslos aus dem Westen kommt, hört die sowieso westliche Führung eben eher zu. Sie nimmt die Ultrarechten ernster und lässt sich aufschrecken. Was richtig ist, nur wäre es noch richtiger gewesen, schon zuvor den Protest der Linken ernst zu nehmen.

Kein Anschluss unter dieser Nummer

Dabei gab es lichte Momente in Richtung Balance auch bei Helmut Kohl, und es wäre interessant herauszufinden, weshalb Erkenntnis und Macht (wie zuvor schon bei Lothar de Maizière) offenbar unvereinbare Größen sind. Nach einer Moskaureise erklärte er Mitte Februar 1990 im *ZDF*, er sei dafür, das, was sich in der DDR bewährt habe, zu übernehmen. Es gäbe dort Entwicklungen in den 40 Jahren, die anzusehen sich sehr lohne. «Ich bin ganz und gar dagegen, eine Position einzunehmen, die auf Anschluss hinausgeht. ... Wir werden eine neue Verfassung zu schaffen haben.» Damit erweckte er den Eindruck, dass er die Einheit nach Art. 146 GG favorisiert. Zwei Wochen später erhob derselbe Kanzler dann Art. 23 zum Königsweg seiner Regierung. Richard von Weizsäcker sprach von unseriöser Arbeitsweise. Und Kohl hat später, wie erwähnt, den «Fehler» eingeräumt.

Es ging eben bei weitem nicht nur rational und pragmatisch zu, sondern durchaus unberechenbar und jenseits praktischer Vernunft.

Die Logik der Macht setzte sich, wie damals absehbar war und heute offensichtlich ist, über politische Vernunft hinweg. «Artikel 23 – Kein Anschluss unter dieser Nummer!», unter diesem genialen Motto demonstrierten Anfang 1990 Anhänger von «Bündnis 90» und viele andere gegen einen Beitritt der DDR zur BRD. In der «Allianz für Deutschland» vertrat der «Demokratische Aufbruch» nun gegensätzliche Positionen wie «Bündnis 90», also der Zusammenschluss von «Demokratie Jetzt», «Neues Forum» und «Initiative für Frieden und Menschenrechte».

Uns Anschlussgegnern war klar, dass es dabei nicht um eine Formfrage geht. Wer etwas Fertigem beitritt, akzeptiert dessen gesamten Status quo. Da waren dann kein Platz und kein Grund mehr für östliche Mitgestaltung oder gar Veränderungswünsche. Wurden die vereinzelt doch noch formuliert, hat etwa Wolfgang Schäuble wiederholt darauf hingewiesen, es habe sich um einen Beitritt der DDR zur Bundesrepublik gehandelt und nicht um die umgekehrte Veranstaltung. Ich glaube dennoch nicht, dass alle Wähler der «Allianz für Deutschland» mit ihrer Stimme die Vorstellung verbunden haben, dass gar nichts aus ihrer Praxis übernommen wird und der Westen so perfekt ist, dass da keinerlei Veränderungsbedarf besteht. Art. 23 hätte ein Aufeinanderzugehen zumindest nicht verboten.

Der Wunsch nach einer neuen, gemeinsamen Verfassung und damit überhaupt nach einem gemeinsamen Neuanfang kam damals durchaus nicht nur von ein paar versponnenen Bürgerrechtlern im Osten und versprengten Intellektuellen im Westen. Gegen Art. 23 stimmten in der Volkskammer geschlossen die PDS-Fraktion, die Mehrheit von Bündnis 90 und zwei SPD-Abgeordnete. Die West-SPD war eigentlich auch gegen Art. 23, stimmte aber nach den ernüchternden Wahlen vom März 1990 dafür, um Einfluss auf weitere Verhandlungen nehmen zu können. Ihre Idee des «gestreckten Artikels 23» war gar nicht schlecht, nämlich erst Beitritt, dann gleich Artikel 146 mit öffentlicher Verfassungsdiskussion. Es ist kaum noch im Bewusstsein, dass sich nach dem Beitritt als erste gesamtdeutsche

Bürgerinitiative ein Kuratorium mit vielen Prominenten aus Ost und West bildete. Auf der Grundlage des von der Volkskammer nicht mehr behandelten Verfassungsentwurfs des Runden Tisches, der eine Modernisierung des Grundgesetzes war, diskutierte es öffentlich ein überarbeitetes Angebot. Daran beteiligten sich auch Bürger mit 800 000 Vorschlägen. Vergessen!

Der Entwurf berücksichtigte vieles von dem, woran die Gesellschaft heute krankt. Eine Konkretisierung des Sozialstaatsgebotes, das Recht auf kostenlose Bildung, auf eine angemessene Wohnung und auf Arbeit, Kinderrechte und mehr Teilhabe von Frauen. Ein digitales Kommunikationsgeheimnis und vor allem strikte ökologische Vorgaben. Die weitgehende Ohnmacht des Parlaments gegenüber der Regierung wurde als Gefahr für die Demokratie erkannt und sollte durch Neuerungen reduziert werden. Dazu gehörte, auch Gesetzgebung durch die Bürger vorzusehen. Doch Verfassungsfragen sind natürlich Machtfragen. Die CDU/CSU hatte keinerlei Interesse an einer Veränderung des Status quo.

Inzwischen wird die Art der Fusion von 1990 wieder kritisiert und die sich aus ihr ergebende, fehlende Repräsentanz der Ostdeutschen in Verwaltung, Politik, Medien, Kultur und Wirtschaft als Gefahr für die Demokratie beschworen. Mit diesem Eingeständnis, so die Hoffnung, könne nach 30 Jahren vielleicht doch noch zusammenwachsen, was zusammengehört. Aber das Zitat von Willy Brandt wird immer verkürzt. Er hat im Bundestag gesagt, dass die wirtschaftlichen und sozialen Aufgaben zu leisten sind, während die kulturellen und seelischen Barrieren schon schwieriger wären. «Aber mit Takt und Respekt vor dem Selbstwertgefühl der bisher von uns getrennten Landsleute wird es möglich sein, dass ohne entstellende Narben zusammenwächst, was zusammengehört.» Die Narben sind da und lassen sich durch nachholenden Respekt nun nicht mehr retuschieren. Jedenfalls nicht bei denen, die all die Taktlosigkeiten erlebt haben und bis heute erleben, was auch vielen Jüngeren nicht entgangen ist.

Der Bruch durch die Gesellschaft verläuft heute allerdings längst nicht nur, und oft nicht mal am stärksten, zwischen Ost und West, vielmehr gehen soziale, politische und mentale Verwerfungen quer durch. Wo gemeinsame Interessen und Überzeugungen vorliegen, funktionieren Ost-West-Projekte recht gut. Noch vor zehn Jahren waren die Klischees und die selbstgerechte Tonlage gegenüber Kritikern aus dem Osten deutlich unverhohlener als heute, da der Schlamassel unübersehbar geworden ist. Um aber den Schlamassel zu verstehen, muss man sich so konkret wie möglich an diesen Ton erinnern.

Narben gehören zum Leben – Ein Streitgespräch mit Wolfgang Schäuble

Zum 20. Jahrestag der Einheit gab der *Stern* ein Extra-Heft heraus, für das ich Gelegenheit hatte, mit dem damaligen Innenminister Wolfgang Schäuble ein «ungewöhnlich heftiges Streitgespräch» zu führen, wie die Redaktion schrieb. Das war natürlich eine Herausforderung, schließlich hatte Schäuble den Weg der Einheit aktiv mitgestaltet, er war ein kundiger, mit allen Wassern gewaschener Rhetoriker. Ich wollte dennoch versuchen, etwas von meiner Sicht zu vermitteln, ohne dabei selbst zu verhärten. Hier Auszüge aus den sechs Seiten im *Stern* vom 4. September 2009, die zu werten, wie die Redaktion schrieb, damals wie heute den Lesern überlassen bleibt.

STERN: *Können Sie verstehen, dass Menschen etwas aus den alten Zeiten vermissen?*

SCHÄUBLE: Ich glaube, das hängt mit einer nostalgischen Erinnerung an frühere Zeiten zusammen. In den Dörfern im Osten waren die Straßen noch um die Bäume herum gebaut, alles sah noch aus wie zu Großväterzeiten.

DAHN: Die Nostalgie vieler Ostdeutscher ist weniger auf die DDR gerichtet als auf einen Traum vom Westen, der sich nicht erfüllte.

STERN: *Alles wird besser. Aber nichts wird richtig gut – das ist ein Mauerspruch. Ist das Ihre Bilanz?*

DAHN: Es ist nicht alles besser geworden, aber vieles normaler. Natürlich ist es richtig gut, wie viele Menschen jetzt reisen. Natürlich sind die Städte sehr viel schöner geworden. Aber man muss auch fragen, wer ist hier eigentlich Hausmeister und wer ist Hausbesitzer. Da hat das Prinzip Rückgabe vor Entschädigung viel Unheil angerichtet. Die ökonomische Bilanz ist ernüchternd. Wir hatten in Ostdeutschland in den letzten 18 Jahren ein durchschnittliches Wachstum von 1,6 Prozent – das ist weniger als die Hälfte des Wachstums fast aller osteuropäischen Länder, und auch in der DDR gab es keine solche Durststrecke. Man spürt am Lebensgefühl, dass dieses Land immer noch alimentiert werden muss. Hunderte von Milliarden an Transferleistungen, das hat auch etwas Demütigendes.

SCHÄUBLE: Das sehe ich erheblich anders, viel positiver: Die Gesichtsfarbe der Menschen ist eine andere geworden, die war früher grau. Die Statistiken sagen, dass sich die Lebenserwartung um mehrere Jahre erhöht hat.* Die Menschen gucken offener, die haben früher immer nur nach unten geschaut. Der Theologe Ri-

* Ich habe zu dieser Behauptung später einen Faktencheck gemacht. Nach Angaben der Bundeszentrale für politische Bildung ist auch die Lebenserwartung der Westdeutschen in dem Zeitraum im Schnitt um fünf Jahre gestiegen. Bis Mitte der 1970er Jahre war sie im Ost-West-Vergleich ähnlich, Jungen wurden damals in der DDR gut ein Jahr älter als in Westdeutschland. Nach 1977 stagnierte die Lebenserwartung im Osten und stieg dann bis Ende der 1980er Jahre langsamer als im Westen. Nach der Wende stieg sie wieder schneller, sodass sie sich der westlichen annähert.

Die Lebenserwartung ist auch zwischen einzelnen Bundesländern recht verschieden, in Nordrhein-Westfalen etwa deutlich höher als im Saarland. Dafür gibt es keine Erklärung. Vielleicht liegt es an den statistischen Methoden. Im Übrigen sterben alle Deutschen deutlich früher als die Menschen in allen anderen westeuropäischen Staaten. So gesehen hätten wir wohl doch lieber einem anderen Land beitreten sollen.

chard Schröder hat mal gesagt: Das Schlimmste war das Leben in der Lüge. Das ist weg.

DAHN: Die DDR ist auch deshalb untergegangen, weil sie die Kritiker des falschen Sozialismus wie Feinde behandelt hat, das stimmt. Dass deshalb alle mit gesenktem Kopf umherliefen, ist Unsinn. Auch ich habe mir erlaubt, mein Haupt zu heben – ein Leben mit Lügen, das wäre der Tod eines Autors.

SCHÄUBLE: Mit der Lüge habe ich nur Richard Schröder zitiert, der hat in der DDR ja nun mal gelebt. Was die Demütigung angeht: Das kann ich nachvollziehen. Aber es war nun mal der Wunsch der Menschen in der DDR, sich am westlichen Lebensstandard zu orientieren. Wir mussten Anfang 1990 die Währungsunion beschließen. Die Nachfrage nach Ostprodukten ist danach total zusammengebrochen. Lothar de Maizière hat in einem Gespräch mit mir damals geklagt: Die Leute kaufen nicht mal mehr unsere Schrippen für fünf Pfennig, sondern die teuren West-Brötchen. Die Menschen sind so. Und in der Tat empfinden sie es heute immer noch als demütigend, dass das Lohnniveau nicht ganz eins zu eins ist. …

DAHN: Es ist im Osten 30 Prozent niedriger.* Und ich möchte Sie daran erinnern, wie wir die DDR zum Schluss übergeben haben. Sie war in dieser Zeit sehr basisdemokratisch, der innerste Zirkel der Repression war demokratischer Kontrolle unterworfen. Wir waren sehr selbstbewusst. Wir messen die Bundesrepublik an dieser Erfahrung, die wir selbst erkämpft haben. …

SCHÄUBLE: … und auf die wir im Westen sogar stolz sind.

DAHN: Wie schön. Aber inzwischen beobachte ich, dass der Anpassungsdruck in dieser Gesellschaft nicht kleiner ist, als er in der DDR war. Ich sehe im neuen Deutschland nicht weniger Lemminge, als es sie in der DDR gegeben hat. Der Staatsrechtler Ernst-Wolfgang Böckenförde hat unlängst geschrieben, dass die

* Heute sind es 24 Prozent.

verhaltensprägende Kraft des Kapitalismus ungeheuerlich ist. Das Disziplinierungsmittel im Osten war die Ideologie, hier ist es der marktförmige Arbeitsmarkt. …

STERN: *Der Anpassungsdruck war ähnlich groß – Sie können das verstehen?*

SCHÄUBLE: Die Neigung zur Konformität ist in unserer Gesellschaft auch groß. Doch der reale Sozialismus war ziemlich düster.

DAHN: Ja. Nicht zuletzt war auch die Umwelt belasteter. Aber wir haben heute andere Gesundheitsprobleme: Hartz-IV-Eltern können ihre Kinder nicht mehr gesund ernähren. Es gibt Menschen, die sich keinen Zahnersatz leisten können. Die Wahlen am 18. März waren zwar frei, aber sie waren auch weitgehend frei von Sachkenntnis. Kohls Vizekanzleramtschef Horst Teltschik hat Anfang Februar 1990 auf einer Pressekonferenz behauptet, dass die DDR in wenigen Tagen völlig zahlungsunfähig sein würde. Was von westlichen Bänkern später als Bankrottgerücht bezeichnet wurde. Wenn man einer Bevölkerung einredet, dass ab sofort kein Geld mehr da ist, dann wählt sie nun mal die Kräfte des Kapitals.

SCHÄUBLE: Aber Frau Dahn, da haben wir schon unterschiedliche Erinnerungen. Ich war zufällig dabei. Die Entscheidung für eine Währungsunion haben wir am 20. März getroffen. Wenn das alles so wäre, wie Sie sagen, dann wäre für mich völlig unerklärlich, warum es die Massenausreisebewegung 1989 gegeben hat. Wieso sind eigentlich Hunderttausende zu Kohl bei seinem Besuch in Dresden an die Frauenkirche gekommen? Die hat doch nicht ein böser Kapitalist dahin manipuliert. Die Leute haben sehnsüchtig geguckt. Das war die Folge von 40 Jahren Unterdrückung!

DAHN: Der Runde Tisch hatte gefordert, dass westdeutsche Politiker sich aus dem Wahlkampf heraushalten. Daran hat sich niemand gehalten. Natürlich gab es dann eine große Neugier auf die kapitalistischen Versprechungen.

SCHÄUBLE: Wir haben ja keinen Kapitalismus, sondern wir haben soziale Marktwirtschaft.

DAHN: Darüber ließe sich auch streiten.

STERN: *Wenn man Sie so reden hört, Frau Dahn, dann hört es sich eher an wie: «Wir sind vom Regen in die Traufe gekommen.»*

DAHN: Solche Verkürzungen stimmen nie. Es gibt beachtliche Verbesserungen, auch Reste von Basisdemokratie. In der Kyritz-Ruppiner Heide hat gerade eine Bürgerbewegung nach 17-jährigem Kampf erreicht, dass dort keine Bomben von der Bundeswehr abgeschmissen werden dürfen. Aber warum reden wir über Verlagerung statt darüber, ob wir solche lästigen und teuren Tiefflüge überhaupt brauchen?

SCHÄUBLE: Wir wollen mal feststellen, dass es zu Zeiten der DDR eine Bürgerbewegung, die ein Bombodrom verhindert hätte, nicht hätte geben können.

DAHN: Am Ende haben wir mehr verhindert als ein Bombodrom.

STERN: *Gab es zu viele falsche Versprechungen, Stichwort: Blühende Landschaften?*

SCHÄUBLE: Wir haben unterschätzt, was ein so grundstürzender Wandel für die Menschen bedeutet. Vielleicht waren wir uns fremder, als wir uns das vorher vorgestellt haben.

DAHN: Wir mussten viel Veränderung durchmachen, ja. Aber die Westdeutschen auch. Das gilt insbesondere für den Bereich, für den Sie zuständig sind, Herr Schäuble. Musste das sein, so viel mehr Sicherheit und Überwachung? Das wurde in der Presse schon mit Stasi-Methoden verglichen.

SCHÄUBLE: Wir haben nicht mehr Sicherheit, wir haben mehr Freiheit!

DAHN: Ich habe manchmal den Eindruck, hier läuft die Modernisierung von Notstandsgesetzen ohne Notstand.

SCHÄUBLE: Es tut mir furchtbar leid, aber an dem Punkt werde ich unfreundlich. Wissen Sie, wir haben die Leute aus den Gefängnissen in der DDR rausgekauft. Ich musste in Gesprächen mit den Machthabern, deren System ja offenbar so schön war, sagen: Ihr müsst jetzt nicht die Zahl der politischen Gefangenen erhöhen, weil ihr eine neue Devisenquelle braucht. Der Tarif für Häftlinge waren 96 000 D-Mark! Das war für die Menschen der einzige Weg, um aus der DDR herauszukommen. Und jetzt müssen wir darüber diskutieren, was ein freiheitlicher Rechtsstaat ist und was ein Unrechtsstaat war. Nun ist aber gut!

DAHN: Der Häftlingsfreikauf war nicht der einzige Weg, um aus der DDR rauszukommen – das waren nur sechs Prozent der Leute, die übergesiedelt sind. Während die Mauer stand, ist etwa eine halbe Million legal ausgereist.

SCHÄUBLE: Der Normaltarif waren 8000 Mark. Für jeden Einzelnen hat der westdeutsche Steuerzahler bezahlt.

DAHN: Die Zahlen kannten wir nicht. Dennoch hat natürlich auch der ostdeutsche Staat in seine Bürger investiert – von der Krippe bis zum Diplom soll das 140 000 Ostmark gekostet haben.

SCHÄUBLE: Hören Sie doch auf! Verkauft haben Sie Ihre Leute. Wie einst die deutschen Fürsten die Soldaten.

DAHN: Sicher, ein düsteres Kapitel. Aber zum Kaufen und Verkaufen gehören immer zwei. Wenn Polen in die USA ausgewandert sind, dann mussten sie auch dem polnischen Staat die Kosten ihrer Ausbildung zurückzahlen. In der Bundesrepublik müssen Studenten ihr Studium teilweise selbst finanzieren. In der DDR war das alles subventioniert.

SCHÄUBLE: In der DDR durfte man gar nicht studieren, wenn man nicht Mitglied der SED ...

DAHN: ... das ist doch lächerlich.

SCHÄUBLE: ... oder wenigstens systemnahe war.

DAHN: Damit werden Sie vielen Ostakademikern nicht gerecht.

STERN: *Wurde in der Wendezeit zu viel versprochen, Frau Dahn? Rührt ein Teil der Unzufriedenheit daher, dass zu hohe Erwartungshaltungen geweckt wurden?*

DAHN: Ja, sicher. Die Zeit der Wende war so intensiv, die Menschen waren auf einmal Subjekt der Geschichte. Das war so unglaublich, dass sie plötzlich bereit waren, an Wunder zu glauben.

SCHÄUBLE: Es war eine Revolution.

DAHN: Nein, wäre es eine Revolution gewesen, hätte etwas Neues herauskommen müssen. So aber sind wir nur eine schlechte Kopie des Westens geworden.

STERN: *Die meisten DDR-Bürger wollten den Westen, möglichst schnell. Warum wurde nicht gesagt, dass dieser Wandel auch Schmerzen bereiten wird?*

SCHÄUBLE: Die Bundesregierung musste darauf achten, dass der Prozess in geordneten Bahnen verlief. Der Fall der Mauer war schließlich eine der riskanteren Situationen in der Nachkriegsgeschichte. Wir wollten den Menschen eher Mut machen und nicht zu viel von den Problemen reden. Bundespräsident Richard von Weizsäcker hat mal gesagt, man hätte in jener Zeit eine Churchill-Rede halten müssen, über Blut, Schweiß und Tränen.

DAHN: Genau das hätte man tun müssen. Ich habe so eine Rede in meinem ersten Westbuch auch entworfen. Wir hatten so eine besonnene Wende hingelegt. Wir wären für die Wahrheit reif gewesen. Das ganze Tempo des Einheitsprozesses war zu hoch, man konnte und wollte Einwände dagegen gar nicht berücksichtigen. ...

STERN: *Was hätte besser laufen können in den vergangenen 20 Jahren? Von Lothar de Maizière stammt der Satz: Die Teilung kann nur durch Teilen überwunden werden.*

SCHÄUBLE: Den hat er von mir übernommen! Den habe ich in der Haushaltsdebatte schon kurz nach dem Mauerfall gesagt.

STERN: *Ist ausreichend danach gehandelt worden?*

SCHÄUBLE: Frau Dahn hat doch gesagt, dass die hohen Transferleistungen auch einen demütigenden Charakter hatten. Der Solidarpakt ist verabredet bis zum Ende des nächsten Jahrzehnts. Und der Solidarbeitrag wird gezahlt ...

DAHN: ... aber nicht mit besonderer Begeisterung.

SCHÄUBLE: Ach, Begeisterung muss in einer freiheitlichen Demokratie nicht eigens befohlen werden.

STERN: *Haben die Westdeutschen zu wenig mit den Ostdeutschen geteilt?*

DAHN: Unmittelbar nach der Wende stieg die Zahl der Einkommensmillionäre in der Bundesrepublik um 40 Prozent, es war das beste Jahr in der Geschichte der Deutschen Bank. Diese Leute haben sicherlich wenig geteilt. Die normalen Bürger aber sind eher belastet worden, die haben die Einheit als Verlust erlebt. Und wenn man sich den Armutsatlas anguckt, sind immer noch die Umrisse der alten DDR zu sehen. ... Die Grundidee des Kapitalismus ist falsch: Die Idee der Profitmaximierung. Es war kein Zufall, dass die soziale Marktwirtschaft parallel zum realsozialistischen Weltsystem entstanden ist – und dann auch mit ihm untergegangen ist. Wir werden diese soziale Marktwirtschaft nicht mehr hinbekommen, weil die Systemkonfrontation fehlt, die dem Westen eine soziale Legitimation abgefordert hat.

STERN: *Wenn sich 22 Prozent der Ostdeutschen als «richtige Bundesbürger» bezeichnen, dann ...*

SCHÄUBLE: ... kommt es auf die Betonung an. Vielleicht fühlt sich Frau Dahn ja beleidigt, wenn man sie so anspricht.

DAHN: Wenn ich hier mit meinem Innenminister reden kann, dann bin ich doch eine richtige Bundesbürgerin.

STERN: *64 Prozent der Ostdeutschen fühlen sich als Menschen zweiter Klasse.*

SCHÄUBLE: Ich glaube, Ostdeutsche haben das Gefühl, dass ihnen vorgeworfen wird, in diesem System gelebt zu haben. Viele Westdeutsche haben sich für alles Mögliche interessiert, aber nicht für den Osten. Das wird von den Menschen dort auch ein Stück weit als Verletzung empfunden. Wir werden mit den Folgen von Teilung zu leben haben, solange wir Menschen haben, die mit der Teilung gelebt haben.

STERN: *Viele Ostdeutsche fühlen sich im neuen Deutschland nur zu Besuch. 50 Prozent der Ostdeutschen sind der Meinung, es hätte mehr mitgenommen werden müssen.*

SCHÄUBLE: Was denn?

DAHN: Genossenschaften, ein anderes Verkehrswesen, mehr Güterverkehr auf die Schiene, Jugendclubs, Polikliniken ...

SCHÄUBLE: Sie wollen im Ernst sagen, wir sollten das DDR-Gesundheitssystem in der Bundesrepublik wieder einführen?

DAHN: Teile davon schon, ja.

STERN: *Wie soll die DDR in den Geschichtsbüchern auftauchen?*

DAHN: Im Moment wird die Geschichte der Bundesrepublik meist als eine einzige Erfolgsgeschichte dargestellt und die der DDR als eine einzige Horrorgeschichte. Das kann es nicht gewesen sein, da wünschte ich mir sehr viel mehr Differenzierung. Das ist einer der Punkte, warum man sehr schwer miteinander reden kann.

STERN: *Müsste der Satz auftauchen: Es war nicht alles schlecht?*

SCHÄUBLE: Das Entscheidende wird sein, dass wir in den Geschichtsbüchern von 45 bis 90 dies alles als eine gemeinsame Geschichte der Teilung darstellen – und nicht als getrennt.

STERN: *Wann wird die innere Einheit vollendet sein?*

SCHÄUBLE: Die innere Einheit ist vollendet, wenn wir nicht mehr danach fragen. Ansonsten gilt: Narben gehören zum Leben, sie prägen uns. Verletzungen sind immer auch Erfahrungen. Für das Leben einer Nation gilt das auch.

DAHN: Für meine Generation und die darüber wird es keine innere Einheit mehr geben. Für die Jüngeren wird es noch ein, zwei weitere Generationen dauern.

Dramatische Unterschiede zwischen Ost und West

Die Erfahrung, wie man eine Gesellschaft verändert, war das Spektakulärste, Aktuellste und Subversivste, was die ostdeutschen Aktivbürger im Revolutionsrucksack hatten. Aber diese Erfahrung, überhaupt alles, was den Demokratisierungsdruck aus dem Osten hätte ansteckend machen können, war gänzlich unerwünscht. Klaus Hartung in der *taz*: In der Demokratie DDR «geht die Macht wirklich vom Volke aus und bleibt vor allem bei ihm – in einem Maße, wie es im ehemals freien Westen nie denkbar war und ist». Die Vertreter dieser neuen Macht gaben ärgerlicherweise zu verstehen, dass auch die westdeutsche Gesellschaft veränderungsbedürftig ist. Und diese Botschaft begann anzukommen.

Schon bald schlug die SPD einen Runden Tisch auch für Bonn vor. Auf dem Studientag «Kirche und Sozialismus» der Evangelisch-theologischen Fakultät der Universität Tübingen wurde am 30. Januar 1990 eine Resolution verabschiedet, in der es heißt, die «bundesdeutsche protestantische Kirche sei auf dem Weg, ihr staatskonform obrigkeitshöriges Verhalten fortzusetzen». Auch kirchliche Strukturen müssten demokratisiert werden. Die Einheit dürfe nicht «zum Spielball der profitorientierten BRD-Wirtschaftskonzerne» werden. Es sei «Zeit für eine grundlegende Kritik des Kapitalismus». So hatten Kohl und Kirche nun aber nicht gewettet. Dann kam im Februar 1990 gleich noch ein «Warnruf der ökonomischen Vernunft», in dem zwei Dutzend Wirtschaftsweise aus West und Ost voraussagten, dass der Anschluss an einen so ungleichen Partner kurzfristig katastrophale Einbrüche bringen und langfristig die regionalen Unterschiede verfestigen würde: Dies könne «nur im Interesse von Spekulanten liegen, die in einer Situation der allgemeinen Verunsicherung versuchen, sich die besten Stücke aus dem Kuchen DDR herauszuschneiden».

Bevor es zur Beute würde, vergriff sich Bündnis 90 am Heiligsten, wollte das Volkseigentum sichern und verlangte dazu einen Volksentscheid. Umfragen hatten hohe Zustimmung zu diesem Vorhaben signalisiert, das musste nun schnellstens durchs Rechtsangleichung verhindert werden. Nach der überstürzten Währungsunion vom Juli 1990 war die wertvollste Mitgift der Ostdeutschen schon aufgekauft – ihr widerständiges Potenzial, das zunächst von Minderheiten ausgegangen war, aber mit den Montagsdemonstrationen, Untersuchungskommissionen, Gesetzgebungsinitiativen und Runden Tischen im ganzen Land einen reifen Massencharakter angenommen hatte. Die Zeit der Ermächtigung von Bürgerrechtlern war, kaum hatte sie begonnen, schon vorbei.

Kein Kanzler verirrte sich mehr in die Wohnung von Bärbel Bohley, die im Sommer 1990 sagte: «Wenn man sich treu ist in seinen Ansichten, gehört man jetzt nicht mehr zu denen, die gehört werden. Die Wendehälse wollen beweisen, wie sie sich gewendet haben. Gleichzeitig kommen die, die schon die Lösung in der Tasche haben, und die Lösung sieht aus, wie der Westen aussieht. Es gibt bei vielen die Erwartung, die Probleme durch Anschluss zu lösen. Die andere Seite ist schon da. Da sind wieder nur Mauern. Es wird nicht ins Offene gedacht. ... Die Frage der Form der Wiedervereinigung würde ich nicht der Volkskammer überlassen, das kann eigentlich nur durch einen Volksentscheid entschieden werden. Die Bürgerbewegungen sind eine Anfechtung für die Parlamente, und die Demokratie im Westen ist nur eine andere Spielart unserer früheren Unmündigkeit. ... Die Chance, neue Ideen reinzubringen, ist einfach nicht da.»[7]

Die neue Idee bestand auf der Westseite genau darin, alles beim Alten zu belassen. Da hätte die Würdigung von Lebensleistungen aus der DDR nur gestört. Wie alles, was anders war, im Osten.

Angela Merkel hatte schon Courage, wenn sie zugab, in der DDR eine schöne Kindheit gehabt zu haben, in herrlicher Umgebung, mit Menschen, die Geborgenheit gaben. Aber irgendeine konkrete Leistung ihres Landes hat sie meines Wissens nie gewürdigt – und auch keinen Ehrgeiz gezeigt, den Westlern die spezifisch östliche Prägung zu erklären. Damit gab sie, vielleicht unbewusst, den hellhörigen Subalternen den Rahmen vor. Sehr früh erfuhr man dennoch aus Umfragen, welche Gebiete die Ostdeutschen als ihre Stärken betrachteten, Diagnosen, die von Anfang bis heute in ihrer Tendenz erstaunlich stabil sind. Ob Forsa 2017 feststellte, das Zusammenwachsen komme nur «in Minischritten» voran, oder Civey 2018 einräumte, im Osten sehe man immer noch mehr Trennendes als Verbindendes, und für

76 Prozent sei die Teilung noch stark bis sehr stark im Bewusstsein. Und zwar in allen Altersgruppen ähnlich. Für den «Wiederaufbau» ihres Landes durch die Westdeutschen dankbar sein? 73 Prozent der Ostdeutschen sehen dafür keinen Grund.[8] Es hätte viel weniger kosten können, sagen Experten, ohne überstürzte Währungsunion, ohne die Schocktherapie sofortiger Privatisierung und das verhängnisvolle Prinzip Rückgabe vor Entschädigung. Ohne die umstrittene Festlegung von Pseudo-Altlasten – Schnee von gestern. Es ist, wie es ist. Und der Herr sah alles an, was er gemacht hatte, und siehe da, es war sehr gut?

Aufbruch nach Kohlrabien

Kohl war nicht der Kanzler der Einheit, sondern der Kanzler *dieser* Einheit. Der Legende von den mangelnden Alternativen sollte daher auch im Respekt vor seinen tatsächlichen Leistungen ein kritisches Erinnern entgegengesetzt werden. Dem geschickten Taktiker der Macht war das Ende der DDR nicht in den Schoß gefallen. In einem Fernsehinterview brüstete er sich damit, dass die ungarische Führung, der auf einem Geheimtreffen in Bad Godesberg «enorme wirtschaftliche Hilfen» zugesagt wurden, den Zeitpunkt der Öffnung ihrer Grenze für DDR-Bürger auf die Minute nach Kohls Wunsch getimet hatte. Pünktlich zur Eröffnung des CDU-Parteitages, auf dem er, wie er wusste, wegen seines angeschlagenen Images gestürzt werden sollte, verkündete er die Erfolgsmeldung, und alle Umsturzpläne versanken im Jubel. Sein Geschick zur Überrumpelung setzte er dann durch seine Strickjacken-Diplomatie mit dem gutgläubigen Gorbatschow fort.

Erst als die Dynamik die gewünschte Richtung annahm, ging er zu seinem erbarmungslos konfrontativen Auftreten über. Obwohl er doch wusste, dass beide Seiten in unterschiedlichem Maße Positives und Negatives aufwiesen, war eine Begegnung auf Augenhöhe nicht mehr möglich. Nicht mal auf Bauchnabelhöhe. Nun war Kniefall angesagt. Die zahllosen Aktivbürger der DDR, die mit politischer Reife in den aus dem Boden geschossenen, räteähnlichen Bewegungen den mehrheitlichen Willen zum Wandel und zu würdevoller Einheit betrieben, wurden arrogant vom Runden Tisch gewischt.

Da der führende Historiker wider besseres Wissen ins Horn der flächendeckenden Delegitimierung blies, wurde diese folgerichtig zum Mainstream – und der zum tauglichen Erfüllungsgehilfen neoliberalen Plattmachens. Die im Osten plötzlich zugängliche Westpresse erfreute sich großer Glaubwürdigkeit, verständlich, war doch die mangelnde Öffentlichkeit in der DDR schwerer zu ertragen gewesen als der Mangel an Konsumgütern. (Eine Feststellung, die auf mich als Autorin zutraf, die zu verallgemeinern aber zu *meinen* Irrtümern gehörte.)

Kaum jemand hatte es für möglich gehalten, in welchem Maße diese Presse damals durch Verbreitung von Fake News die Stimmung anheizte und zum Kippen brachte. Etwa durch die schon aus medizinischer Sicht hanebüchene Behauptung, DDR-Funktionäre hätten ihren Untertanen bei lebendigem Leib Organe entnommen, um für die greisenhafte Führung eine Art Ersatzteilbank anzulegen. Zeiten der Revolution sind nicht Zeiten des Dementis. So auch nicht nach der sensationslüsternen Behauptung des damaligen Kanzlerberaters Horst Teltschik, die Zahlungsunfähigkeit der DDR stünde unmittelbar bevor.

Teltschik wusste Kohl zu loben, weil er «wie eine Dampfwalze marschiert» sei, ohne ihn hätte es die schnelle Einheit nicht gegeben. Das sei auch besser gewesen. Im Frühjahr 1990, so die Forschungsgruppe Wahlen, waren zwar fast alle Deutschen für die Einheit. Aber selbst da noch verlangten die absolute Mehrheit der Ostdeutschen und gar eine Zweidrittelmehrheit der Westdeutschen, man möge sich damit Zeit lassen. Viele wünschten sich eine Einigung im Rahmen Europas. Doch so hatte der Europäer Kohl nicht gewettet. In seinem Auftrag verhandelte Innenminister Schäuble mit sich selbst den Einigungsvertrag, dessen Kern die im Anhang versteckte Regelung der offenen Vermögensfragen ist.

Die wenigen in Ost und West, die Kohls der heimischen Lobby verpflichteten Politik widersprachen, wurden überhört, beschimpft und der Ostalgie bezichtigt. Im Widerspruch zur allgemeinen Euphorie konnte es recht einsam werden. Da galt es zusammenzurücken, auch mit denen, die im Westen die Gefahren erkannten. In meinem Buch «Westwärts und nicht vergessen» zitierte ich den Sozialphilosophen Oskar Negt mit seiner Warnung, man könne nicht die Biographien eines ganzen Volkes mit einem Schlag für null und nichtig erklären. Wer andauernd in einem demütigenden Entwertungszustand gehalten werde, der beginne mit der Wiederherstellung seiner Würde auf einer rebellierenden Ebene. Die Unruhe zeigte sich zunächst in einem enormen Aderlass an jungen, gebildeten und lebenslustigen Menschen, die im gewendeten Osten keine Zukunft sahen. Zurück blieben weniger Bewegliche und ein im Vergleich zu Westdeutschland überdurchschnittlich hoher Anteil an Rentnern, die oft vorzeitig in den Ruhestand geschickt worden waren. Die von Negt vorhergesagte Rebellion hat sich schließlich in Fremdenfeindlichkeit, Pegida und AfD entladen. Ein «neuer Nationalismus der Deklassierten» – genau das ist eingetroffen.

Angeblich bestimmte der Niedergang der DDR das Tempo der Einheit. Wer aber bestimmte das Tempo des Niedergangs? Der *Guardian* hat die Währungsunion zu den Bedingungen von Kohl als «ökonomische Atombombe» bezeichnet. Die 300-prozentige Aufwertung in der DDR war der kürzeste Weg zur Macht über Gesamtdeutschland. Selbst der Generalbevollmächtigte der Treuhand, Norman van Scherpenberg, beklagte, dass in der Nacht zum 1.7.1990 der gesamte Kapitalstock der DDR total vernichtet worden sei. Dann zu behaupten, die Ingenieure, Meister und Arbeiter der DDR hätten sowieso nichts als Schrott produziert, war eine weitere Demütigung. Der Volksmund sprach von Kohlrabien. Schnell verscherbelte die Treuhand das Volkseigentum an Unternehmer aus dem Westen. Das

Tempo der Privatisierung sollte dem Tempo der Desillusionierung nicht hinterherhinken.

1990 war das beste Geschäftsjahr der Deutschen Bank in ihrer 100-jährigen Geschichte. Der Versuch, die Arbeitslosen mit Hartz 4 durch Kürzung ihrer Bezüge zu disziplinieren, bewirkte den Niedergang der SPD, die einst mit ihrer Ostpolitik die eigentliche Vorarbeit geleistet hatte. All das sind Folgen der Kohl'schen Einheit.

«Der kalte Krieg gegen den Sozialstaat hinterlässt eine andere Republik», in der Grundrechte und Demokratie verfallen, lautete die Anklage von Schriftstellern, Wissenschaftlern, Theologen und Gewerkschaftern aus West und Ost im Januar 1997. Wir forderten erstmalig einen Politikwechsel mit Rot-Rot-Grün. Diese *Erfurter Erklärung* brachte den Choleriker Kohl in Rage, er beschimpfte uns als «intellektuelle Anstifter» (was sonst ist die Aufgabe von Intellektuellen?), wir würden uns zusammenrotten und unser «Haupt erheben» (gegen den Koloss aus Oggersheim war das nicht vorgesehen), wir wandelten auf der «Straße des Verrats».

Es hat 30 Jahre gedauert, bis nun auch Teile der Sozialdemokraten und der Grünen und sogar der Medien über Rot-Rot-Grün im Bund ungestraft spekulieren dürfen. Aber selbst ein solches Bündnis könnte nun kaum noch korrigieren, dass die frühe Chance zu gesellschaftlichem Wandel vertan wurde, stattdessen der Osten zur schlechten Kopie des Westens gemacht und so überholte Machtstrukturen restauriert wurden. Etwas anderes war im Weltbild der Regierenden nicht vorgesehen. Kohl ein Glücksfall der Geschichte? Da muss Angela Merkel etwas verwechselt haben – er war ein Glücksfall ihrer Geschichte. Doch das ist schon ein anderes Kapitel.

Der nie aufgearbeitete Jahrhundertbruch der Arbeiterparteien

Die Einheit wäre die Gelegenheit gewesen, endlich auch den Jahrhundertbruch der Arbeiterparteien gemeinsam aufzuarbeiten und einen Weg zu neuer Zusammenarbeit zu finden. Rein programmatisch wäre das von Anfang an möglich gewesen. Aber die SPD gefiel sich in dem Irrtum, nun würde das Sozialdemokratische Zeitalter ausbrechen. Sie verlangte von der PDS nach fast 50 Jahren, sich permanent für die sogenannte Zwangsvereinigung nach dem Krieg zu entschuldigen, und behandelte alle einstigen SEDler wie Unberührbare, die die eigenen reinen Reihen nicht beflecken sollten.

Nach Jahren des Wandels durch Annäherung war die wohl größte Bereitschaft zur Verständigung die Arbeit am heute verfemten SPD-SED-Grundsatzpapier von 1987. Kurz vor dem noch nicht vorhergesehenen Ende des Realsozialismus war man auf beiden Seiten bereit, eine Bilanz der Systeme zu ziehen. Misslungenes sollte verworfen, Gelungenes festgehalten und gegebenenfalls übernommen und weiterentwickelt werden. Doch plötzlich und unerwartet stand die SPD auf Seiten des Siegers der Geschichte. Etwas, das wert gewesen wäre, übernommen zu werden, mochte sie nun nicht mehr erkennen.

Schnee von gestern? Bei der Bundestagswahl 2017 hat die SPD in Ostdeutschland gerade noch *ein* Direktmandat gewonnen. Sie ist beinahe zu einer Nordwestdeutschen Partei geworden. Worüber dringlich zu reden wäre? Die *hundertjährige Spaltung* liegt im Weg wie ein Fallstrick. Sie überschattet immer noch die Zukunftsdebatte. Oskar Lafontaine sagte mir einmal, ihm sei als SPD-Vorsitzendem nicht bewusst gewesen, wie tief die Verletzung wegen der Morde an Luxemburg und Liebknecht noch sei. Erst als er zur Linken kam, sei ihm das klargeworden. Und auch Willy Brandt, als dessen Ziehsohn er galt, habe nicht zu erkennen gegeben, dass er sich mit dieser Frage befasst habe. Die SED-Nachfolger hätten eine Sozialdemokratie vorgefunden, die sich im Kapitalismus eingenistet habe. Willy Brandt hatte 1991 die Latte noch einmal hoch gelegt: Die Bändigung des Kapitalismus hieße jetzt Sozialdemokratie. Die SPD, so konnte man das verstehen, solle als allein Übriggebliebene zu ihrer Berufung zurückkehren. Nach 30 Jahren ist davon wenig zu spüren. Gebändigt wurde nichts. Die Finanzwirtschaft ist so mächtig und der Wunsch nach ausgewogener Verteilung von Vermögen so ohnmächtig wie nie.

In seinem nicht nur für das schöne Geschlecht immer noch empfehlenswerten «Wegweiser für die intelligente Frau zum Sozialismus und Kapitalismus» hat Literatur-Nobelpreisträger Bernard Shaw in den 1920er Jahren eigentlich auch für den intelligenten Mann die politische Ausgangsfrage auf den Punkt gebracht: «Sozialismus ist eine Ansicht darüber, wie die Einkünfte eines Landes aufgeteilt werden sollen.» Er begründet diese verkürzte Formel mit dem damaligen Zustand im Lande, «da ein Zehntel des englischen Volkes neun Zehntel des Gesamtvermögens besitzt, während die Mehrzahl der übrigen neun Zehntel kein Eigentum hat und von Woche zu Woche von Löhnen lebt, die kaum hinreichen». Das kommt einem mehr als bekannt vor.

Die Entwicklungsorganisation Oxfam errechnete 2018: 1 Prozent der Weltbevölkerung hat mehr Eigentum als der «Rest» von 99 Prozent. Das kann man schon nicht mehr als Nord-Süd-Konflikt bezeichnen. Wir erleben einen globalen Palast-Hütten-Konflikt. Eine Oligarchie hat die Welt im Griff. Zwar ist der Wohlstand seit Shaws Zeiten in nie gekanntem Ausmaß gewachsen. Doch seit dem antiken römischen Recht haben wir eine sich fortschreibende Gesetzgebung, die Vermögende auf himmelschreiende Weise bevorzugt. Die durch diese Ungleichheit sich ausbreitende Wut und Angst machen die Gesellschaften zusehends pegide.

Hätten da die beiden Parteien, die in ihren Programmen bis heute den demokratischen Sozialismus anstreben, nicht hinreichend Gesprächsstoff? Wie schwer und langwierig es ist, Strukturen zu ändern? Hat die Erfahrung nicht schmerzvoll gelehrt, dass die Kräfte zu bündeln wären? Die Empfindlichkeiten sind groß geblieben. Die Geschichte der Teilung der Arbeiterpartei ist bis heute nur geteilt aufgearbeitet worden.

Die Gründe für die Entfremdung sind nicht nur zwischen den Parteien umstritten, sondern auch in ihrem Inneren. Lag die Erbsünde

1914 im Burgfrieden der SPD mit dem Kaiser und der Bewilligung der Kriegskredite für ihn, oder lag sie in der Abspaltung der späteren Kommunisten, die die Hoffnung aufgegeben hatten, mit den Sozialdemokraten noch eine gemeinsame revolutionäre Erneuerung auf den Weg zu bringen? Die Arbeiterbewegung zerbrach endgültig in der deutschen und russischen Novemberrevolution. Seither streiten die Flügel darüber, wer aus den besseren Gründen verloren hat.

Die treueren Sozialdemokraten waren ursprünglich die Spartakisten, weil sie an den Parteibeschlüssen aus der Vorkriegszeit festhielten. Niemand will Treue im Irrtum, aber wäre 1916 der Ausschluss von Liebknecht und anderen Genossen aus der Fraktion nicht vermeidbar gewesen? Und vor allem: Wann wird sich die SPD endlich zur wissentlichen Billigung der Ermordung von Karl Liebknecht und Rosa Luxemburg durch führende Sozialdemokraten äußern? Wenn es stimmt, was Historiker mit Dokumenten vorgeben, belegen zu können, so haben die Sozialisten gerade die umgebracht, die die spätere Stalinisierung der KPD nicht geduldet hätten. Der Publizist Sebastian Haffner sprach von einem Mord an überlegenem Mut, überlegenem Geist, einem Mord an der unwiderlegbaren Wahrheit. Er sei der Auftakt gewesen zu den tausendfachen Morden der Noske-Phase und den millionenfachen der Hitler-Zeit. «Und gerade er ist immer noch uneingestanden, immer noch ungesühnt und immer noch unbereut. Deswegen schickt er immer noch sein sengendes Licht in die deutsche Gegenwart wie ein tödlicher Laserstrahl.»[9]

Wenige Jahre später erreicht die verhängnisvolle Sozialfaschismus-Theorie über Stalin und die Komintern auch die KPD. Die Sozialdemokratie wird als linker Flügel der Faschisten diffamiert, der vorrangig zu bekämpfen sei. So macht sich die KPD indirekt mitschuldig am Sieg der Nazis. Zwar mahnt Clara Zetkin, die Alterspräsidentin des Deutschen Reichstages, im August 1932 in ihrer Eröffnungsrede: «Das Gebot der Stunde ist die Einheitsfront aller Werktätigen, um den Faschismus zurückzuwerfen.» Und der Emigrationsvorstand der SPD beschwört noch 1934 in seinem *Prager*

Manifest Kommunisten und Sozialdemokraten, im Kampf gegen den diktatorischen Feind zum «gleichen sozialistischen Revolutionär» zu werden. «Die Einigung der Arbeiterklasse wird zum Zwang, den die Geschichte selbst auferlegt.» Aber da ist alles schon zu spät.

Erst sehr viel später wird die Sozialistische Einheitspartei im Gebiet der DDR zur Folge dieser Einsicht. Aber es kommt zu einer vergifteten Partnerschaft: Die moskautreuen Kommunisten reißen die Macht an sich. Sozialdemokraten, die nicht auf Linie gehen, werden diskriminiert und inhaftiert. (Übrigens auch abweichlerische Kommunisten.) Das Gift des Stalinismus ergießt sich über alle Andersdenkenden. Auf dem Gebiet der politischen Strafjustiz bleibt die DDR, wenn auch mit abnehmender Intensität, bis zum Schluss ein Unrechtsregime.

Sozialdemokratische Grundsätze wie pluralistische Demokratie, Gewaltenteilung und Machtkontrolle hatten keine Chance. Sicher, auch nicht alle SPD-Nachkriegsziele waren akzeptabel. Die bis zum Ende der 1960er Jahre erhobene Forderung nach Rückgabe der einst deutschen Ostgebiete war uneinsichtig. Auch hatte der bundesdeutsche Pluralismus seine Grenzen. Wer seine freie Entfaltung über Gemeineigentum erreichen wollte und Demokratie als Mitwirkung der Werktätigen an der Gesellschaft verstand, wurde als Kommunist gejagt. Das 1. Strafrechtsänderungsgesetz von 1950 knüpfte zur Freude der Altlasten in der Justiz an das NS-Gesinnungsstrafrecht an: Um ins Gefängnis zu kommen, bedurfte es keiner Tat – politische Meinung oder Mitgliedschaft genügte. Das für einen Rechtsstaat unwürdige Verbot der KPD rief bei den Sozialdemokraten keinen Protest hervor.

Wurde danach gegen Aufrüstungsgegner oder Gewerkschaftler ermittelt, las man im SED-Blatt *Neues Deutschland* Geschichten aus dem Bonner «Unrechtsstaat». Eine damals schon untaugliche Vokabel. Unrecht gibt es in jedem Staat. Aber ab wie viel Unrecht ist ein Staat ein Unrechtsstaat? Der sozialdemokratische Rechtsphilosoph Gustav Radbruch hatte darauf eine klare Antwort, hinter die man nicht mehr zurückfallen sollte. Es genüge dafür nicht, wenn Herrscher Recht brechen, um ihre Macht zu sichern. (Wenn die Vergehen, für die DDR-Funktionäre zu Recht angeklagt wurden, für dieses Verdikt genügen, dann haben wir auf der Welt allerdings nur Unrechtsstaaten: Rechtsbeugung, Gewalttaten oder unterlassene Hilfe an der Grenze, Wahlfälschung, Misshandlung Gefangener, Amtsanmaßung und Korruption, Doping und Kontrolle privater Kommunikation.)

Das NS-Regime war für Radbruch ausschließlich deshalb ein Unrechtsstaat, weil da Schwerstverbrechen wie Angriffskrieg, Völkermord, Zwang zu Sklavenarbeit und Plünderung besetzter Gebiete, kurzum: Verbrechen gegen die Menschlichkeit, staatlich geboten waren – das Unrecht also das eigentliche Staatsziel war. Wer NS- und DDR-Herrschaft mit dem gleichen Begriff charakterisiert, verharmlost oder dämonisiert auf unstatthafte Weise. Beide Diktaturen haben keinen einzigen identischen Anklagepunkt hinterlassen. Fällt dies einzuräumen Sozialdemokraten immer noch schwer?

Und wie sozialdemokratisch war die DDR? Die SPD war immer blind dafür, dass wesentliche ihrer Ziele aus den 1990er Jahren nur in der DDR eine Chance gehabt hatten. Wörtlich hieß es im Berliner Grundsatzprogramm der SPD von 1989: Mehr Gleichheit in der Verteilung von Einkommen und Vermögen, Beteiligung aller am Produktivvermögen, Verhinderung von Bodenspekulation, Vergesellschaftung als demokratisches Element und Förderung des Genossenschaftsgedankens, Zurückdrängung des Einflusses von Banken und Versicherungen auf Grundentscheidungen der Wirtschaft, Vollbeschäftigung und soziale Sicherheit, Gleichberechtigung von Mann und Frau, elternunabhängige Bildungschancen, Zugang zu Sport und Kultur für alle, Abbau der Klassenvorrechte.

Erstmalig war die Logik des Maximalprofits durchbrochen und die Kapitalmacht in ihre Schranken gewiesen worden. Wenn es überhaupt eine historisch zu nennende Leistung des Pseudosozialismus gegeben hat, dann war es diese. Doch für die Wahrung der sozialen Grundrechte sind die politischen weitgehend geopfert worden. Nun bedürfte es einer Diskussionskultur, die die schweren Irrtümer und Versäumnisse auf beiden Seiten benennt, ohne die andere Position zu karikieren. Die neuen Herausforderungen sind wiederum so gewaltig, dass ein Nichtbesinnen auf die letztlich immer noch sehr ähnlichen Ziele das nächste Versäumnis wäre.

REVOLUTION DER DUCKMÄUSER?

Die Betreuung von Kleinkindern bis hin zu besserer Bildung an der Schule, in der Berufsausbildung und an den Universitäten gehört mit hoher Zustimmung der Ostdeutschen zu den Gebieten, auf denen die DDR weit voraus war. Solche Umfrageergebnisse blieben noch Jahre nach dem Beitritt erstaunlich stabil – ein Befund, der nicht ohne Brisanz war. Stand doch das bundesdeutsche gegliederte Schulsystem aus dem 19. Jahrhundert, mit seiner unvermeidlichen Reproduktion herkunftsbedingter Ungleichheit, schon lange in der Kritik. Doch die friedliche Revolution stand da bereits derart unter Beschuss, dass die für die Westelite erlösende Kapitulation nicht mehr weit sein konnte.

Beschuss? Schon im Februar 1990 brachte der *Spiegel*[10] eine achtseitige Schmähschrift über «Das Bildungssystem der SED: Die Schule – Erziehung zu Drill und Duckmäusertum». Wurde im Herbst noch die couragierte Besonnenheit der ihre Bürgerrechte erkämpfenden Ostdeutschen allseits gelobt, musste man jetzt den Eindruck gewinnen, dass Revolutionen mit Vorliebe dort ausbrechen, wo die Konzentration von Duckmäusern besonders hoch ist. Es ging in dem Artikel auch nicht etwa um eine Analyse der Qualität von Schulbüchern oder Lerninhalten, sondern einzig um das Ausmalen einer Anstalt der totalen Indoktrination.

Über die Hälfte der DDR-Bevölkerung hätte in den 40 Jahren diese Gehirnwäsche durchlaufen, bei der sie nicht nur weitgehend belogen wurde, *«sondern auch noch gezwungen, dies widerspruchslos hinzunehmen – ein permanenter Akt geistiger Vergewaltigung, eine*

Art Martyrium der Lüge». Ein Akt propagandistischen Furors des *Spiegels*, der es einem verunmöglichte, das Offensichtliche einzuräumen, dass es nämlich speziell in den Fächern Geschichte und Staatsbürgerkunde zweifellos hoch ideologisch zuging. Zumal das einzige im Artikel genannte Beispiel für Lügen aus der Hochzeit des Kalten Krieges stammte, allzu albern und ohne Quelle war. 5000 Rinder seien 1955 durch vergiftete Erntebindfäden aus der BRD erkrankt, sei behauptet worden. Aber seit wann fressen Rinder Bindfäden?

Der Autor des Artikels war nicht genannt, da aber immer wieder ein gewisser Johannes Niermann als Pädagogik-Experte zitiert wird, könnte man vermuten, dass dieser praktischerweise auch der Autor war. Zumindest entsprechen lange Passagen des Artikels wortwörtlich einer «schriftlichen Stellungnahme», die jener Professor im September 1991 anlässlich einer öffentlichen Anhörung durch den Deutschen Bundestag, Ausschuss für Frauen und Jugend, abgegeben hatte.

Schlechte Gutachten, gute Schlächter

Mir war dieses 35-seitige Gutachten damals zugespielt worden, aber ich hatte die Lektüre bald abgebrochen, weil ich die Mischung aus Ahnungslosigkeit und Anmaßung nicht ertragen konnte. Als ich das Pamphlet nach nunmehr fast 30 Jahren zufällig wiederfand, glaubte ich mich abgeklärt. Auch wenn mein Verhältnis zum DDR-Bildungswesen nie von besonderer Anhänglichkeit geprägt war, so verschlug mir die Dreistigkeit dieses kolonialen Rundumschlags doch wieder die Sprache. Hier wird alles in die Tonne getreten, was vielleicht Spurenelemente von Lebensleistung enthalten haben konnte. In der Vorbemerkung wird bereits ungeduldig das zu beweisende Ergebnis vorweggenommen: *«Am Aufbau und am Erhalt des Lügengebäudes hat insbesondere die gesamte Intellegentia mitgewirkt.»*

Hatte man geglaubt, nur in der DDR-Gesellschaftswissenschaft sei die Fähigkeit, zu differenzieren, entbehrlich gewesen, so wurde man nun eines Besseren belehrt. Keine Rede von einigen, einem Teil, der Mehrheit – unter der Gesamtheit macht es der Pädagogik-Experte nicht. Die Wortschöpfung *Intellegentia* zieht sich verächtlich durch den Text; ob es nicht intelligenter gewesen wäre, dabei orthographische Mindeststandards einzuhalten, hat unseren Professor Dr. Dr. im Eifer nicht gekümmert. Entscheidend ist, dass diese *Intellegentia* sich bei ihrer Forschung nie an der Wirklichkeit orientiert hat, sondern an dem, was als Soll vorgegeben war. (Die generelle Frage des opportunistischen Anteils in den Gesellschaftswissenschaften, besonders auch in der Wirtschaftswissenschaft, würde zu den spannendsten Forschungsfeldern weltweit gehören. Sie wird wohl schon aus Mangel an Geldgebern nie stattfinden. Insofern mögen die geneigten Leser die kommenden Zitate als kostenlosen Anschauungsunterricht für vorgegebenes Soll durchstehen.)

Wegen jenes Lügengebäudes können Arbeiten von *«Forschern der ehemaligen DDR (die auch jetzt noch in den 5 neuen Bundesländern arbeiten) politisch respektabel sein, wissenschaftlich sind sie als Aussage über die Wirklichkeit noch nicht einmal das Papier wert.»* Ist denn ein solches Gutachten das Papier wert, hier so ausführlich zitiert zu werden? Aus ökologischer Sicht sicher nicht. Auch nicht aus erkenntnistheoretischer. Aber für eine Einfühlung in gruppendynamische Ost-West-Konfrontation könnte es kein besseres Beispiel geben.

40 Jahre entgegengesetzte Prägungen sind langlebiger als gedacht. Der Professor der Philosophischen Fakultät der Universität zu Köln, Pädagogisches Seminar, erwähnt immerhin, worauf seine Analyse basiert, nämlich auf eigenen Beobachtungen und Untersuchungen seit 1989, also offensichtlich nach dem Mauerfall bis zum *«gegenwärtigen Stand»*. Kurzum, knapp zwei Jahre Anschauung, in einer völligen Ausnahmesituation, in der alles drunter und drüber ging. Dabei gab es auch andere Botschaften, die jetzt aber nicht gehört werden wollten.

Nach der für Deutschland desaströsen 1. Pisa-Studie von 2001 erzählte mir ein Mitarbeiter der Gewerkschaft Erziehung und Wissenschaft: «Wir sind mit einer Delegation nach Helsinki gefahren, um herauszufinden, was ihr Bildungswesen so erfolgreich macht. Das darf man ja heute gar nicht laut sagen», und er schaute sich tatsächlich um und sprach leise weiter, «aber die Kollegen haben uns erstaunt gefragt, weshalb wir so eine weite Reise unternommen haben, sie hätten das Skelett ihrer Einheitsschule mit ganzheitlicher Betreuung und praxisbezogenem Unterricht nach vielen Studienreisen in die DDR doch von dort übernommen». Überrascht hat mich nicht der Fakt, ich hatte zumindest schon gehört, dass Entwicklungsländer wegen der guten Didaktik komplette DDR-Mathematik- und Physik-Lehrbücher übernommen hatten. Überrascht hat mich die nicht nur verinnerlichte, sondern auch ausgesprochene Spielregel, wonach nichts, was nach Anerkennung von Lebensleistungen in der DDR klingen konnte, erwähnt werden durfte.

Da sich die Sache aber hinter vorgehaltener Hand doch rumsprach, haben einige Zeitungen schnell dementiert und nachgewiesen, dass die finnischen Schulen das genaue Gegenteil einstiger DDR-Schulen seien. Erst zwei Jahre später zitierte *n-tv* Marianne Demmer, Bildungsexpertin der GEW: «Die DDR-Strukturen wären für alle besser gewesen.»[11]

Aber der Autoritätsbeweis eines Pädagogikprofessors war allemal glaubwürdiger. Als Hauptkronzeuge in den wichtigsten Leitmedien und gar vor dem Bundestag hatte man Anspruch auf den höchsten Respekt-Status. Mit seinen Geschichtskenntnissen wäre er zwar in jeder Abiturprüfung durchgefallen (jedenfalls im Osten), aber seien wir nachsichtig, er kannte die DDR ja erst seit 1989.

«Die Schulen waren bereits seit Mitte der 40er Jahre die Zuchtanstalten der DDR. Unter der zynischen Parole der ‹allseitig entwickelten Persönlichkeit› wurde hier jedem Schüler das individuelle

Rückgrat gebrochen. … zu sagen hat nur der etwas, der gefragt wird, und dann hat er das zu sagen, was parteikonform ist. …, und jetzt verstehen viele Schüler, vor allem aber viele Lehrer, nicht, wieso das alles – alle Methodik und Didaktik – schlecht gewesen sein soll … sodass sie schier verzweifeln, wenn man ihnen nun das Gegenteil zu beweisen sucht.»

Ja, da möchte man schier verzweifeln über so viel Mitgefühl. Denn wem das «individuelle Rückgrat» gebrochen wurde, der könnte plötzlich feststellen, dass er auch noch ein kollektives Rückgrat hat. Und dann noch ein nationales. Wann mehr gebrochen wurde – vor oder nach Niermanns Geburt als Erlöser, darüber fehlt jede wissenschaftliche Erhebung. Oder darüber, ob, was schon angeknackst war, dann durch finalen Fußtritt endgültig zu Bruch ging.

«Schüler mit Normabweichungen, Linkshänder, Brillenträger, Lernbehinderte, Unsportliche, Stotterer, Bettnässer u. a. waren einer Hölle ausgesetzt. … So zeigt sich die in der DDR stets praktizierte Benachteiligung der Kinder einfacher Arbeiter, deren Eltern weniger parteiorientiert waren … So wie bislang in der DDR werden auch jetzt noch … die Kinder aus kinderreichen Familien in den Schulen deutlich benachteiligt und die Kinder der Landarbeiterfamilien …, die einfachen Begabungen und Gemüter werden konsequent unter Kontrolle gebracht, in Aktivitäten eingebunden, auf Trab gehalten und nach Zeit, Inhalt und Ziel planmäßig strukturiert. Erreicht wird eine ganz primitive Konditionierung – wie bei Tierdressuren.»

Wenn es dem Esel zu wohl wird, geht er aufs Eis. Hier ist der Abgesandte der Philosophischen Fakultät kurz vor dem Einbrechen. Denn im Arbeiter- und Bauernstaat, das wurde bisher immer kritisiert, wurden gerade kinderreiche Arbeiter und Bauern zumindest bis in die 1980er Jahre vorzugsweise gefördert. Wer nicht dazugehörte, war nur «Sonstiger», was schon nach ferner liefen klingt. In Wahrheit war es doch so: Wenn ein Sonstiger auch noch Brillenträger war und damit zu verstehen gab, dass er mit seiner primitiven Konditionierung bald zur «Intellegentia» absteigen werde, fühlte sich der unsportliche Direktor so provoziert, dass er zum Bettnässer wurde. Nein, dieser ganze Augiasstall musste umgehend ausgemistet werden. Denn statt dass die *«Peiniger aus Amt und Würden vertrieben und hinter Schloss und Riegel gesetzt werden, laufen diese weiter frei herum»*. Im letzten Teil der von Niermann erbetenen Ausführungen läuft dieser zu messianischer Mission auf.

> *«Es wird daher dringend empfohlen, 1. Gymnasien und Abiturabschlüsse erheblich zu reduzieren, und zwar an den herkömmlichen Schulen auf 10–30 %. 2. Mittelschulen / Realschulen in vermehrtem Umfang einzurichten, u. a. mit folgenden Schwerpunkten: Hauswirtschaft (als Pflichtfach für alle Mädchen), Werken / Handarbeit …»*

Auch in der Berufsqualifikation sollte, wie es sich für Eingeborene geziemt, vorzugsweise *«die handwerkliche Ausbildung gefördert werden»*. Als origineller Gegenentwurf zu den einstigen Arbeiter- und Bauernfakultäten, die das Bildungsprivileg gebrochen hatten, sollte die gesamte akademische Ausbildung nun erst mal drastisch heruntergefahren werden, ebenfalls auf 10 bis 30 Prozent.

> *«Die Berufsausbildung der Jugendlichen an Hochschulen und Universitäten hat nur Sinn, wenn die bisherigen Hochschullehrer entlassen werden. Es muss aber möglich sein, dass Hochschullehrer und Wissenschaftler in einem an einer Westdeutschen Universität angebotenen Studium von 1 bis 2 Jahren ihren Studienabschluss nachholen können. … An den Hochschulen und Universitäten in den neuen Bundesländern sollten in der Anfangsphase nur Personen aus den alten Bundesländern ihren Dienst verrichten, for-*

schen und lehren dürfen, um einen wirklichen Neubeginn zu gewährleisten.»

Dank der Folgsamkeit der Ostakademiker standen sie dem Neubeginn nicht im Weg. Wie auch? Sie waren entlassen oder sollten sich auf ihre eigene Stelle neu bewerben. Hatte dies in einigen Fällen geklappt, schloss sich meist eine fünfjährige Probezeit an. Auf Bewährung, nennt man das in der Justiz. Unter dieser Art von Disziplinierung empfahl es sich, sich an die vorgegebene, oder als vorgegeben vermutete Linie widerspruchslos zu halten. So wurde das von ihnen gezeichnete Bild nicht unnötig getrübt. Die meisten Ostprofessoren überstanden die höchsten Standards genügende Evaluation nicht, ihre Stellen wurden ersatzlos gestrichen. Gern auch ihre ganze Fakultät. Die verbliebenen Direktorenposten haben ausnahmslos die Niermann ebenbürtigen Kollegen übernommen.

Orgien persönlicher Herabwürdigung

«*Im Mittelpunkt der Umorientierung der Jugend*» hatte, und ich bitte um Nachsicht, wenn wir immer noch bei der Niermann'schen Pädagogik sind, die «*Veränderung ihrer Persönlichkeit*» zu stehen. Einen neuen Menschen will ich schaffen, hieß es schon in der Bibel. Nun aber sollte es endlich der richtige werden. Wenn es nämlich die Gottgleichen machen, hat es auch nichts mit Ideologie zu tun. Denn leider stellten selbst «*die Kirchengemeinden in der DDR und nach 1989*» nur «*leblose Sozialstrukturen*» dar. Wenn man mal davon absieht, dass diese gerade zur Wendezeit die lebhaftesten Strukturen im ganzen Land waren. Aber auch die Gemeindeglieder hatten offenbar das Wichtigste am neuesten neuen Menschen noch nicht hinreichend verstanden, nämlich «*die Negativität von Kommunismus und Sozialismus*» erkennen zu lernen. Für bestimmte kirchliche Freizeitangebote «*sollten Gruppenleiter aus den alten Bundesländern zur Aufbauarbeit verpflichtet werden».* Es gehe um die Zukunft von Arbeit, Heimat, Volk, Vaterland und Nation.

Auch zu Schulleitern würden sich, selbstredend, *«vorzugsweise Lehrer aus den alten Ländern»* eignen. *«Hierzu muss man sich vor Augen führen, was in der DDR realisiert wurde: Über 70 % der Lehrer wurden nach 1945 aus dem Dienst entfernt.»* Ein Grund dafür wird nicht genannt – es wird eine der üblichen Intrigen gewesen sein, die im freien Westen undenkbar waren. Nun jedenfalls seien alle Erzieher, die SED-Mitglieder waren, zu entlassen. Es sei besser, *«Lehrer mit geringerem Lehrwissen einzustellen»*, als solche, die kommunistisch indoktriniert sind. Dazu gehöre, dass Antifaschismus ein Identifikationsthema sei. *«Daher sollten Gewalt- und Nationalsozialismusthemen nur in der Auseinandersetzung mit dem Kommunismus und Sozialismus»* und nicht isoliert behandelt werden. Bei Exkursionen in *«sogenannte antifaschistische Stätten»* könnten die *«heuchlerischen Intentionen der Parteifunktionäre»* studiert werden.

Keine Heuchelei mehr – dafür waren wir doch auf die Straße gegangen. Unser Fachexperte hat sich in der kurzen Zeit seiner Feldforschung auch über die *Kinderaufbewahrungsstätten* sachkundig gemacht und den Bundestag nicht darüber im Unklaren gelassen, dass die armen Würmer dort schweren Schaden erlitten, *«der kaum reparabel ist»*. Die *«Kinder lernten schon früh, auf ihre gestressten Eltern Rücksicht zu nehmen. Ausgelassen und lustig zu sein, Lärmen, Schreien, Toben waren verpönt. Geplant wurde, wann es Vergnügen geben sollte, wann gelacht werden durfte ... Besondere Zuwendung und Zärtlichkeit durch das Betreuungspersonal waren stets untersagt, damit nicht der Neid der anderen Kinder geweckt werden könnte. ... Diese Art der Krippenerziehung ist menschenverachtend, menschenunwürdig. Sie muss umgehend aufgehoben werden.»*

Jetzt, da das Grundgesetz auch für die neuen Länder gelte, müsste die Schließung der Krippen von westdeutschen Pflegediensten überwacht werden. Denn wie wir Ostfrauen jetzt nicht mehr verbergen können, sind wir nicht mal zu der Einsicht fähig, dass unsere Berufstätigkeit nur eine *«Schein-Emanzipation»* war und, im Gegenteil, zur *«Degeneration der Frauen»* beigetragen habe. Und darüber hinaus zur *«psychischen Deformierung vieler Eltern»*, denen Spontaneität und Emotionalität *«völlig fremd»* waren.

> *«Der ‹Belastungs›-Gesichtspunkt liegt für viele Mütter sehr nahe bei der ‹Lästigkeit›. Die meisten Mütter kontaktieren ihre Kinder zu wenig, spielen zu wenig mit ihnen, führen ihre Kinder zu wenig zu öffentlichen Spielplätzen, nehmen sie zu selten mit zum Einkaufen.»*

Letzteres war natürlich bei der gewünschten Hinwendung zu den neuen westlichen Werten ein besonders schwerwiegendes Versäumnis. Vielleicht waren viele auch deshalb so gestresst, weil da so ein Westprofessor vorgab, ständig in ihrem Alltag herumbeobachtet zu haben und dabei Erstaunliches zutage förderte. Beispielsweise hatte er herausgefunden, dass es den Erzieherinnen (allen!) in den Kindergärten an Wissen über *«elementare Zusammenhänge von Kultur, Religion, Geschichte, Gegenwart und Zukunft»* mangelt. Und die Mütter (alle!) waren keinen Deut besser: *«Sie überlassen ihre Kinder zu lange einer fremden Aufsicht und lassen ihre Kinder zu häufig allein. Das, was vom Fachpersonal und anderen dem Sozialismus Dienenden als Mutter-Kind-Beziehung bezeichnet wurde und noch bezeichnet wird, ist nichts anderes als ein Minimalaustausch körperbezogener Minimalaktivitäten. … Der Wunsch der Mutter und der Eltern nach einer Befreiung vom Kind lässt sich an zahlreichen Beispielen darstellen.»*

Da wäre man dann doch neugierig gewesen auf – sagen wir ein Beispiel. Doch unser Apostel für Mangelbeseitigung hat Größeres im Sinn, die Befreiung der Frau von Arbeit: *«Angesichts des Umbaus der alten DDR-Gesellschaft kann auf die männliche Mitarbeit von Frauen in Wirtschaft und Verwaltung verzichtet werden.»* Dort arbeiten ist männlich, weiblich ist *«die Erziehung der Kinder in der Familie, die Entwicklung einer Partnerschaft mit dem Ehemann, die Fürsorge für die Großeltern»*. Für sie genügt ein Programm *«aus Baby-Pflegekursen, Koch- und Näh-Kursen»*. Und wenn sie clever sind, auch aus Sprachkursen für Philosophie-Professoren. Dort könnte nebenbei mal erwähnt werden, in welchem Jahrhundert wir eigentlich leben.

Man kann sich lustig machen, man kann zynisch werden oder bitter, man kann gelangweilt abwinken und sagen: Schnee von gestern. Nur eins sollte man nicht übersehen: Von einigen Überspitzungen abgesehen, haben sich die Abwickler mit dieser Linie unbeirrt durchgesetzt. Niermann war wahrlich nicht der Einzige, der derart obsessiv über die einstigen Brüder und Schwestern herfiel. Nicht so oft, aber oft genug, lebten zwielichtige Gestalten ihre unverhofft gewonnene Macht in Orgien persönlicher Herabwürdigung aus.

Kein Marxist über diese Schwelle

Gegen die sofort einsetzenden Abwicklungen gerichtlich vorzugehen, wagte als einzige DDR-Universität die Humboldt-Universität. Der erste frei gewählte Rektor der HU, der Theologe Prof. Heinrich Fink, wollte seinen eigenen Weg der Erneuerung gehen und hatte dafür den Studentenrat und den akademischen Senat hinter sich. Damals war auch nur an der HU die gleichberechtigte Teilnahme der Studenten in allen Gremien noch nicht zerschlagen worden. Da wurden just zu dieser Zeit von der damaligen Gauck-Behörde Verdächtigungen gestreut, Fink habe für die Stasi gearbeitet. Bewiesen werden konnte das nie, die angebliche Akte war angeblich verschwunden. Nichts war belastender in dieser herrschaftsstürzenden Zeit, als keine entlastende Akte zu haben.

«Unsern Heiner nimmt uns keiner», riefen die Studenten auf Protestdemonstrationen. Der Studentenrat organisierte am 28. November 1991 eine Veranstaltung, auf der Ostberliner Prominente das undurchsichtig-durchsichtige Agieren der Behörde kritisierten.

Ein «bestelltes Ding», schimpfte Rudolf Bahro. Finks demokratische Strukturen verteidigten auch Generalsuperintendent Günter Krusche, der Bürgerrechtler Jens Reich, der SPD-Politiker Walter Romberg, die Schauspielerin und Brecht-Schülerin Käthe Reichel und die Autoren Stefan Heym, Christa und Gerhard Wolf und Christoph Hein. Auch ich hatte teilgenommen und erinnere mich an das Gefühl von Ohnmacht, als wieder einmal verordnet wurde, was die meisten nicht wollten. Fink musste gehen, Krelle kam.

Dieser schon seit Jahren emeritierte Wirtschaftswissenschaftler reihte sich in die nach unten offene Schlichtheitsskala der Kompetenzdarsteller problemlos ein. Auf seine Verdienste als einstiger SS-Sturmbannführer und 1. Generalstabsoffizier der SS-Panzerdivision «Götz von Berlichingen» wird im II. Teil noch kurz einzugehen sein. Der Professor wurde reaktiviert, als es 1991 galt, an der Wirtschaftswissenschaftlichen Fakultät der Berliner Humboldt-Universität eine Struktur- und Berufungskommission zu leiten, die die DDR-Akademiker entsorgt. Er trat mit der Devise an: «Es gibt keine marxistische Wirtschaftswissenschaft.»

Ein Neoliberaler war Wilhelm Krelle nicht, er trat für mehr Rationalität in der Wirtschaftspolitik durch staatliches Eingreifen ein. 1978 mokierte er sich in dem Aufsatz *Die Beseitigung von Arbeitslosigkeit durch abgestimmtes Verhalten von Regierung, Gewerkschaft und Bundesbank* über die Behauptung von Marx, Arbeitslosigkeit sei im Kapitalismus ein Dauerproblem. Er gehörte eher zu jenen, die die Regulierungsmöglichkeiten der Marktwirtschaft überschätzen und die politische Kapitulation vor dem von der Systemkonkurrenz befreiten Kapital nicht sehen wollen. So hätte eine Auseinandersetzung mit östlich geprägten Theoretikern interessant werden können. Doch von 180 Hochschullehrern und wissenschaftlichen Mitarbeitern an der Fakultät sind schließlich 10 übrig geblieben. Krelle verlangte den DDR-Dozenten sehr viel mehr ab als sich selbst: Sie hätten Widerstand gegen das herrschende System leisten sollen.

Unbeeindruckt davon, dass die Berliner Hochschulkommission nach der Umstrukturierung der Fakultät von veralteten Wegen sprach, von Schubfachdenken, das moderner Ausbildung nicht angemessen sei, wurde der erste Ehrendoktortitel an der HU nach der Wende für den Aufräumer an der bislang marxistisch dominierten Fakultät vergeben.

Ein Opfer von Krelles Abwicklungswut wurde der Hochschuldozent Dr. Hans Schmidt, dessen Spezialgebiete Geldtheorie, Preisniveau, Kredite und deren Wirkung auf Investitionen waren. Nach 1989 besuchte er Vorlesungen von Universitäten im In- und Ausland, auch Lehrgänge von Wirtschaftsinstituten und der Deutschen Bank. Die FU Berlin bescheinigte ihm in einem Gutachten zu seinem Arbeitsrechtsprozess, er gehöre zu «jener kleinen, die wissenschaftliche Diskussion befruchtenden Schar von Ökonomen aus der ehemaligen DDR, die dank ihres außerordentlichen Engagements und ihrer soliden theoretischen Grundkenntnisse schnell den Anschluss an den Standard westlicher Universitäten erreicht haben». Dennoch wurde ihm 1991 wegen mangelnden Bedarfs gekündigt. Krelle blieb bei seinem mehrfach überlieferten Grundsatz: «Kein Marxist wird seinen Fuß über die Schwelle dieses Hauses setzen, solange ich hier das Sagen habe.» Dass die historischen Wurzeln jenes Antikommunismus, der Leitgedanke der Abwicklung war, völlig ausgeblendet wurden, konnte Hans Schmidt nicht ertragen. Durch einen Sprung aus dem 13. Stock seines Wohnhauses nahm sich der seit langem Schwerbehinderte das Leben.

Heute gibt es übrigens in ganz Deutschland keinen Lehrstuhl für Marxismus mehr. Wer etwas über Marx' Kapital-Analyse und seinen historischen Materialismus erfahren will, muss sich schon einen Platz an der Pariser Elite-Universität Sciences Po ergattern. Dafür soll an der Humboldt-Universität demnächst ein Islam-Institut mit sechs Professuren gegründet werden. Auch wenn die Studenten dagegen sind.

Bürde statt Würde

Zu den großen Aufräumern gehörte auch der aus Bayern eingeflogene, einstige Wehrmachtsoffizier Rudolf Mühlfenzl, nunmehr Beauftragter der Bundesregierung für die Abwicklung des DDR-Rundfunks. Sein despotisches Wirken ist legendär. Die leitenden Mitarbeiter aller Redaktionen, auch der nur bedingt politischen, wie Musik, Sport oder Hörspiel, bekamen fristlose Entlassungsschreiben, die zu begründen nicht für nötig befunden wurde. Einzelgespräche gab es nicht. Auch nicht für die bis Herbst 1990 übrig gebliebenen Mitarbeiter, denen großzügig erlaubt wurde, sich für Neueinstellungen zu bewerben. Ob nach Aktenlage entschieden wurde, ob nach Laune, blieb unklar. Die langjährigen Rundfunkleute wurden gruppenweise in ein Sekretariat bestellt. Einzeln aufgerufen, gelangten sie über ein Vorzimmer in einen leeren Raum, in dessen Mitte ein Tisch stand, darauf ein Telefon. Der Hörer lag daneben. Sie mussten ihn aufnehmen und ihren Namen sagen. Sie wussten, die Stimme, die sie hören würden, sollte die des Herrn Mühlfenzl sein. Sie wussten, diese Stimme würde nur einen Satz sagen. Entweder: Sie werden übernommen. Oder: Sie werden nicht übernommen. Dann hatte man den Raum zu verlassen, und der Nächste wurde aufgerufen.

Das war viel Plackerei für die Abwickler. Da mussten sie sich kurzfassen, sonst ließen sich all die *Altlasten* nicht abschütteln. Auch der führende Historiker Hans-Ulrich Wehler beklagte die Mühen der Ebnerei: «Die kurzlebige Existenz der DDR hat in jeder Hinsicht in eine Sackgasse geführt. ... Alle falschen Weichenstellungen, die in Ostdeutschland vorgenommen worden sind, müssen nach dem Vorbild des westdeutschen Modells in einem mühseligen Prozess korrigiert werden. Das ist die Bürde der neuen Bundesrepublik nach 1990.»[12]

Diese Zuschreibung als Bürde war mit Würde schwer vereinbar. Schlimmer noch: Sie ist die eigentliche Hürde der Einheit. Der totalitäre Antikommunismus, den Günter Gaus seinen Landsleuten gern bescheinigte, hat in den Sackgassen westlicher Weltbilder zu teilweise absurder gesellschaftlicher Restauration geführt. Unter der Last des eisernen Siegerkranzes haben eigentlich kluge Leute weit unter ihren Möglichkeiten Millionen Ostdeutsche immer wieder zur Schafsherde degradiert und deren Bereitschaft und Fähigkeit zu kreativer Mitgestaltung denunziert.

Arroganz ist die Selbsterhebung von Menschen, deren Bedürfnis nach Glanz von ihrer Umwelt nicht so bedient wird, wie es ihr Ego verlangt. Leute, die sich zu kurz gekommen fühlen und zwangsläufig auf den Putz hauen müssen, um sich gegen die Konkurrenten Gehör zu verschaffen. «Mitbewerber» nicht nur ständig überbieten, sondern auch abkanzeln, um sich selbst dem grellen Licht der leergeräumten Kanzel zu nähern – das sind lebensnotwendige westliche Fähigkeiten. Dieses Profilierungs- und Durchsetzungsvermögen haben viele «Werktätige» sich nicht antrainieren können, denn sie kamen aus Kollektiven und Brigaden, in denen der soziale Status relativ gleich und das Wort «Entlassung» ein Fremdwort war. In betrieblichen Kulturhäusern und Ferienheimen hatten sie zudem quasi familiär einen Teil der Freizeit miteinander verbracht und trotz aller allgemeinmenschlichen Aversionen wohl eher ein Gefühl des Miteinanders als des Gegeneinanders entwickelt. In diesem Sinn war man in der Tat nicht marktgerecht, und es könnte der einzige «selbstverschuldete» Grund sein, weshalb sich bis heute kaum Ostdeutsche für Führungspositionen empfehlen konnten.

Wer verstehen will, wie bleibend die Narben der Beigetretenen sind, muss daran erinnert werden, mit welchen Tritten sie von tonangebenden Vertretern der Westeliten empfangen wurden. Auch der nach 30 Jahren Mitgliedschaft aus der SPD ausgeschlossene, rechtskonservative Historiker Arnulf Baring hatte 1991 spürbares Vergnügen an der totalitären Herabwürdigung von DDR-Akademikern:

Die heutige Lage in der ehemaligen DDR ist in der Tat vollkommen anders als bei uns 1945. (Wo die Stunde null dafür sorgte, dass in den Köpfen der Leute weltanschaulich nichts zu beanstanden war.) *Das*

Regime hat fast ein halbes Jahrhundert die Menschen verzwergt (daher die verzwergte Revolution), *ihre Erziehung, ihre Ausbildung verhunzt. Jeder sollte nur noch ein hirnloses Rädchen im Getriebe sein, ein willenloser Gehilfe* (kompatibel für Treuhand und Ämter für Offene Vermögensfragen). *Ob sich heute einer dort Jurist nennt oder Ökonom, Pädagoge, Psychologe, Soziologe* (was vergessen?), *selbst Arzt oder Ingenieur, das ist völlig egal: Sein Wissen ist über weite Strecken völlig unbrauchbar.* (Zweifellos nicht so brauchbar wie das eines Historikers, der die Darstellung der Judenvernichtung als unvergleichbares Verbrechen für übertrieben befand, der dieser «beklagenswerten Entgleisung» lange Jahrhunderte «deutscher Tüchtigkeit» entgegenhielt und damit ein Wegbereiter der bahnbrechenden Vogelschiss-Theorie war.) *Wir können den politisch und charakterlich Belasteten ihre Sünden vergeben, alles verzeihen und vergessen. Es wird nichts nützen; denn viele Menschen sind wegen ihrer fehlenden Fachkenntnisse nicht weiter verwendbar.* (So fehlen ihnen im Gegensatz zum Klageführer alle Voraussetzungen, Preisträger der Sudetendeutschen Landsmannschaft zu werden, da sie mit Sicherheit versäumt haben, den Verlust der deutschen Ostgebiete als ganz wichtiger «Seelenlandschaft unseres Volkes» zu beklagen). *Sie* (die Ostdeutschen) *haben einfach nichts gelernt, was sie in eine freie Marktwirtschaft einbringen könnten.*[13] (Nicht mal das Handwerk des Rufmordes.)

«Alles schwachsinnig, nicht mal intelligent»

All diese Geschichten konnte man wahrnehmen, sie gingen durch Funk und Presse. Von einigen Wendehälsen befeuert. Wer hat damals öffentlich gezweifelt, zurückgefragt oder gar widersprochen? Keiner und keine sollen mir heute erzählen, sie hätten einst nur vergessen, Lebensleistungen zu würdigen. Jetzt aber, wo die politische Mitte am Kippen ist, räumt man das Versäumnis plötzlich großzügig ein. Dabei ist diese ganze Nummer mit der nachholenden Würdigung von Leistungen eine rein westliche Erfindung. Abgesehen von der tollen Anpassungsleistung fallen diesen Wohlmeinenden wohl auch keine Verdienste ein, die anzuerkennen angemessen gewesen wäre. Den Ostlern hätte schon genügt, nicht denunziert zu werden, von Oberfeldwebeln aller Art.

Hier sei der Oberleutnant Helmut Schmidt ausdrücklich ausgenommen. Er fand die «westliche Besserwisserei zum Kotzen». Wäre man mit den Kommunisten toleranter umgegangen, wäre das Desaster in den neuen Ländern glimpflicher verlaufen (*Spiegel* 1/2006). Insofern sollte flugs eine Unterstellung vermieden werden: Selbstverständlich traten nicht alle Westdeutschen derart herablassend auf, es war nicht mal die Mehrheit. Die Gruppe aber, die sich öffentlich gegen die Anmaßung ihrer Landsleute verwahrte, war so übersichtlich, dass man bald alle persönlich kannte. Günter Gaus etwa: «Was die öffentliche Auseinandersetzung angeht – ich kann nicht mehr ertragen, was die Wortführer auf unserer Seite in dieser Diskussion an Selbstgerechtigkeit an den Tag legen. Was Schirrmacher macht, ist alles schwachsinnig, das ist nicht einmal intelligent.»[14]

Der Hinweis auf den damaligen Leiter der Literatur-Redaktion der *FAZ* möge genügen, um mir und den Lesern hier auch noch die Kenntnisnahme des Schwachsinns zu ersparen, der sich mit derselben Lust an der Diffamierung auch jahrzehntelang durch die tonangebenden Medien zog. Es gab in der Ex-DDR keine denunziationsfreien Räume mehr, in denen man Schutz vor derartigen Pauschalisierungen suchen konnte. Mit Ausnahme der PDS vielleicht, die einerseits aber als «SED-Nachfolge-Partei» natürlich selbst die meiste Feindseligkeit auszuhalten hatte und andererseits tatsächlich mit einem Erbe belastet war, das sie denjenigen, die Repressionen und Denunziationen der anderen Art erfahren hatten, als Zuflucht nicht empfahl.

Wenn ich mir das bisher Geschilderte so ansehe, könnte der falsche Eindruck entstehen, als würde die Schäuble'sche Annahme, die Ostdeutschen hätten nur gesenkten Blickes gelebt, auf die Zeit nach der Einheit zutreffen. Nein, so war es auch wieder nicht. Die meisten haben das Ins-Offene-Gehen genossen. Und wo nicht, haben sich nicht wenige erhobenen Hauptes zu wehren versucht. Über den zugemuteten Schwachsinn haben wir uns durchaus auch amüsiert. Und nicht selten mit ähnlich gesinnten Westdeutschen zusammen. Das ist für mich überhaupt das Wertvollste an der Einheit – dass ich so viele Verbündete und Freunde hinzugewinnen konnte. Das hat den Horizont enorm geweitet. Und ist eine nicht hoch genug zu schätzende, menschliche Bereicherung. In den sozialen Bewegungen aller Art bin ich inzwischen im Westen besser vernetzt als im Osten. Wohl auch, weil den 68ern mehr nachwachsen konnte als den 89ern.

Und doch, wie es wirklich war, ist auch den Gutwilligsten schwer zu vermitteln. Ausgerechnet mit den Feministinnen bin ich nicht so recht warm geworden. Weil sie uns einreden wollten, unser Emanzipationsvorsprung sei nichts wert, da er nicht erkämpft war, sondern uns von den führenden, feindlichen Männern in den Schoß gelegt wurde. Viel bedeutsamer sei daher ihr kampfreicher Misserfolg. Nun verkneife ich mir hier ein historisches Seminar über Arbeiterbewegung und Frauenrechte. Ich fand es immer lustvoller, die Welt mit den Männern zu verändern, als gegen sie. Auch die MeToo-Debatte hat, unter den Ost-Frauen, mit denen ich darüber gesprochen habe, eher Befremden ausgelöst. Noch ehe wir eine Zustimmungserklärung für die französische Schauspielerin Catherine Deneuve organisieren konnten, hat die heftig Angegriffene einen halben Rückzieher machen müssen. Es ging ihr natürlich nicht darum, Missbrauch oder Vergewaltigung zu verharmlosen. Uns gefiel ihr Anspruch, wonach die Spielregeln für

Flirt und Annäherungsversuche nicht auch noch von politischer Korrektheit reglementiert werden sollten. Mögen sie ein reizvolles Spiel gleichberechtigter Partner sein, in das sich gefälligst niemand einmischt. Wir Ostfrauen waren viel zu selbstbewusst, als dass ungewollte Anmache ein gravierendes Problem für uns war. Natürlich gab es die, und auch bei uns waren die meisten Chefs Männer. Aber es gab Strukturen in der Arbeitswelt, die ihre Macht eingrenzten. Wir waren nicht nur finanziell unabhängig, auch wenn die Doppelbelastung von Beruf und Familie nicht kleingeredet werden soll.

Überhaupt das Reden und die Sprache. Ich muss immer schmunzeln, wenn das Engagement für die Gleichberechtigung von Frau und Mann daran gemessen wird, ob Autoren und Autorinnen, Gewerkschafter und Gewerkschafterinnen, Kirchenglieder und Kirchengliederinnen auch ordentlich gendern. Lange bevor sich unlängst eher konservative Autoren davon distanzierten, schrieb ich ein kleines Textchen[15], in dem ich fand, man solle der Sprache nicht solche Gewalt antun. Ja, konservativ kann ich auch. Das gehört zum Spektrum einer Radikaldemokratin, als die ich mich verstehe. Neuerdings kann man auch «radikalhumanistisch» sein – auch nicht schlecht. Bewährtes bewahren, in Ost und West, ist ein demokratisches und humanistisches Anliegen. Mich stören ganz andere Sprachkonstruktionen, die eine rentable Verkürzung sein sollen, obwohl die Begriffe sich logisch ausschließen. Ein Beispiel, das den Journalismus erobert hat, aber auch die Rechtsprechung und sogar den Duden: Humanitäre Katastrophe. Also eine wohltätige, menschenfreundliche Katastrophe. Sie ist so unsinnig wie eine humane Katastrophe. Gemeint ist eine Katastrophe des Humanitären. Da das sprachlich auch unschön ist, müsste man es schon umschreiben. Das würde sich lohnen, bei dem katastrophalen Zustand des Humanismus in der Welt.

Ich weiß spätestens seit der Wende, dass Westfrauen von den Ostfrauen, zumal von Schreibenden, mehr Sensibilität im Umgang mit dem generischen Maskulinum erwarten. Ich weiß aber auch: Wegen ungünstiger Witterung ist die westdeutsche Frauen-Emanzipation in die Grammatik verlegt worden. Der Gleichstellungsgedanke ist in Westdeutschland seit Ende der 1970er Jahre zu einem vorwiegend linguistischen Problem geworden. Wer mit der Sprache gendert, hat Problembewusstsein gezeigt und ist damit der Pflicht enthoben, sich auch noch für praktische Verbesserungen einzusetzen. In einer Gesellschaft, die immer noch sexistisch ist. Ein Zusammenhang von Jahrzehnten der sprachverschandelnden Lippenbekenntnisse und echtem Bewusstseinswandel ist nicht nachweisbar. Mir geht es eher um die soziale Realität. Deshalb war es mir lieber, eine DDR-Frau sagte: *Ich bin Traktorist*, als dass sie, klüger geworden, gleich nach der Wende bedauerte: *Ich war Traktoristin.*

Wenn Herrschende sprechen, dann merkt man das am Inhalt, weniger an der Grammatik. Bei uns herrscht nun schon seit Jahren eine Frau, aber das scheint den feministischen Furor nicht zu bremsen. Zweifellos hat *der Mensch* die Sprache erfunden. Frauen und Männer. Wie das genau funktioniert hat, weiß man nicht, weil im damaligen Alltag nicht sofort protokolliert wurde. Sicher, vom Althochdeutschen bis zur neuhochdeutschen Literatursprache war es ein weiter Weg. Die Schriftsprache ist, soviel wir wissen, von Männern festgehalten worden. Luther prägte die deutsche Sprache. Hatte er nicht wenigstens eine Köchin bei sich? Die Christen – das meint ihn und sie. Das Kirchenglied auch. Oder seid ihr erst zufrieden, wenn es Kirchengliedin heißt?

Beschweren wir uns bei von Grimmelshausen, bei Gottsched, den Brüdern Grimm und Konrad Duden, wenn es für nicht wenige Begriffe einfach keine weibliche Form gibt: Mensch, Sonderling, Flüchtling, Mannschaft, jemand. Oder keine männliche: Die Geisel.

Der Geiserich? Da landen wir eher beim Ziegenbock. Deutsch ist eine sehr präzise Sprache. Auch angeblich neutrale Umschreibungen funktionieren nicht immer. Nicht jeder Student ist ein Studierender und nicht jeder Studierende ein Student.

StudentInnen ist laut Duden zum Glück rechtschreibwidrig. Also bleibt nur, verdoppelnd von Studenten und Studentinnen zu schreiben und zu reden. Zeitverschwendend, umständlich, unschön. Wenn es denn im politischen Alltag, auf Ämtern, an Universitäten, in Gesetzestexten sexusgerecht sein soll – von mir aus. Aber verschont bitte mit solchen Forderungen die Bereiche, in denen, wenn es gutgeht, an der Sprache noch gearbeitet wird. Im Journalismus und erst recht in der Literatur. Da darf man ein gewisses Abstraktionsvermögen von Geschlechtszuschreibungen voraussetzen.

Ein Mensch, wie stolz das klingt! Kommt ihr in dem Satz wirklich nicht vor? Dann ist euch nicht zu helfen.

Wenn ich die Wahl habe zwischen politisch korrekt und sprachlich schön, entscheide ich mich zugegebenermaßen für das Schöne. Das ist auch weiblich. Im Namen von Frauen muss man die Sprache nicht verhunzen und verunklaren. Angenommen, der letzte Satz im Kommunistischen Manifest hätte gelautet: Proletarier und Proletarierinnen aller Länder, vereinigt euch! Das hätte womöglich ganz andere als revolutionäre Aktionen ausgelöst.

Doch zurück zur westlichen Selbstgerechtigkeit im Diskurs. Die Generation der großen amtlichen Delegitimierer ist inzwischen so gut wie abgetreten. Aber all ihre jungen Untergebenen und Nachfolger, die angesichts der massenhaften Verleumdungen auch später noch geschwiegen und nie widersprochen haben, in Barings Sprache wie «hirnlose Rädchen», die sind noch da. Ihre neuerdings wohlmeinenden Komplimente à la: «Endlich selbstbewusst – die Ossis wollen ihr Schicksal endlich selbst in die Hand nehmen», sind nur Beleidigungen der anderen Art. Als hätten diese Willenlosen 30 Jahre gebraucht, um aufzuwachen und zu merken, dass es eigentlich eine gute Idee wäre, sein Schicksal selbst in die Hand zu nehmen. Und welchen der zahllosen Wege, die einem dafür offen stehen, wählt man? Den rechten.

«Es ist auch Zeit, endlich Entschuldigung zu sagen, für all die zwielichtigen Glücksritter aus dem Westen, für die arroganten Bevormunder und Raffhälse, die es den Ostdeutschen in den ersten Jahren nach 1990 nicht leicht gemacht haben.»[16] So der SPD-Chef im Berliner Abgeordnetenhaus Raed Saleh – es dürfte kein Zufall sein, dass er, der in Palästina geboren wurde, der Einzige ist, der diese Konsequenz zieht.

TEIL II

KEINE GEMEINSAME ERINNERUNGSKULTUR

Die deutsche Einheit hat die getrennte Erinnerungskultur verstärkt. Die nunmehr gültige Zeitgeschichte war zum Verdruss vieler Ostdeutscher, wie von der DDR gewohnt, stark von staatlicher Förderung abhängig und wurde von ihnen als durchgehend ideologisiert empfunden. Wenn zwei Teile sich vereinigen, wäre es naheliegend gewesen, eine parallele Geschichtsforschung zu beginnen. Aber daran gab es kein und gibt es immer noch kaum Interesse. Die raren Ausnahmen wurden wenig beachtet und als zu DDR-freundlich kritisiert wie der 2006 erschienene, 1360 Seiten starke Band «Deutsche Zeitgeschichte von 1945–2000».

Dass von den westlichen Siegern zuerst gerade die Posten angegriffen wurden, mit denen sich zumindest Teile der DDR-Bevölkerung am ehesten identifizierten, war absehbar. Bisher verehrte prominente Sportler, Schriftsteller, Schauspieler, Ärzte, sogar Tierpark-Direktoren oder Kosmonauten sahen sich mit Anschuldigungen verschiedenster Art konfrontiert und wurden öffentlich zerlegt. Die Emanzipation der Frauen wurde umgehend zur Scheinemanzipation erklärt. Das überlegene moderne Familiengesetz, das einige Entwicklungsländer weitgehend übernommen hatten, wurde wie alle Gesetze unbesehen entsorgt. Nun galt für uns wieder das BGB, in dem mich gerade im Familienrecht die unfassbar verstaubte Sprache aus dem 19. Jahrhundert und der überholt geglaubte Ehrbegriff amüsierten. Für den Fall, dass sich ein Verlobter zurückzieht, gab es beispielsweise den § 1300: «Hat eine unbescholtene (!) Verlobte ihrem Verlobten die Beiwohnung (!) gestattet, so kann sie ... wegen des Schadens, der nicht Vermögensschaden ist (!), eine billige Entschädigung verlangen.» Auch wenn sich vermutlich schon niemand mehr daran gehalten hat, ersatzlos gestrichen wurden solche Paragraphen erst 1998.

Am Paragraphen 218 wäre die Einheit beinahe gescheitert, schließlich mussten die DDR-Frauen eine Einschränkung ihrer Selbstbestimmung hinnehmen. Die soziale Sicherheit sollte rückwirkend als staatliche Bevormundung wahrgenommen werden, die angestrebte soziale Gleichheit als Gleichmacherei. Die eindeutig bessere Kinderbetreuung wie auch die berufliche Qualifikation und Ausbildung wurden von zwielichtigen Gestalten, wie demonstriert, unter Ideologie-Vorbehalt gestellt.

Auf deutlich mehr Zustimmung konnte die ursprünglich von der Bürgerbewegung ausgegangene Initiative rechnen, die Akten der Staatssicherheit öffentlich zugänglich zu machen und den oft leidvoll Betroffenen Einsicht in ihre Unterlagen zu verschaffen. Wie so viele faszinierte auch mich die Aussicht, wohl erstmalig in der Geschichte hinter die Kulissen eines eben noch hochgeheimen Repressionsapparates schauen zu dürfen. Die Bürgerkomitees legten allerdings größten Wert auf die Zusicherung, dass kein Stasi-Material je in die Hände westlicher Geheimdienste gelangen dürfe. Die Akten für eine historische und politische Aufarbeitung der DDR zu nutzen war auch ausdrücklicher Wunsch der letzten Volkskammer. Ich war nie für Aktenschließung. Ich habe mich nur gewundert, wie schnell die Forderung aus der Wendezeit, man müsse auch die Akten des Verfassungsschutzes zugänglich machen, in der Versenkung verschwunden ist.

Stasi forever?

Als am 3. Oktober 1990 noch allerorten die Vereinigungsglocken läuteten, nahm die erste und größte Bundesbehörde im Beitrittsgebiet mit ihren bald 3000 Mitarbeitern bereits ihre Arbeit auf: die des

Sonderbeauftragten für die Daten des Staatssicherheitsdienstes. Mit welchem *Sonderauftrag*? Der für die Behörde zuständige Ministerialdirigent im Bundesministerium des Innern erklärte ihn mir damals: *Delegitimierung der DDR*. Die DDR war grundgesetzwidrig, insofern sei dieser Auftrag politisch korrekt. Erkenntnisse der Stasi über den Westen blieben tabu.

Die Mammutbehörde war der Kohl-Regierung so viel wert, dass sie jährlich etwa 100 Millionen Euro Steuergelder bekam. Das ist mehr, als die gesamte privatwirtschaftlich betriebene und staatlich bezuschusste Industrieforschung in den neuen Ländern zur Verfügung hat. Die Behörde verfolgte vom ersten Tag an einen ganz anderen Schwerpunkt als den von den Ostdeutschen beabsichtigten. Im Vordergrund stand die «personenbezogene Beauskunftung» von Millionen Menschen zwecks möglicher Entlassungen oder Geldkürzungen. Solche Ersuchen vom öffentlichen Dienst, von Parteien, Wirtschaft, Kirche und Rentenkassen auf «Sicherheitsüberprüfungen» waren doppelt so häufig wie Anträge von Bürgern. Eine flächendeckende Verdachtskultur griff um sich, bei der nicht grundlos Missdeutungen und Fehlinterpretationen befürchtet wurden. Diese Überprüfungen auf Stasibelastungen erwiesen sich zu 94 Prozent als Fehlanzeigen, sorgten aber zu 100 Prozent für Aufregung. Eine Überprüfung hoher Amtsträger hätte genügt, es musste nicht gegen eine ganze Bevölkerung ermittelt werden. Der von der Stasi genährte Irrglaube, man könne sich durch einen perfekten Kontrollapparat vor allen «Bösewichtern» schützen, ist beklemmend gegenwärtig. Stasi forever?

In der anfänglichen Hysterie war es unmöglich, die Staatssicherheit mit Fakten und nicht mit Propaganda beschreiben zu wollen. Die Berichterstattung war intellektuell genügsam, an politischen Zwecken ausgerichtet. Erst 2013 ging der *Spiegel* (Nr. 8), nach einem Artikel, der wieder einmal auf durchsichtige Weise Gregor Gysi im Wahlkampf belastete, in einem kleinen Kasten auf eine Studie des bei der Behörde des Bundesbeauftragten für die Stasi-Unterlagen (BStU) angestellten Historikers Ilko-Sascha Kowalczuk ein. Danach war die anfangs gemachte Angabe von 189 000 IM seine grob überzogene Schätzung. Viele seien doppelt erfasst worden oder waren Karteileichen, die nie berichtet hatten. Aus Akten seien konkrete Personen konstruiert worden. Auf «abenteuerliche Weise» seien auch über 13 000 im Ausland tätige IM, also Nicht-DDR-Bürger, mitgezählt worden. Wie viele IM es wirklich gegeben hat, will nach 30 Jahren noch niemand genau sagen. Kowalczuk geht davon aus, dass man die Zahl auf etwa 109 000 IM korrigieren müsse.[17] Das wären etwa 0,6 Prozent der Bevölkerung – immer noch paranoid viele. Wie paranoid, könne man erst feststellen, wenn Vergleichszahlen zu anderen Geheimdiensten vorlägen.

Seit es nach der Wende möglich wurde, habe ich mich bemüht, auch mehr über die Schicksale von Stasi-Opfern zu erfahren. Ich habe solche bedrückenden Geschichten aufgeschrieben, etwa im Zusammenhang mit meiner Tätigkeit als stellvertretende Vorsitzende der ersten unabhängigen Untersuchungskommission der DDR, die sich Ende 1989 bildete, um das gewaltsame Verhalten von Stasi und Polizei gegenüber Demonstranten zu untersuchen. Seither beschäftigte mich die Frage, wie viele DDR-Bürger die Stasi tatsächlich observiert hat. Wie viele Operative Personenkontrollen (OPK) und Operative Vorgänge (OV) hat es gegeben, wie viele Opferakten, die über Karteikarten hinausgehen, gibt es also? Über das individuelle Leid jedes Falles würde diese Zahl nichts sagen. Um sich aber eine Vorstellung über das tatsächliche Ausmaß der «Durchherrschung» von oben nach unten zu machen, wäre es schon unerlässlich, sie zu erfahren.

Jahrelang fragte ich in der Pressestelle der Behörde vergeblich danach. Dies habe noch nie jemand wissen wollen, es sei «relativ unwichtig», hieß es. Nach langem Insistieren erfuhr ich von Roger Engelmann, Projektleiter in der Abteilung Forschung des BStU, doch etwas. Die Zahl der Observierten habe im Lauf der Jahre ständig zugenommen, für die zweite Hälfte der 1980er Jahre lägen Zahlen vor. Zählt man die OPK und OV zusammen und rechnet sie hoch auf die betroffenen Opfer, so ergibt dies in dem Zeitraum an einem beliebigen Stichtag etwa 41 500 Menschen, über die Berichte gefertigt wurden. Diese Zahl verdient jedes negative Adjektiv: empörend, beschämend, sinnlos, nur eins nicht: flächendeckend. Selbst wenn es doppelt so viele gewesen sein sollten, würde dies bedeuten, dass zu keinem Zeitpunkt mehr als 0,5 Prozent der 17 Millionen DDR-Bürger Opfer gezielter, operativer Berichterstattung waren.

NEBENBEMERKUNG: *Wahrheit und Wirklichkeit sind zwei Dinge*

Gemessen an dem bis dahin verbreiteten Bild, empfand ich diese von der Behörde autorisierte Zahl als sensationell. Wann immer ich in einem Kreis von vorwiegend westlichen Zuhörern oder Diskutanten spaßeshalber schätzen ließ, wie viele DDR-Bürger wohl ihrer Meinung nach bespitzelt wurden, hörte ich einen gut hundertfachen Wert. Alles Stasi, außer Mutti. Niemand hatte bisher investigativ herausfinden wollen, wie viele Menschen von der Stasi tatsächlich für möglichweise «feindlich negativ» gehalten wurden und deshalb «aktiv vorbeugend» in einer «Operativen Personenkontrolle» beobachtet oder gar als erkannte Feinde in einem «Operativen Vorgang» intensiv observiert wurden. Also nahm ich die Zahl 2009 in mein Buch «Wehe dem Sieger» auf. Ich hatte erwartet, dass sie entweder erstaunt zur Kenntnis genommen oder umgehend angegriffen und dementiert wird. Obwohl das Buch nicht ganz unbeachtet blieb, wurde in keiner einzigen Rezension oder Diskussion darauf eingegangen.

Das Ausblenden von Fakten, die das eigene Weltbild stören, funktioniert perfekt. Das ist für Kognitionsforscher nichts Neues. Sie haben festgestellt, dass auch gebildete, aufgeklärte Menschen, insbesondere bei emotionalen Themen, nur das wahrnehmen, was sie wollen. Wie könnte ich mich da ausnehmen. Aber eine Gesellschaft, die für sich in Anspruch nimmt, pluralistisch zu sein, müsste das ausgleichen. Wenn sie darin oft versagt, ist dies ein beunruhigendes Zeichen.

Um die brisante Zahl besser verstehen zu können, bedarf es einer Ergänzung. Die gut 40 000 Bespitzelten fanden sich hauptsächlich in renitenten Kreisen wie die von Künstlern, Kirchenleuten, oppositionellen Zirkeln oder Zusammenschlüssen von Ausreisewilligen. Hier wird man wohl von flächendeckender Überwachung sprechen müssen. Ihre zum Teil bitteren Erfahrungen haben in den letzten 30 Jahren Stoff geliefert für meist verzerrte Bücher und Filme. Erst nach Jahrzehnten sind so souveräne und einfühlsame Filme wie «Gundermann» von Andreas Dresen oder der Dokumentarfilm «Familie Brasch» möglich geworden.

Von der oppositionellen Szene kann jedoch nicht auf das Schicksal der Gesamtbevölkerung geschlossen werden. Der Historiker Karsten Krampitz vermutet, «dass noch bis in den Wendeherbst '89 hinein weite Teile der DDR-Gesellschaft dem MfS nicht ablehnend gegenüberstanden, sondern eher eine gleichgültige Haltung einnahmen».[18] Manche hätten die Stasi sogar für die einzig kompetente Kraft im Lande gehalten, die Gorbatschows Reformimpulse hätte aufnehmen können. Dass der Chef der Auslandsaufklärung, der charismatische (jüdische) Intellektuelle Markus Wolf, auf eigenen Wunsch vorzeitig in den Ruhestand gegangen war, um sich als Buchautor autobiographisch auch mit dem Stalinismus auseinanderzusetzen, hatte bei einigen zu solchen Hoffnungen beigetragen.

Das Hauptgeschäft der Stasi war aber gar nicht die Suche nach Staatsfeinden, sondern die stalinistische Sicherheitsüberprüfung der eigenen Leute. In der SED-Nomenklatura konnte man direkter in Karrieren eingreifen als unter den eher selbständigen Künstlern und Theologen. Schon deshalb stimmt das von Hans-Ulrich Wehler bemühte Bild von der «Durchherrschung» von oben nach unten nicht. Wer die bittere Bilanz zusätzlich dämonisiert, scheint sie für nicht bitter genug zu halten und verharmlost sie so.

Unter dem ersten Bundesbeauftragten Joachim Gauck herrschten viel Aktengläubigkeit und wenig Zweifel. Franz Kafka kannte das: «Es ist ein Arbeitsgrundsatz der Behörde, dass durch die vorzügliche

Organisation des Ganzen mit Fehlermöglichkeiten überhaupt nicht gerechnet wird.» Die von Gauck geprägte Behörde war zu einem Instrument zum Austausch der Eliten und zur parteipolitischen Intrige geworden. Von Toleranz keine Spur. Man erinnere sich nur an die fingierte Stasi-Beschuldigung vor der Rede des Alterspräsidenten des Bundestages, Stefan Heym. Hans Meyer oder Stephan Hermlin klagten vergeblich gegen die Veröffentlichung ihrer «Opferakten». Erst 2002 befand die Lex Kohl, dass auch Personen der Zeitgeschichte das grundgesetzliche Recht auf informationelle Selbstbestimmung haben. Plötzlich fand der Anwalt des Kanzlers mit der Auffassung Gehör, die Stasi-Akten seien manipuliert und ihr Wahrheitsgehalt kaum überprüfbar.

Das doppelte Maß war von Anfang an ein Problem. Es führte zur Reproduktion von staatlich beaufsichtigter Geschichtsschreibung. Auf der einen Seite gläserne Menschen ohne prämortalen Persönlichkeitsschutz. Auf der anderen Seite Menschen mit mindestens 30 Jahren postmortalem Persönlichkeitsschutz, den das Bundesverfassungsgericht einst mit der Würde des Menschen begründet hatte. Auf der einen Seite totaler Zugang zu den Akten der DDR-Amtsträger, auf der anderen Geheimhaltung aller Erkenntnisse über BRD-Amtsträger, deren Verbündete und die Nato. Die einen würdelos auf verlorenem Posten, die anderen ihren sicheren Beobachtungsposten lüstern genießend, kaum Zeichen von Unbehagen an der Situation.

Heiner Müller, gleichwohl von der Stasi beobachtet, wie auch sie selbst beobachtend, in dem er sich bei seltenen Gelegenheiten mit deren ihm gewachsenen Strategen über die Lage im Land und in der Welt unterhielt, ohne je ein Wort darüber aufzuschreiben, wurde dafür nach der Wende heftig beschimpft. Sarkastisch kommentierte er: «Ich beginne zu begreifen, dass es die wirklich geheime Funktion der Staatssicherheit war, dem Nachfolgestaat Material gegen potenzielle Staatsfeinde zu überliefern: der Rechtsstaat als Vollstrecker des Stasi-Auftrags.»[19]

Beliebt waren schockierende Themen wie die Internierungslager, in die Dissidenten am Tag X, an dem der SED die Kontrolle zu entgleiten drohte, eingesperrt werden sollten. Abgesehen davon, dass der Tag X ohne dergleichen verlaufen war, wird die berechtigte Empörung verlogen, wenn man verschweigt, dass die geheimen Notstandsgesetze der BRD schon zuvor für «Zeiten erhöhter Spannung» ebenfalls Internierungslager für «politisch auffällige Bürger» vorsahen. Meine diesbezüglichen Hinweise[20] auf die Spionage der Stasi geißelte der Historiker Heinrich August Winkler 1998 in der *Süddeutschen Zeitung* als «Desinformation» und «kommunistische Zersetzung». Er wurde erst ruhiger, als ich daran erinnerte, dass der *Stern* bereits 1966 auf sechs Seiten die Echtheit der Stasi-Enthüllungen bestätigt hatte. So ruhig, dass sich heute niemand mehr dafür interessiert, ob die Notstandsgesetze nicht immer noch abrufbar in den Schubladen liegen.

Die Hinterlassenschaften der Stasi zu einem «Lernort für Demokratie» zu machen, wie es Behörden-Chef Roland Jahn vorschlägt, ist eine gute Idee, sofern auch die westdeutsche Parallelgeschichte nicht ausgeblendet wird. Vor 25 Jahren war die holzschnittartige These, wonach nur die Geheimdienste der Diktatur einer Aufarbeitung bedürfen, während die westlichen unbeirrt die Demokratie verteidigen, noch mehrheitsfähig. Spätestens nach der NSA-BND-Abhöraffäre und dem Blockieren der Ermittlungen gegen den «Nationalsozialistischen Untergrund» fragt nicht mehr nur die Opposition, ob sich Geheimdienste und Demokratie nicht ausschließen. Das Parlamentarische Kontrollgremium jedenfalls ist machtlos.

Der Waschzwang des Staates

Öffentlichkeitswirksamer als an die Stasi-Unterlagenbehörde erging der Delegitimierungs-Auftrag vom damaligen Justizminister Kinkel. «Nicht nur der Rechtsstaat, unsere ganze Gesellschaft muss sich der Bewältigung des DDR-Unrechts stellen.» Also, so muss man schließen, neben der Justiz auch die Medien, die Historiker, die Schulen und Universitäten, großzügig ausgestattete Initiativen wie die *Enquete-Kommission des Bundestages zur «Aufarbeitung der SED-Diktatur»* oder die bis heute noch großzügiger ausgestattete *Bundesstiftung zur Aufarbeitung der SED-Diktatur.* Der Gesellschaft fiel nichts Besseres ein, als das Konstrukt des Kalten Krieges, die Totalitarismus-Doktrin, aus der Versenkung zu holen. Die politische Begründung gab Kinkel auf dem Deutschen Richtertag im September 1991: Es müsse gelingen, das SED-System zu delegitimieren, das «seine Rechtfertigung aus antifaschistischer Gesinnung» hergeleitet habe, obwohl es doch «in weiten Bereichen genauso unmenschlich und schrecklich war wie das faschistische Deutschland».

Wie überzogen die Erwartungen waren, ist belegbar: Bei den Verfahren gegen mehr als 100 000 Beschuldigte kam es nur in 1 Prozent zu Anklagen und in 0,75 Prozent zu Urteilen.[21] Die Haftstrafen überschritten kaum zwei Jahre und wurden zu über 90 Prozent auf Bewährung ausgesetzt. Auffällig war, dass dabei die dem Ministerium für Staatssicherheit zur Last gelegten Delikte keine zentrale Rolle spielten. Nur zwei Mitarbeiter mussten für kurze Zeit ins Gefängnis. Schwerstes Vergehen war demnach die «Beihilfehandlung» zum Bombenanschlag auf das «Maison de France» 1983 in Westberlin. Ein Stasioffizier hatte vom Zoll beschlagnahmten Sprengstoff auf Druck der syrischen Botschaft wieder herausgegeben.

Von Siegerjustiz kann bei dieser Bilanz keine Rede sein. Wider alle politische Absicht hatte sich bestätigt, dass die DDR mit dem pauschalisierenden, unwissenschaftlichen Begriff «Unrechtsstaat» nicht zu beschreiben ist. Auch wenn die Aufarbeitung durch manches erschwert war – unklare Rechtslage, vernichtete Akten, verstorbene oder nicht mehr vernehmungsfähige Zeugen und Angeklagte –, so sind doch alle Typen von Straftaten verfolgt worden. Mit rechtsstaatlichen Mitteln sei einem Unrechtsstaat eben nicht beizukommen, hieß es dann gern. Merkwürdig – mit welchen Mitteln denn sonst? Zumal so manche Verfahren hart an der Grenze zum Rechtsbruch schlitterten, da in den Prozessen gegen die Hauptangeklagten das verfassungsrechtliche Rückwirkungsverbot aufgehoben werden musste, um überhaupt zu einem Urteil zu kommen.

Man darf das DDR-Unrecht, insbesondere gegenüber politisch Andersdenkenden, nicht kleinreden, hier ist die DDR einem Konstrukt wie dem «Unrechtsstaat» doch sehr nahe gekommen. Man darf aber auch das geballte staatliche Denunziantentum der BRD, das auch in Form ihres Justizministers über die DDR-Gesellschaft herfiel, nicht so stehen lassen. Dass wir widerstandslos in einem System gelebt haben, das quasi faschistisch war, konnte nur eine beabsichtigt kränkende Entmündigung aller DDR-Bürger sein. Diese ungeheure Behauptung glaubte zudem, ohne Belege auskommen zu können, oder wie gezeigt, mit manipulierten.

Während man sich im Kalten Krieg gegenseitig diffamierte, hatte der Sieger nun die Deutungshoheit für sich allein. Gerade im Moment des Untergangs dessen, was von immer weniger Anhängern für Kommunismus gehalten wurde, stieg aus dessen Asche der Antikommunismus mit ungebändigter Kraft auf. Die frühen Warnungen der sonst so verehrten Hannah Arendt wurden in den Wind geschlagen: «Es erleichtert nicht gerade die Lösung der Probleme, weder theoretisch noch praktisch, dass uns die Ära des Kalten Krieges eine offizielle ‹Gegenideologie› hinterlassen hat, den Antikommunismus, welcher gleichfalls dazu neigt, einen Anspruch auf Weltherrschaft zu entwickeln, und uns dazu verleitet, nun unsererseits einer Fiktion nachzuhängen; denn er verbietet es uns prinzipiell, die verschiedenen kommunistischen Einparteiendiktaturen, denen wir in der Realität gegenüberstehen, von einem echten totalitären System zu unterscheiden.»[22] Die totale Herrschaft, die furchtbarste aller Regierungsformen, habe mit dem Tod Hitlers in Deutschland genauso ihr Ende gefunden wie mit dem Tod Stalins in Russland. Die posttotalitären Staaten böten zwar noch hinreichend Grund zu Besorgnis, man könne aber mit ihnen koexistieren. «Wir haben daher allen

Grund, mit dem Wort ‹totalitär› sparsam und vorsichtig umzugehen.»

Stattdessen ging man mit dem T-Wort großzügig und unvorsichtig um – die DDR war nun totalitär von Anfang bis Ende, und am beliebtesten waren ganz nach staatlicher Vorgabe die Beispiele, die zeigen sollten, dass im Windschatten der Sowjetunion die Monstrosität der NS-Zeit beibehalten oder gar überboten wurde. Schließlich waren wir einem Staat mit Alleinstellungsmerkmal beigetreten: Kein anderes Land der Welt hat je eine Kommunistische Partei verboten. Mit Ausnahme der Nazis. Das Aussparen historischer Kontexte führt allemal zu gewünschten Ergebnissen.

Gedenkstätten mit doppelter Gegenwart

Ein Beispiel für Text ohne Kontext: Bis 1995 gab es in der Bundesrepublik keine KZ-Forschung, während die DDR mit Buchenwald und Sachsenhausen große Gedenkstätten mit reichhaltigen Archiven und viel sachkundigem Personal einbrachte. Die dort gezeigten Schwerpunkte, die das Leiden der Opfer auch in den Zusammenhang von NS-Tätern und der Unternehmen stellte, die aus den sich zu Tode arbeitenden Häftlingen Gewinn machten, mögen einseitig gewesen sein, zumindest nicht zeitgemäß. Nun wurde viel Geld zur Verfügung gestellt, um völlig neue Ausstellungen zu erarbeiten. Davon profitierte erstmalig seit 1945 auch die KZ-Gedenkstätte Dachau, die sich bis dahin immer wieder CSU-Wünschen nach Schließung erwehren musste und in einem unwürdigen Zustand war.

Nicht nur auf der Veranstaltung zur Verabschiedung in den Ruhestand des langjährigen Leiters der KZ-Gedenkstätte Sachsenhausen, Günter Morsch, haben er und sein Historiker-Kollege Volkhard Knigge, Leiter in Buchenwald, heftige Klage erhoben über staatliche Eingriffe in ihre Arbeit. Ihnen seien Geschäftsführer vor die Nase gesetzt worden, die «eng an die Politik gebunden» waren. Gewünscht war eine Opferperspektive mit wenig Kausalitäten zur NS-Täterelite, was womöglich eine neue Debatte über personelle Kontinuitäten in der BRD heraufbeschworen hätte. Neuer Schwerpunkt waren die NKWD-Speziallager nach 1945. Bis dahin hatten weder die DDR noch die Bundesrepublik gewagt, die Nachkriegslager der alliierten Siegermächte in ihre Geschichtsschreibung einzubeziehen. Nun wurde einseitig nachgerüstet.

Es wurde der Eindruck erweckt, als sei das Weiterführen von KZs eine spezielle Perfidie des sowjetischen Geheimdienstes gewesen. Man klammerte sich an den Begriff Speziallager (Spezlagerja) und ignorierte all die Lager, die nicht weniger speziell waren, aber bis heute namenlos sind. Die Nutzung ehemaliger Konzentrationslager für die Internierung schwerbelasteter Nazis war auf den Konferenzen der vier Alliierten schon 1943 in Teheran und erneut 1945 in Jalta beschlossen worden. Grundlage für die zu Inhaftierenden waren nicht NKWD-Wünsche, sondern Funktionslisten, die seit Oktober 1944 vom britisch-amerikanischen Oberkommando erstellt wurden.

Die Amerikaner füllten damit nach dem Krieg 15 einstige KZs, die Briten, Franzosen und Sowjets je 10 Historiker schätzen, dass mit Hilfe der Geheimdienste der Westalliierten 250 000 Nazis arrestiert wurden, der NKWD hatte eine genauere Buchführung, da waren es 92 178. Auch die Internierung von Personen, die «als für die Ziele der Alliierten gefährlich zu betrachten sind», war von allen vier Siegermächten ausdrücklich vorgesehen – kam es doch überall zu rechtsradikalen Übergriffen bis zu Sprengstoffanschlägen auf Spruchkammern wie in Stuttgart und Esslingen. Wie im Nachkriegschaos zwar bedauerlich, aber nicht zu vermeiden, kam es in allen vier Zonen zu Verhaftungen Minderschuldiger – aus Unkenntnis, durch Missverständnisse, Übersetzungsfehler und jede Menge Denunziationen.

Die deutsche Gedächtniskultur hat bis heute kein souveränes Verhältnis zur Justiz der Sieger. Westdeutschland ist der einzige Staat, der das Völkerstrafrecht gegen den Nazismus nie anerkannt hat. Die Gedenkstätten mit «doppelter Vergangenheit» haben auch eine doppelte Gegenwart. Wenn überhaupt, werden die westlichen Lager öffentlich so beiläufig wie möglich behandelt. 250 Quadratmeter im thüringischen Buchenwald zu diesem Thema entsprechen 2,5 Quadratmeter unauffällige Papptafel in der neugestalteten Ausstellung im bayrischen Dachau. Fragt man in der großen Buchhandlung der Gedenkstätte nach der Zeit nach 1945, speziell nach den von den Amerikanern geführten Dachauer Prozessen, bei denen von 1672 Angeklagten 426 zum Tod verurteilt wurden, wird man von der Buchhändlerin erstaunt angeschaut – davon habe sie nie gehört.

Vergleichende Geschichtsschreibung kann gängige Deutungen erschüttern – nicht zufällig wird die auf historischem Kontext bestehende Sicht gern mit dem durchsichtigen Äquidistanz-Verbot belegt. Das Vergleichen ist aber nicht nur in der Wissenschaft die einzige Möglichkeit, Unterschiede festzustellen, und hat deshalb nichts damit zu tun, die Umstände entgegengesetzter Seiten aus einem vorsätzlich gleichmacherischen Abstand zu betrachten. Auch die Speziell- und Speziallager sind nicht gleichzusetzen. Im Kalten Krieg hat das Bedürfnis nach Strafe bei den Westalliierten schneller nachgelassen als bei den Sowjets, die eigene Erfahrungen mit bestialischsten Verbrechen von Wehrmacht und SS hatten. Die Amerikaner ließen auch Schwerstverbrecher nach ein, zwei Jahren laufen. Aber ist milde Nachsicht mit den schlimmsten Verbrechen gegen die Menschlichkeit eigentlich ein Qualitätsmerkmal?

Ein Wegbereiter des Holocaust als Chef des Kanzleramtes

Warum ausgerechnet der DDR-Antifaschismus das größte Hassobjekt der westdeutschen Elite war und ist, habe ich lange nicht verstanden. Gut, die DDR-Historiker und -Juristen hatten bei der Aufarbeitung von Schuld und Mitverantwortung an den Verbrechen der Nazis einen gewaltigen Vorsprung. Das galt nicht nur für die KZ-Forschung, sondern auch für persönliche Verstrickungen Einzelner, die Rückschlüsse auf die Strukturen des Systems zuließen. Die DDR-Führung hatte dabei den Vorteil, über die nötigen Archive zu verfügen und auch zusätzliche politische Motive zu haben. Denn viele der Belasteten waren inzwischen im Westen hohe Funktionsträger. Daraus aber ausschließlich auf propagandistische Absichten gegen die Bundesrepublik zu schließen, greift zu kurz. Kein Zeithistoriker vermag zu sagen, wie denn beispielsweise in der ungeheuerlichen Causa Globke eine Aufklärung hätte aussehen sollen, die nicht unweigerlich dem Ansehen der Bundesrepublik erheblichen Abbruch getan hätte. Die Herabwürdigung wuchs aus der Sache selbst.

Nestbeschmutzung wurde auch dem mutigen Ausnahmejuristen Fritz Bauer bösartig unterstellt. Als Generalstaatsanwalt in Hessen wollte der Initiator des Eichmann- und der Auschwitzprozesse auch Hans Globke in Frankfurt am Main den Prozess machen. Er hatte dazu insgeheim von der Generalstaatsanwaltschaft der DDR Dokumente besorgt, denn die hatte die Personalakte Globkes. Bauer riskierte viel, nach dem damaligen politischen Strafrecht der BRD hatte er damit den Tatbestand des Landesverrats erfüllt. Als Adenauer von den Prozessplänen erfuhr, wurde Bauer massiv öffentlich attackiert und dem SPD-Ministerpräsidenten Georg August Zinn gedroht, jede Zusammenarbeit zwischen CDU und SPD einzustellen. Bauers Ermittlungen gegen Globke mussten daraufhin an die Staatsanwaltschaft Bonn abgegeben werden und wurden dort so schnell wie möglich eingestellt.

Nun blieb nur noch die DDR. Viele Antifaschisten hatten in Haft oder Exil ähnliche Leidensgeschichten erfahren wie die Politbüromitglieder Hermann Axen, der Auschwitz überlebt hatte, oder Albert Norden, Sohn eines Rabbiners, der erst nach der Rückkehr aus dem US-Exil erfuhr, dass sein Vater in Auschwitz vergast wurde. Man kann ihnen allen nicht absprechen, primär zutiefst verinnerlichte, antifaschistische Absichten verfolgt zu haben. Das von Norden herausgegebene, gutrecherchierte Braunbuch über 1800 NS-belastete Politiker, leitende Beamte, Wirtschaftsführer und Generäle hatte nicht unwesentlich dazu beigetragen, dass die Aufarbeitung in der Bundesrepublik endlich in Gang kam. Hätte das nach der Einheit nicht zu den anzuerkennenden Lebensleistungen zählen können?

Auf so viel Souveränität der Sieger durfte nicht gehofft werden. Wie sehr die Vorzeigedemokratie der westlichen Elite vom DDR-Antifaschismus bis ins Mark getroffen wurde, ist mir erst unlängst ganz klargeworden. Die für die NS-Aufarbeitung überaus verdienstvolle Stiftung Topographie des Terrors lud am 5. Februar 2019 zur Präsentation des Buches «Der Fall Globke»[23] von Klaus Bästlein. Der Autor, langjähriger Referent beim Beauftragten zur Aufarbeitung der SED-Diktatur, zeichnete sich schon durch seine dieser Behörde nahen Wortwahl nicht als DDR-Sympathisant aus. Dennoch hat er sich einem Thema gewidmet, das seit Jahrzehnten kein Historiker auch nur mit der Kohlenzange angefasst hatte: dem spektakulären Urteil des in Vergessenheit geratenen Prozesses gegen Hans Globke, der 1963, noch während seiner Amtszeit als Chef des Kanzleramtes, in Ostberlin geführt worden war.

Das Buch analysiert das Urteil und kommt zu nicht für möglich gehaltenen Erkenntnissen über den tatsächlichen Anteil Globkes am Völkermord an den Juden. Bisher hatte sich ein Bild verfestigt, wonach Globkes Kommentar zu den Nürnberger Rassegesetzen zwar eine demaskierende Offenbarung seiner Gesinnung und wahrlich keine Empfehlung für ein hohes Amt war, aber die DDR-Propaganda seine Verstrickungen übertrieben hatte. Nach 65 Jahren werden die DDR-Ermittlungen gegen Globke endlich von einem westlichen Historiker und Volljuristen zur Kenntnis genommen.

Sehr viel schwerwiegender als die Kommentierung der Nürnberger Gesetze war danach, dass Hans Globke die Durchführungsbestimmung zu diesen Gesetzen nach eigenem Gutdünken verfasste. Der Reichsparteitag hatte zwar im September 1935 das Blutschutzgesetz erlassen, das «arisches Blut» vor «nichtarischem» schützen sollte. Aber auch danach blieb völlig unklar, wie man den Unterschied beider angeblichen Blutsorten überhaupt feststellen sollte, wer also Jude war. Der normative Rassenwahn erwies sich sowohl aus biologischer wie auch aus theologischer Sicht als völliger Blödsinn. Es gibt kein messbares Merkmal, mit dem man jemanden einer «jüdischen Rasse» zuordnen kann.

Deshalb griff Globke, Referent für Rassefragen im NS-Innenministerium, auf eine Hilfskonstruktion zurück, die entgegen aller rassistischen Hetze jenseits ethnischer Kriterien lag: die Kirchenbücher. Die Religion wurde zur einzigen Stütze des Judenmords. Und damit noch etwas von der Abstammungslehre gerettet werden konnte, verfolgte man die Kirchen-Register bis in die Großelterngeneration. «Fortan entschied die zufällige Religionszugehörigkeit der Großeltern über das Schicksal der Betroffenen.»[24] So erfand Globke auch die unsägliche Bruchrechnung für jüdische Anteile. Er regte die Verordnung an, nach der alle Reisepässe von derart Ausgegrenzten für ungültig erklärt wurden und nur mit dem Stempel «J» wieder in Kraft traten, und bestimmte die Zwangsvornamen Sara und Israel. Damit hatte er das Definitionshindernis beseitigt.

Ein anderes großes Hindernis war die Befürchtung, dass bei Deportationen eine Flut von Eigentumsansprüchen der Hinterbliebenen auf die Gerichte zukommen würde. Globkes Durchführungsbestimmung zum Reichsbürgergesetz erklärte handstreichartig Juden, die außer Landes gingen, ob freiwillig oder nicht, für staatenlos. Und bei Staatenlosen verfiel das Vermögen auf das Reich. Nunmehr stand der Shoa nichts mehr im Weg. Eichmann konnte übernehmen. Doch Globke war auch kein reiner Schreibtischtäter. Kurz bevor in den besetzten Ländern Judendeportationen bevorstanden, reiste Globke persönlich an, ob in Frankreich, Ungarn oder Griechenland. Er überzeugte sich, ob alles so vorbereitet war, dass die Tötungsmaschinerie reibungslos in Gang kommen konnte.

Das Urteil sprach der Präsident des Obersten Gerichts der DDR, Heinrich Toeplitz, Mitglied der CDU und selbst rassisch Verfolgter. Neu war die exakte Beweiskette dafür, dass der Völkermord zuerst durch Gesetz begangen, ehe er physisch vollzogen wurde. Wegen «in Mittäterschaft begangenen, fortgesetzten Verbrechens gegen die Menschlichkeit in teilweiser Tateinheit mit Mord» wurde Globke in Abwesenheit zu lebenslangem Zuchthaus und Aberkennung der bürgerlichen Ehrenrechte verurteilt.

Bästleins Fazit zum DDR-Prozess: «Diese Zusammenhänge wurden in Deutschland erstmals im Globke-Urteil umfassend dokumentiert. Das Oberste Gericht nahm dabei durchweg richtige historische Einordnungen vor, und diese übertrafen das damals herrschende Niveau bei weitem. ... Die juristischen Ableitungen und Einordnungen der von Globke entworfenen NS-Normativakte waren fehlerfrei; die deutsche Geschichtswissenschaft erreichte dieses Niveau erst mehr als 40 Jahre später.»[25] Ohne die Vorarbeit des Juristen Globke wäre der Holocaust nicht möglich gewesen. Er schuf die juristischen Voraussetzungen für den Massenmord. «Globke gehört zu den Haupttätern in diesem Bereich.» Seine Verurteilung zu lebenslanger Haft war nach nationalem und internationalem Völkerrecht korrekt.

Schlimmer konnte es nicht kommen, zwischen dem CDU-Staat und dem Antifaschismus. Im *ND* hieß es in einem Kommentar: Adenauers rechte Hand ist rechtskräftig ein Zuchthäusler. Bästlein sieht darin Propaganda, aber der Satz beschreibt eine Tatsache. Dieses Skandalon lag nicht beim *ND*. Auch wenn es insgesamt mit Begriffen wie «Weltgericht» oder «Fortsetzung des Eichmann-Prozesses» die eigene Wahrnehmung in der Welt stark überhöhte und damit an Glaubwürdigkeit verlor.

Adenauer war jedoch durch nichts zu bewegen, auf diesen Mann im Kanzleramt zu verzichten. Globke war «der zweite Mann im Staat». Er bereitete jede Regierungsentscheidung vor, hatte die Justiz fest im Auge, legte die Prioritäten fest. Das erste Gesetz, das im Bundestag verabschiedet wurde, war 1950 das Amnestie-Gesetz für NS-Täter! Über Globkes Schreibtisch gingen alle wichtigen Personalfragen. Er bestimmte den Umgang mit dem umstrittenen Art. 131 GG, der den Weg frei machte zur Weiterbeschäftigung der NS-Eliten. Und stand etwa die Frage im Raum, wer Präsident des

Bundesgerichtshofs werden sollte, so hatte ein jüdischer Liberaler keine Chance gegen ein Mitglied des einstigen Reichsgerichtes. Globke ebnete der Organisation Gehlen den Weg und ließ über sie die Opposition geheimdienstlich überwachen (auch SPD-Politiker wie Heinemann, Posser, Brandt, Wehner).

Die öffentliche Kritik an diesen Zuständen hielt sich in der Bundesrepublik im Kalten Krieg in Grenzen. Außer der jüdischen Journalistin Inge Deutschkron hat eigentlich niemand gegen den Altnazi protestiert, sagten die Historiker bei jener Buchvorstellung. Stattdessen habe Globke bei der Renazifizierung ganze Arbeit geleistet: Zwei Drittel der 9000 westdeutschen Richter und Staatsanwälte hatten schon unter Hitler gedient. Im Bundesjustizministerium, etwa in der Abteilung Strafrecht, waren 77 Prozent der leitenden Beamten einstige NSDAP-Mitglieder. Im Bundeskriminalamt war es nicht besser: Ende der 1950er Jahre kamen im höheren Dienst zwei Drittel aus der SS. Beim BND hatte die Hälfte der Mitarbeiter eine NS-Vergangenheit.[26]

Auch die DDR wollte oder konnte nicht völlig auf ehemalige NSDAP-Mitglieder verzichten. Aber ihre Personalpolitik zeigte doch, dass man nicht in solch perversem Ausmaß auf das Nazi-Erbe von acht Millionen NSDAP-Mitgliedern angewiesen war. Im Bereich Innere Sicherheit, also in der Staatssicherheit, der Volkspolizei und der höchsten Leitungsebene des Innenministeriums, arbeiteten bis 1970 zehnmal weniger einstige Parteigenossen (Pgs), nämlich 7 Prozent.[27] Auf der mittleren Ebene des Innenministeriums sollen es 20 Prozent gewesen sein; auch die Armee setzte auf Sachkenntnis. Doch wirklich Schwerstbelastete kamen nirgends in Verantwortung. Die Wiederverwendung beschränkte sich, bis auf wenige Ausnahmen aus der mittleren Ebene, auf niedere Chargen und nominelle NSDAP-Mitglieder, deren Werdegang überprüft wurde, was im Einzelfall Jahre dauern konnte.

Im Westen dagegen gehörten schwer Belastete aus der NS-Funktionselite sehr bald wieder zur neu-alten Elite im öffentlichen Dienst und in der Wirtschaft.[28] Als Kanzleramtschef Globke, der in der Bundesrepublik als unbelastet entnazifiziert worden war, im Oktober 1963 zusammen mit Adenauer zurücktrat, hatte er das Werk der personalen Renazifizierung der Bundesrepublik abgeschlossen. Es habe in der BRD bestenfalls «Streichelstrafen für Mördernazis» gegeben, so im selben Jahr der Philosoph Ernst Bloch. Von Globkes Erbe hat sich die Bundesrepublik bis heute nicht erholt. Das lässt sich nur mit Absicht erklären. Ostdeutsche mussten nach der Vereinigung den Eindruck gewinnen, dass sie das auch spüren sollen.

RECHTSLASTIGE SIGNALE AUS ALLEN STAATLICHEN INSTITUTIONEN

Allerspätestens ab dem ernst zu nehmenden Globke-Urteil muss der bundesdeutschen Beamtenschaft klar gewesen sein, dass es nichts Gefährlicheres als Antifaschisten gibt. Wohl deshalb gibt es im Selbstverständnis bundesdeutscher Sicherheitsorgane keinen akzeptablen, geschweige denn nötigen Antifaschismus. Nach dem Beitritt durfte die von verordneter Nazifreundlichkeit über Generationen offenbar bis heute geprägte Beamtenschaft noch einmal richtig zuschlagen. Welche Signale sandte sie an die überraschte DDR-Bevölkerung?

Um es in aller Deutlichkeit zu sagen: Die rechtslastigen Verordnungen und Verhaltensweisen kamen nach dem Beitritt aus so gut wie allen staatlichen Institutionen. Die Beispiele sind zufällig und alles andere als vollzählig.

Polizei:

Diese anfangs mit NS-Leuten besonders großzügig bedachte Truppe sicherte den Schutz von demonstrierenden Neonazis, Pegida und Anhängern von NPD und AfD immer gewissenhaft ab, während Gegendemonstranten oft brutal angegriffen, eingekesselt und mitunter krankenhausreif geschlagen wurden. Es ist kein einziger umgekehrter Fall bekannt.

Niemand bestreitet, dass sich Polizisten im Alltag gewöhnlich an die Gesetze halten, auch wenn sie selbst in schwierige Lagen kommen. Doch in zugespitzten Situationen, und gerade da sollte man sich auf das staatliche Gewaltmonopol verlassen können, haben die vergangenen Jahre leider oft anderes gezeigt. Durch meine Arbeit in der Untersuchungskommission zu Polizeigewalt in der Wendezeit bin ich für das Thema staatliche Gewalt hellhörig geblieben.

Seit Genua 2001 hat es etwas Sinnbildhaftes, wenn die Gipfelteilnehmer die Spielregeln für das, was sie schicksalsergeben Globalisierung nennen, nur geschützt von schwersten Waffen festlegen können. Damals unterwanderten nachweislich *Agents Provocateurs* die friedlich Demonstrierenden aus ganz Europa; der 23-jährige Carlo Giuliani wurde von einem Polizisten erschossen, und Bewaffnete stürmten nachts eine Schule und eine Kaserne, in denen angereiste Globalisierungsgegner schliefen; nach Torturen und Folter wurden die Blutüberströmten, die teils gebrochene Knochen und herausgeschlagene Zähne hatten, gezwungen, faschistische Lieder zu singen. Amnesty International kam zu dem Schluss, in Genua sei es «zu Menschenrechtsverletzungen gekommen, die in der jüngsten europäischen Geschichte ohne Beispiel sind». Als die traumatisierten Opfer weder im Italien Berlusconis noch in ihren Heimatländern wie der Bundesrepublik staatlichen Rechtsschutz bekamen, bildete sich eine international besetzte Untersuchungskommission «Grundrechte und Globalisierung» aus Juristen, der sich auch Schriftsteller anschlossen. Als Mitglied dieser Kommission hörte ich die Aussagen der Opfer, ergänzt durch schockierende Videofilme. Das hatte «mit einem Rechtsstaat nichts mehr zu tun», sagte uns der Bürgermeister.

Hierzulande gehen jährlich mehr als 1600 Strafanzeigen gegen prügelnde Polizisten ein, 95 Prozent der Verfahren werden eingestellt. Bei Staatsanwälten und Richtern gebe es einen unerschütterlichen Glauben an den Wahrheitsgehalt polizeilicher Aussagen, kritisiert der Republikanische Anwälteverein. Wenn die andere Seite nicht mehrere zivile Zeugen, möglichst mit Fotos und Videos, aufbringen kann, hat sie keine Chance und geht ein hohes finanzielles Risiko ein.

Auf der Seite der antifaschistischen *Kampagne für Opfer rassistischer Gewalt (www.kop-berlin.de)* finden sich ein Überblick über rechte Netzwerke in Sicherheitsbehörden wie auch erschütternde

Gedächtnisprotokolle. Ein Video zeigt in atemberaubenden Nahaufnahmen, wie bei der Auflösung einer Gegendemo von Antifaschisten mit dem sogenannten Erstickungseffekt operiert wird: Mehrere Polizisten halten am Boden liegenden Demonstranten quälend lange Mund und Nase zu, wobei ein Nasenflügel so zur Seite gedrückt wird, dass schon mal ein Nasenbein zu Bruch geht. Die Polizei ist in Deutschland praktisch straffrei. Eine unabhängige Untersuchungskommission, mit Kompetenzen, wie wir sie einst hatten, ist heute vollkommen undenkbar.

Geheimdienst:
Ausgerechnet von der Institution, die die verfassungsmäßige Ordnung schützen soll, gingen nicht nur rechtslastige Signale aus, sondern unablässig schmetternde, rechte Fanfarenstöße. Der *Verfassungsschutz* machte von Anfang an kein Geheimnis daraus, mit wem er unter einer Decke steckte. Seine obsessive Praxis, gutbezahlte V-Leute Taten anstiftend in die Szene zu schicken, verhinderte, dass ein Verfahren gegen die NPD auch nur eröffnet werden konnte.

Unterstützende Fürsorge ließ der Dienst auch massenwirksamen Nazi-Bands zukommen. Als die Band «Landser» wegen Volksverhetzung vor dem Landgericht Dresden verklagt wurde, verlangten die Verteidiger der Band die Aussetzung des Verfahrens, weil die Produktion der rassistischen CD «Ran an den Feind» in einem verwanzten Proberaum unter duldender Beobachtung des Verfassungsschutzes gestanden habe. Dies dürften die Musiker gewusst haben, da ihre beiden Vertriebsleute beim Verfassungsschutz angestellt seien. Einer als führender Hammerskin mit eigener Musikfirma in Sachsen, der andere als V-Mann beim Landesamt in Brandenburg.[29]

Die ostdeutsche Autorin Manja Präkels beschrieb in ihrem autobiographischen Roman «Als ich mit Hitler Schnapskirschen aß», wie sie in der märkischen Provinz Augenzeugin eines Neonazi-Überfalls vor einer Diskothek wurde. Ihr Bekannter wurde mit eisenkappenverstärkten Stiefeln durch Tritte auf Kopf und Körper vor ihren Augen zu Tode malträtiert – der Verfassungsschutz-Bericht verharmloste den Mord später als bedauerlichen Unfall. Diesmal kein Fenstersturz, sondern ein angeblicher Treppensturz. Und das auf ebener Erde außerhalb des Gebäudes. Statt aufzudecken, deckt der Verfassungsschutz seine Leute. Manja Präkels: «Es ist nach wie vor unfassbar, dass in weiten Landstrichen (nicht nur Ostdeutschlands) eine klare antifaschistische Haltung mehr Widerstand erzeugt als – sagen wir mal – ein Muskelprotz mit in Fraktur gesetztem Stürmer-T-Shirt.»[30]

Der geheime Verfassungsschänder hat seit Anfang der 1990er Jahre geholfen, Nazi-Strukturen aufzubauen, dann die Entfesselung des Rechtsextremismus mitbetrieben und die Aufklärung der NSU-Mordserie blockiert. Für das behütete Abtauchen des Terror-Trios war Chemnitz der auserwählte Ort. Obwohl die drei in den Wohnungen von einschlägig bekannten Figuren der rechtsextremistischen Szene unterkamen, die von Informanten durchsetzt und unter Dauerbeobachtung stand, wurde der Dienst nicht auf die Gesuchten aufmerksam. Die Akten der meisten V-Leute wurden eilig geschreddert, als das NSU-Trio 2011 aufflog. Indizien deuten darauf hin, dass die Thüringischen Sicherheitsbehörden die drei Nazis absichtlich nicht festnahmen. Wer Akten schreddert, kann auch seine Unschuld nicht mehr beweisen.

Um sich und ihre Bewegung zu finanzieren, sind den drei Laien-Bankräubern allein in Chemnitz in rascher Folge sieben Banküberfälle gelungen. Ohne je eine Spur zu hinterlassen. Sieben auf einen Streich – das ist beispiellos in der Kriminalgeschichte. Erbeutetes Geld, um die verfassungsmäßige Ordnung zu verhöhnen, und der Verfassungsschutz hört und sieht nichts. Ein Hohn.

Später bekam die AfD zweckdienliche Hinweise vom Chef des Verfassungsschutzes, wie sie unbeschadet von lästiger Beobachtung agieren könne. Dagegen machte der Chef des Verfassungsschutzes, Hans-Georg Maaßen, Linksradikale sogar in der SPD aus. Politiker und Autoren haben ihre subjektiven Einschätzungen mit Recht zu begründen, Geheimdienstler dürfen alles behaupten, da ihr Beweis geheim sein darf. Offensichtlich war seine «instrumentelle Sympathie für die AfD», er hoffte, deren Wirken würde auf die anderen Parteien korrigierenden Einfluss nehmen, speziell in der Migrationspolitik.[31] Wie schwer sich die regierenden Politiker taten, sich von diesem rechtsblinkenden Beamten endlich zu verabschieden, ist in Erinnerung. Heute hat er als Mitglied der konservativen Werte-Union von CDU/CSU noch viel Medienpräsenz. Da tut es keinen Abbruch, wenn Maaßen den Migrationskurs von Angela Merkel im ungarischen Propaganda-Sender des nationalkonservativen Regierungschefs Viktor Orbán kritisiert. Oder der Erste ist, der das Tabu bricht und eine Koalition seiner Partei mit der AfD nicht ausschließt. Auch nach dem Mord an Regierungspräsident Walter Lübke sieht er rückwirkend keine Versäumnisse bei dem Dienst, den er sechs Jahre lang geprägt hat. Da hatte er alle Hände voll zu tun mit der Beobachtung von Antifa-Aktivisten. Wie dem Heidelberger Lehrer Michael Csaszkóczy, der als Verfassungsfeind eingestuft und mehrfach verklagt wurde, weil er in der Antifa bereit ist, mit Kommunisten zusammenzuarbeiten, und die Ansicht vertritt, dass Widerstand gegen den wachsenden Neofaschismus notwendig ist und nicht der Polizei und dem Verfassungsschutz überlassen werden darf.

Das Haupthindernis beim Schutz der Verfassung ist der Verfassungsschutz. In seinem Buch «Sicherheitsrisiko Verfassungsschutz» beschreibt der Politikwissenschaftler Hajo Funke den Dienst als unkontrollierte Parallelstruktur jenseits des Rechtsstaates, als extralegalitäre Form eines permanenten Ausnahmezustandes. Man müsse ihm «Verfassungswidrigkeit» bescheinigen.

Justiz:
Leider hat sich auch die Rechtsprechung diesem Ausnahmezustand immer wieder untergeordnet. Als sei der Geheimdienst ihr weisungsbefugt. Die Schweriner Staatsanwaltschaft hat sich 1994 einer Aufforderung des Verfassungsschutzes gebeugt, sich bei der Strafver-

folgung zweier Rechtsextremer zurückzuhalten, die einen Überfall auf ein Asylbewerberheim verübt hatten. Einer der Angeklagten soll V-Mann gewesen sein. Auf wen dieser wohl alles vertrauen konnte bei dem Überfall? Und auch im größten und kostspieligsten Prozess seit dem Beitritt ist die mögliche Mitverantwortung der staatlichen Sicherheitsbehörden für die NSU-Mordserie nicht thematisiert worden. Die 17 Anwälte und Nebenklagevertreter veröffentlichten nach dem Prozess eine gemeinsame Erklärung, in der sie von «institutionellem Rassismus» sprechen. «Der Fehler liegt im System.» Über elf Jahre seien Hunderte Ermittler ihren Vorurteilen gefolgt, wonach «Ausländer» von «Ausländern» ermordet worden sein mussten. Alle Zeugen, alle Beweismittel, die auf rassistisch motivierte Anschläge verwiesen, seien konsequent ignoriert worden. «Das V-Mann-System der Verfassungsschutzbehörden hat versagt und gehört aufgelöst. Es fördert rechtsradikale Entwicklungen mehr, als dass es sie verhindert.»[32]

Oft waren Urteile nicht nur für östliches Verständnis befremdlich. Wobei immer zu unterscheiden ist, ob der Unmut von schlechten Gesetzen oder schlechter Rechtsprechung ausgelöst wird. Das ließ sich anschaulich verfolgen, als der BGH im Juli 2005 drei Neonazis freisprach, die mit der Parole «Ruhm und Ehre der Waffen-SS» durchs Land gezogen waren. Angeblich waren den Richtern die Hände gebunden, weil das Gesetz nur authentische oder ähnliche NS-Kennzeichen und Parolen verbiete, was hier nicht der Fall gewesen sei. Das ist korrekt, zeigt aber, dass das Gesetz nicht auf der Höhe der Zeit ist, wenn es einem freisteht, die wohl schlimmste NS-Mordbande zu rühmen, die in Nürnberg folgerichtig als verbrecherische Organisation eingestuft wurde.

Mich hatte in der Urteilsbegründung eine andere Stelle stutzig gemacht. Die Verwendung «unähnlicher» Parolen müsse nicht notwendigerweise straflos sein, hieß es dort. Wenn sich ihr Inhalt nämlich nach § 86/1 StGB gegen die Freiheitlich demokratische Grundordnung (FdGO) richte oder Bestrebungen zu erkennen seien, den NS-Inhalt mit «aktiv kämpferischer, aggressiver Tendenz» fortzusetzen. Dies sei in dem Fall jedoch nicht erkennbar. Sind Teile der Justiz und Dienste erst erkenntnisfähig, wenn nach SS-Art bereits gemordet wurde? Das ist beunruhigend, besonders wenn man bedenkt, womit die Antifa angeblich permanent die FdGO gefährdet, nämlich mit Widerstand gegen rechts. Derselbe Richter des Landgerichts Dresden, der Pegida-Gründer Bachmann für öffentliche faschistoide Titulierungen von Flüchtlingen zu einer überschaubaren Geldstrafe verurteilt hat, ist gegen einen Demonstranten gegen einen Naziaufmarsch viel rabiater vorgegangen. Weil er angeblich, um eine Polizeisperre zu durchbrechen, in ein Megaphon «Kommt nach vorn» gerufen und einen Polizisten als «Nazischwein» beschimpft hat, ist der 36-jährige, zweifache Familienvater Tim H. ohne Vorstrafen zu einem Jahr und zehn Monaten Haft ohne Bewährung verurteilt worden. Die Anklage warf ihm nicht Gewalt, sondern Anheizen zur Gewalt vor; was andere getan hätten, müsse er sich mit anrechnen lassen.

Nun kann man unserer Justiz zugutehalten, dass die Chance, in weiteren Instanzen zu seinem Recht zu kommen, groß ist. Nach vierjährigem Rechtsstreit konnte nachgewiesen werden, dass das Polizeivideo manipuliert und die behauptete Beschimpfung nicht zu belegen war. Freispruch von allen Vorwürfen. Aber welchen Preis hatten Tim H. und seine Familie gezahlt? Sie haben den langen Nervenkrieg, bei dem Auslagen von 10 000 Euro angelaufen sind, dennoch als Strafe empfunden. Am ersten Tag des dritten Prozesses wurden mehrere Fensterscheiben ihrer Wohnung mit Wurfgeschossen aus brennbarem Teer zertrümmert. «Zum Glück sei den Kindern nichts passiert.»[33] Ein Umzug wurde der Familie nahegelegt. Der Vorsitzende Richter des LG Dresden bilanzierte das Verfahren ehrlicherweise: «Mein Vertrauen in den Rechtsstaat würde das nicht unbedingt festigen.»

Linke gehen mit zivilgesellschaftlicher Blockade von Rechten ein größeres Risiko ein als Rechte mit dem Untergraben der Zivilgesellschaft. Das ist nicht nur angesichts der offen faschistischen Bedrohung skandalös und verlangt vom Gesetzgeber, endlich konsequent zu sein: Eine immer wieder abgelehnte, antifaschistische Klausel gehört ins Grundgesetz! Denn eine Staatszielbestimmung gäbe den Parlamentariern eine ganz andere gesetzgeberische Kraft.

Universitäten:
An der Humboldt-Universität ging die erste Ehrendoktorwürde nach der Wende, trotz Protesten der Studenten, an den erwähnten Rund-um-Abwickler der Wirtschaftswissenschaft, Wilhelm Krelle. Der Träger des Bundesverdienstkreuzes war schon in der Altbundesrepublik mit fünf Ehren-Doktortiteln bedacht worden, obwohl bekannt war, dass Krelle in der Waffen-SS gedient hatte. Schon zuvor war er in der berüchtigten 164. Infanterie-Division des XXX. Armeekorps aktiv, die bei Durchbruchskämpfen an der Metaxas-Linie Massaker an griechischen Zivilisten verübte und strategisch bedeutungslose Dörfer in Schutt und Asche legte. Im Wehrmachtsbericht vom 14. April 1941 wurde Krelles Tapferkeit erwähnt, was immer das bedeutete. Als er im August 1944 als Generalstabsoffizier zur Waffen-SS abgeordnet wurde, hätte er dies nach eigener Aussage ablehnen können, hätte das aber als «ehrenrührig» empfunden. Stattdessen pries er seinen gefallenen Standartenführer als «glühenden, fanatischen Vertreter der Idee unseres Führers» und gelobte in seinem Sinn weiter für «unser Großgermanisches Reich» zu kämpfen. Noch in den letzten Kriegstagen forderte er Standgerichte vor versammelter Mannschaft.

Eine selbstkritische oder auch nur nachdenkliche Äußerung Krelles zu seiner Rolle in der NS-Zeit hat es nie gegeben. Ein wegen der protestierenden Studenten der Humboldt-Uni eilig angefordertes Gutachten von der Hamburger Bundeswehruniversität kam zu dem Schluss, dass Krelle keine persönlichen Verfehlungen nachzuweisen seien. Auch die etablierte Presse stand unbeirrt hinter dem SS-Kämpfer und verwies auf die «Vernichtungskraft von Verdächtigungen».[34] Nachdem Dr. Dr. Dr. Dr. Dr. Dr. Krelle zum sechsten Mal Ehrendoktor geworden war, sprach einer der ganz wenigen an der

Uni verbliebenen Ostdeutschen, der Dekan der Germanistischen Fakultät Prof. Frank Hörnigk, von «professioneller Deformation von Akademikern». Hörnigk hatte zuvor zweimal vergeblich versucht, an der Uni Günter Grass zum Ehrendoktor vorzuschlagen. Die Ausflüchte machten klar, der war ihnen zu links. Das war vor der maßlos überzogenen Debatte über die SS-Verstrickungen des 16-Jährigen. Danach hätte er vielleicht mehr Chancen gehabt.

Schulbücher:
Die Geschichtsbücher, die ich in die Hand bekam, ließen den kommunistischen Widerstand im sogenannten Dritten Reich im Gegensatz zum sozialdemokratischen oder christlichen vollkommen anonym, und auch die Ermordung des wie auch immer zu bewertenden Ernst Thälmann im KZ Buchenwald wurde nicht erwähnt. Die Renazifizierung der Bundesrepublik kam nirgends vor. Interessant wäre eine Untersuchung, ob sich in den Schulbüchern das zu Adenauers Zeiten dämonisierte Russenbild bis heute substanziell geändert hat. Damals wurde Lenin beschrieben wie eine Mischung aus Ulbricht und heutigem Putin: ein «untersetzter Mann mit leicht mongoloiden (nicht mongolischen! D. D.) Zügen, kleinem Spitzbart und luziferischem Funkeln in den Augen».[35] Irgendetwas Anerkennendes angesichts des Blutzolls von Abermillionen Toten, den die Sowjetsoldaten für die Befreiung von unserem Faschismus gezahlt haben, ist mir nicht begegnet.

Bundesbahn:
Auch der letzte, hundertprozentige Staatskonzern hat nicht nur Probleme mit der Gegenwart. Der «Zug der Erinnerung» ist eine rollende Ausstellung über die Deportation von Hunderttausenden Kindern mit der Reichsbahn in die KZs Europas. Der Verein will besonders in der jungen Generation Wissen und Mitgefühl vermitteln und fuhr daher zwischen 2007 und 2013 durch ganz Deutschland, begleitet von Schülern, auch bis Oswięcim (Auschwitz). Einen Halt am Berli-

ner Hauptbahnhof versagte die Bahn aus fadenscheinigen Gründen. Unangenehm ist dem Konzern ein zur Ausstellung gehörendes Gutachten, wonach sich die Reichsbahn die NS-Massendeportationen, meist in Viehwagons, mit 445 Millionen Euro heutiger Währung vergüten ließ. Dies könnte Restitutionsforderungen nach sich ziehen.

Die Bahn kam der Bürgerinitiative keinen Schritt entgegen, auf Trassen- und Stationsgebühren zu verzichten. Begründet wurde dies mit der Gesetzeslage, die eine Gleichbehandlung aller Schienennutzer vorsieht und eine Nichterhebung nicht zulässt. Sie stellte den engagierten Antifaschisten in diesen Jahren über 200 000 Euro in Rechnung. Wegen der hohen Kosten konnte der Ausstellungszug meist nur einen Tag vor Ort bleiben. Um zu zeigen, dass die Bahn generell nichts gegen Vergangenheitsaufarbeitung hat, spendete das Unternehmen 175 000 Euro an die Stiftung «Erinnerung, Verantwortung und Zukunft», die auch verdienstvoll ist, aber unter der Kontrolle von Politik und Wirtschaft steht. Da gibt es keine bösen Überraschungen. Was einmal mehr zeigt, dass Staatseigentum nur das Privateigentum der politischen Klasse ist und wirkliche Verfügung erst bei Gemeineigentum beginnt. Dazu mehr in Teil III.

Auswärtiges Amt:
Rechtslastige Signale kamen auch aus diesem Ministerium, obwohl dessen Geschichte durch eine Historikerkommission inzwischen aufgearbeitet wurde. Aber wenn es um die Lebensleistung ostdeutscher Kommunisten geht, bleibt man gern stur. 2004 reagierte das AA auf ein Schreiben des französischen Außenministeriums nicht. Darin wurde angefragt, ob die beabsichtigte Auszeichnung des Résistancekämpfers Gerhard Leo vom deutschen Vorschlagskontingent abgedeckt werden könnte. Nun war Leo unpassenderweise 1954 vom Ruhrgebiet in die DDR emigriert und später Korrespondent des *Neuen Deutschlands* in Paris geworden. Als auch auf eine zweite Anfrage keine Antwort kam, nahm die französische Seite die von Präsident Chirac verliehene Auszeichnung zum «Ritter der Eh-

renlegion» an Leo auf ihre Kappe. Es gibt nur wenige Deutsche, die diesen hohen Orden tragen, aber einen offiziellen Glückwunsch für den 81-jährigen Leo hat es im vereinten Deutschland nicht gegeben.

Die Féderation Internationale de Résistance, die Internationale Dachorganisation von Verbänden der antifaschistischen Widerstandskämpfer mit Sitz in Berlin, wurde 1951 in Wien mit dem Ziel einer Welt ohne Faschismus und Krieg gegründet. Sie wird wie die VVN vom Verfassungsschutz beobachtet und taucht, wenn auch mit nachlassender Intensität, in dessen Berichten auf.

Bundeswehr:
Rechtslastige Signale kamen allemal von den Richtlinien der Gedächtniskultur und Traditionspflege. Ein junger Mann aus Chemnitz erzählte nach einer Lesung, dass er in seiner Einheit erlebt hatte, wie nach dem Tod eines der wenigen übernommenen einstigen NVA-Angehörigen militärische Ehren verweigert wurden. Grundsätzlich stünden Soldaten, die in der Nationalen Volksarmee gedient haben, solche Ehren nicht zu, Wehrmachtssoldaten aber allemal. Was immer man von NVA-Soldaten halte, meinte er, sie haben nie Krieg geführt, also auch keine Kriegsverbrechen verübt. Ihre Ehrwürdigkeit unter die der Wehrmacht einzustufen sei eine große Provokation.

Ich reagierte verhalten wie das übrige Publikum auch. Die Sache klang unglaubwürdig, ließ mir aber keine Ruhe. Trickreich gelang es mir später, mir die vertrauliche Zentrale Dienstvorschrift über «Militärische Formen und Feiern der Bundeswehr» 10/8 in der nach der Einheit geänderten Fassung vom 18.6.1991 zu besorgen. Man könnte die Frage militärischer Ehrbezeugungen als unerheblich übergehen, wenn nicht die Dienstvorschrift selbst darauf bestünde: «Feierliche und symbolhafte Handlungen haben auch für den Menschen unserer Tage oft eine hohe Bedeutung.» Und ich fand alles bestätigt: Militärische Ehren stehen neben Bundeswehrangehörigen allen ehemaligen Berufssoldaten der Deutschen Wehrmacht, der Reichswehr und der des Kaiserreichs zu, nicht aber einstigen NVA-Soldaten.

Die haben nämlich, ähnlich wie deutsche Kämpfer bei den Partisanen, den Truppen der Alliierten oder der Résistance, den Status «Gedient in fremden Heeren». Sehr befremdlich, weil es sie, im Gegensatz zu Wehrmachtsangehörigen, nicht berechtigt, ihren früheren Dienstgrad mit dem Zusatz a. D. zu führen. 150 000 ostdeutsche Armeeangehörige wurden so gedemütigt. Aber geehrt werden können eben nur «Persönlichkeiten, deren Verdienste um den Staat eine derartige Form der Ehrung angezeigt erscheinen lassen». Eine einzige Chance, solche «Verdienste um den Staat» zu belegen, gab es rein biographisch Anfang der 1990er Jahre selbst für Männer aus der DDR. Wenn sie nämlich «Inhaber / Träger von Tapferkeitsauszeichnungen des 2. Weltkrieges vom Ritterkreuz des Eisernen Kreuzes an aufwärts» waren.

Ich schrieb dem Streitkräfteamt im März 2004 einen Brief: «Mir ist kein Verdienst um den Unrechtsstaat der Nazis vorstellbar als der, gegen diese Schreckensherrschaft Widerstand geleistet zu haben. Bitte erklären Sie mir die symbolhafte Bedeutung der mich irritierenden Passagen.» Acht Monate wartete ich auf Antwort von der Bürger-Armee. Dann rief ich in der Dienstvorschriftenstelle an. Man wusste gleich Bescheid.

Ihr Brief ist an das Verteidigungsministerium weitergeleitet worden.

An welche Dienststelle?

Ich habe viel zu tun und kann nicht helfen.

Also Sie wollen nicht helfen?

Genau.

Ihr Verteidigungsministerium muss offenbar alles Mögliche verteidigen, nur nicht sich selbst.

Unter dem damals führenden Historiker Helmut Kohl wurden 1990 mit einem Schlag 299 Traditionsnamen von NVA-Einrichtungen getilgt, darunter Reformer und Befreiungskämpfer wie Clausewitz, Blücher und Lützow, in der DDR-Ikonographie besonders populäre Radikaldemokraten wie Rosa Luxemburg und Karl Liebknecht sowie bürgerliche Antifaschisten wie Harro Schulze Boysen und Arvid Harnack. Zur selben Zeit gab es noch über 30 nach Nazigenerälen benannte Bundeswehrkasernen und Straßen. «Das ändern wir jetzt. Das schwöre ich Ihnen. In zwei Jahren finden Sie keine mehr», sagte der damalige Staatsminister für Kultur, Michael Naumann, mit besten Vorsätzen 1999 in einer Fernsehdiskussion. Doch am nächsten Tag rief der Beamtengeist von Verteidigungsminister Rudolf Scharping den Quereinsteiger an und klärte ihn brüllend über die Kompetenzverteilungen im Kabinett auf. Naumann war perplex. Wo war er gelandet? Später hörte er von einem Referenten Scharpings, dass man im Ministerbüro einen Ortsnamen für die Rechtslastigkeit in der Armee gefunden hatte: Braunlage.

Ein Vorschlag des Kurt-Schumacher-Kreises, eine Kaserne nach Marlene Dietrich zu benennen, wurde, wie andere Empfehlungen von Bürgern auch, nicht weiterverfolgt, da «grundsätzlich der Dienstweg» einzuhalten sei. Die Zivilgesellschaft hat, wie ihr Name schon sagt, beim Militär nichts zu bestellen. Es gab in den Jahren der deutschen Teilung offensichtlich keinen einzigen Namen, der in den Armeen beider Seiten als traditionswürdig akzeptiert war. Auf der östlichen Seite also 229 Namenstilgungen mit einem Handstreich, auf der westlichen jahrzehntelanges, zähes Ringen um höchstrangige Träger von Tapferkeitsauszeichnungen des 2. Weltkrieges. All diese Debatten wurden vor den befremdeten oder erstaunten oder in rechten Kreisen auch erfreuten Ostdeutschen geführt, nicht mit ihnen.

Versuchten Ostdeutsche, auf Missstände hinzuweisen, wurden sie brüsk zurückgewiesen, ohne Rücksicht auf Empfindlichkeiten. Am 9.11.2009 titelte die *Junge Welt*: Holocaust-Überlebender prangert *Stürmer*-Praktiken beim Bundeswehrmagazin Y an. Dem DDR-Journalisten Alfred Fleischauer, dessen Eltern in Auschwitz vergast wurden, waren Titelbilder dieser Zeitschrift aufgefallen, die ihn an die antisemitischen Porträts aus der Nazizeit erinnerten. Männer mit langen Hakennasen, schwülstigen Lippen, langen Bärten und bösen Blicken. Nur dass heute keine Juden dargestellt waren, sondern am

Computer manipulierte Bilder von Bin Laden, Mullah Omar und Baitullah Mensud. Neben diesen drei Porträts druckte die *Junge Welt* einen *Stürmer*-Titel von 1943 – die Ähnlichkeiten waren unverkennbar. Auf der Antifa-Webseite wurden bestürzte Leserbriefe veröffentlicht. Doch der stellvertretende Sprecher des Bundesverteidigungsministeriums, Christian Dienst, wies die Parallele scharf zurück. Es handele sich um eine moderne, künstlerische Herangehensweise an ein Thema, mit dem Soldaten täglich konfrontiert seien.

Wenn im Juni 2019 in Laage bei Rostock zwei Eurofighter aus dem Luftwaffengeschwader 73 «Steinhoff» abstürzen, stellt sich als Erstes die Frage nach der Abschaffung derart gefährlicher und die ganze Gegend belastender Übungen. Als Zweites fragt man sich, wer wird wohl wieder dieser Steinhoff sein. Nicht überraschend: ein hochdekorierter Wehrmachtsgeneral, ein Held, der mit beinahe 1000 Luftkämpfen im internationalen Ranking aller am Krieg beteiligten Jagdflieger Platz 22 einnimmt. Ihm gelang der Rekord von 176 Abschüssen, davon allein 152 an der Ostfront. Gibt man dem Zahlenkorsett einen historischen Inhalt, so kämpfte General Steinhoff in einem verbrecherischen Angriffskrieg hauptsächlich in der Sowjetunion gegen Menschen, die sich mit allem Recht wehrten. Schwierig. Später war er Vorsitzender des Nato-Militärausschusses und Aufsichtsratschef des Militärtechnik-Unternehmens Dornier. Innerhalb der Nato setzte er sich für die Aussöhnung ehemaliger Kriegsgegner ein, was ihn laut Bundeswehrwebseite «traditionsstiftend» macht. Von Aussöhnung mit seinen Opfern in Osteuropa ist keine Rede. Solches Traditionsdenken bleibt mir fremd

Staatliche Versorgungsträger:
Die Rechtslastigkeit bundesdeutscher Geldgunst kam für viele unerwartet. Nirgends war die Missachtung ostdeutscher Lebensleistung so auf Heller und Pfennig nachrechenbar wie hier. Wertvoll – wertlos, diese Lektion musste schnell gelernt werden. Das zeitgemäße Jüngste Gericht setzte einen Preis fest, der sich nicht auf dem Markt frei

bilden konnte, sondern der sich mit ideologischem Symbolwert an der verordneten Moralität orientiert. Gänzlich unerwartet traf viele Ostdeutsche, dass Tätigkeiten für den Nazistaat, ob im Öffentlichen Dienst oder in der Wehrmacht, auch und gerade nach der Einheit juristisch und moralisch immer noch höheres Ansehen genossen als Tätigkeiten für den Kommunisten-Staat. Das gilt versorgungsrechtlich, wenn zum Beispiel ein Arbeitsjahr als NS-beamteter Professor bis zu 5,3 Entgeltpunkte wert ist, was für die Rente 137 Euro einbringt, ein Jahr als zusatzversorgter DDR-Professor jedoch nur 1,8 Eckpunkte, also 40 Euro.

Gesetzlich erworbene Rentenansprüche ersatzlos zu streichen war eine nie zuvor praktizierte Strafe – weder unter Bismarcks Sozialistengesetz noch unter dem «verordneten Antifaschismus» der DDR. Nun aber wurde ein Rentenstrafrecht für die als staatsnah erachtete DDR-Elite ersonnen, das von einem demonstrativen Rentenbelobigungsrecht für die staatsnahe NS-Elite begleitet wurde. Ging es darum, die Großzügigkeit gegenüber Kriegsverbrechern zu rechtfertigen, hieß es, Sozialversicherungsrecht sei grundsätzlich frei von Sanktionen bei strafrechtlichen Vergehen. Ging es darum, Leute zu sanktionieren, die für Kommunisten und Antifaschisten gehalten wurden, war auch ohne strafrechtliche Vergehen von dem Prinzip der Wertneutralität keine Rede mehr.

Umgehend, als könne man es nicht erwarten, sind nach dem Beitritt den Antifaschisten aus der DDR, die als Kämpfer gegen den Faschismus galten, ihre gesetzlich erworbenen VdN-Renten um 300 Mark gekürzt worden. Etwa zehn Prozent von ihnen waren übrigens Juden. Sie sind damit auf den Status der DDR-Verfolgtenrenten zurückgestuft worden. Die Ostdeutschen hatten jetzt staunend eine Lektion zu lernen: Gegen Widerstand gibt es Widerstand. Kämpfer gegen den Faschismus zu entschädigen widerspricht bundesdeutscher Praxis. Erst recht, dass sie eine Rente bekommen, die mit der Bezeichnung *Ehre* verbunden wäre. Dass Widerstandskämpfer für alle ihr Leben riskiert und damit die größte Last auf sich genommen hatten, lag jenseits jeder Erwägung. Der bundesdeutsche Lastenausgleich war ganz auf Entschädigung für verlorenes Eigentum und Vermögen ausgerichtet. Die westdeutsche Entschädigungslogik integrierte alle als Opfer: Kriegsopfer, Versehrte, Bombengeschädigte, Heimatvertriebene, Kriegerwitwen, Heimkehrer. Auf welcher Seite man in diesem Krieg gestanden hatte, spielte keine Rolle. Es sei denn, man war Deserteur – da galt man auch zum Zeitpunkt des DDR-Beitritts noch als defizitärer Charakter, der nicht den Mut hatte, bei der Stange zu bleiben.

Es geht hier nicht darum, zum hundertsten Mal an den fragwürdigen Umgang der Bundesrepublik mit dem NS-Unrecht zu erinnern. Diesem Mangel, besser dieser Camouflage, waren sich auch die damaligen Politiker bewusst und nutzten die Tatsache als Steilvorlage, nunmehr mit dem Umgang des SED-Unrechts nicht die gleichen Fehler machen zu wollen. Statt aber die Gelegenheit zu nutzen, sich mit dem unbesehenen Außerkraftsetzen so gut wie aller DDR-Gesetze endlich auch von der eigenen, skandalösen Rechtslastigkeit vieler Versorgungsgesetze zu trennen, wurde diese Tendenz noch verstärkt. Die Frage ist, welche Botschaft damit an den Teil der Neubundesbürger gesendet wurde, deren Affinität zu rechtsextremem Gedankengut bisher durch Verordnung und soziale Integration gedeckelt war. Und die nun empfänglich für Signale wurden, die sie für sich als staatlich legitimiert (miss)verstehen konnten.

Neue Gerechtigkeit sollte, ganz in der Logik des römischen Rechts, die «gerechte Entschädigung materieller Verluste» bringen. Denn Eigentum ist heilig und vergeht nie, was immer vor der Geschichte untergegangen ist.

NEBENBEMERKUNG: *Keine Peanuts*

Auf diese Gerechtigkeit hatte allerdings eine Gruppe von Aussätzigen gleich nach Gründung der Bundesrepublik keinen Anspruch: Kommunisten. Und daran änderte sich auch nach 1989 nichts. Ich habe das Anfang der 1990er Jahre aus der Nähe erlebt: bei unserem Freund Fritz Teppich, dem Vorsitzenden des Jüdischen Runden Tisches in Westberlin und damals neben einem schwerkranken Londoner Onkel der einzige Überlebende der einstigen Kempinski-Dynastie. Nach der Zwangsarisierung der Hotelkette 1937 folgten Vertreibung und KZ. Da ging es nicht um Peanuts. Aber er war Spanien-Kämpfer und so erübrigte sich jede Diskussion, er bekam keine Entschädigung. Mit den neuen Hotelbesitzern konnte er sich nicht einmal über den Text einer Gedenktafel einigen.

Der Antikommunismus hatte in vielen Fällen Priorität gegenüber der immer wieder beteuerten Absicht, gerade den Juden geschehenes Unrecht ausgleichen zu wollen. Das nahm mitunter groteske Ausmaße an. Kaum hatte Lettland seine Unabhängigkeit von der Sowjetunion erklärt, sprach sich, wohl unbeabsichtigt, herum, dass nun aus dem Topf des gesamtdeutschen Steuerzahlers auch Renten an die einstigen Legionäre der lettischen Waffen-SS gezahlt werden. Dieser Anspruch geht auf einen ins Bundesversorgungsgesetz übernommenen Führererlass zurück, der ausländischen Freiwilligen bei der SS Versorgungsleistungen wie den Wehrmachtsangehörigen zusprach. Die 1500 noch lebenden SS-Letten brauchten nur eine nunmehr fast 50 Jahre zurückliegende Verletzung anzugeben, die ihre Unversehrtheit um ganze vier Prozent beeinträchtigt, schon waren alle Bedingungen erfüllt. Ohne Einzahlung ins Rentensystem und ohne Einzelfallprüfung zu eventuellen Kriegsverbrechen ging monatlich ein Betrag zwischen 425 € und 1275 € bei ihnen ein.

Dieser Anspruch war auch nicht durch Medienberichte zu erschüttern, die daran erinnerten, dass gerade mit Hilfe solcher Freiwilliger in Litauen 220000 und in Lettland 70000 Juden ermordet worden waren – in vorauseilendem Gehorsam oft schon, bevor die Deutschen überhaupt eintrafen. Nicht nur 94 Prozent der einheimischen Juden verloren ihr Leben, sondern wegen der besonderen

Eignung der eifrigen Helfer wurden Juden aus ganz Europa vor die lettischen Exekutionskommandos geführt. Das war den frühen Gesetzgebern und den späten Gesetzgaranten durchaus bekannt – Generalmajor Walter Bruns, nur eine von Hunderten Quellen, hatte das Vorgehen der SS Ende 1941 im Wald nahe dem Ghetto von Riga vor dem Nürnberger Tribunal beschrieben: «Jede Stunde hat etwa 1200 bis 1500 Frauen und Kindern, das Leben gekostet, und die Erschießung ging zehn Stunden am Tage. ... Das Exekutionskommando in Riga rühmte sich selbst, in der Ukraine mehrere hunderttausend und zuletzt bei Minsk 67 000 ‹erledigt› zu haben.»[36] Und dafür nun per Gesetz verordnete Rentenzahlungen – sind denn eine so unfassbare Kälte gegenüber den Opfern und die Absenz aller historischen Verantwortlichkeit jenseits von strukturellem Antisemitismus erklärbar? Unverschämt wurde noch im Januar 1994 von einem Vertreter des Bundesfinanzministeriums behauptet, eine Entschädigung der baltischen NS-Opfer hätte bei der «geringen Zahl» (die übrig geblieben war) zu «unangemessen hohen Verwaltungskosten» geführt.[37]

Wie wenig Rücksicht auf Verwaltungskosten genommen wird, wenn es um Wohltaten für die Täter geht, machte am 20. Februar 2019 ein eher versteckter Bericht der *Deutschen Welle* deutlich. Seit drei Jahren fordern die Abgeordneten des Belgischen Parlaments, die «völlig unannehmbare Situation» zu beenden, wonach auch für die Freiwilligen der belgischen Waffen-SS steuerfrei Renten aus Deutschland fließen. «Die Namen der Personen sind dem deutschen Botschafter hier bekannt, aber sie werden nicht an die belgische Zentralregierung weitergegeben.»[38] Damit wurde schlagartig klar, dass längst nicht nur die lettische SS entschädigt wird, sondern getreu dem Führererlass alle ausländischen SS-Kämpfer weltweit, oft ohne Wissen und entgegen dem Willen der jeweiligen Regierungen.

Die Alliierten hatten die Angehörigen der Verbrecherorganisation SS von allen Versorgungsansprüchen ausgeschlossen. Daran hatte man sich in der DDR auch gehalten. 2014 fand der *rbb* heraus, dass die bisherige Annahme falsch sei, nur Verwundete hätten Anspruch auf Opferrente. Für die Zeit bei der Waffen-SS gibt es von Globkes Zeiten im Kanzleramt an bis heute einen grundsätzlichen Anspruch auf Altersversorgung. Und nicht nur das, es gibt für diese Ausländer auch einen Anspruch auf Kuraufenthalte in Deutschland und letztendlich auf Erstattung der Beerdigungskosten.[39] Kein Hauch von Fremdenfeindlichkeit bei so viel Verdienst ums Vaterland.

Sicher haben die Neubundesbürger nicht jedes Detail jeder Verordnung wahrgenommen, aber niemand soll glauben, dass die Grundtendenz unbemerkt geblieben wäre. Die neuen Rechten lachten sich ins Fäustchen, die davon Befremdeten hatten nicht mehr viele Bühnen, sich bemerkbar zu machen. Die neuen Podien wurden meist handverlesen. Eines davon war für ausgewählte Fachleute die Enquete-Kommission des Bundestages zur «Aufarbeitung der SED-Diktatur». Während der öffentlichen Anhörung im Mai 1994 ergriff der Mitbegründer von «Demokratie Jetzt», Ludwig Mehlhorn, das Wort: «Es ist bis heute, jedenfalls für mich, eine Verletzung des Rechtsempfindens, wenn etwa Angehörige der Deutschen Wehrmacht, sogar der SS, auch wenn sie Bürger anderer Staaten sind, eine reguläre Rente der Bundesrepublik beziehen, während ehemalige KZ-Häftlinge und Zwangsarbeiter bestenfalls mit einer symbolischen Einmalzahlung abgefunden werden.»

Alle national Gesinnten konnten daraus eine sie selbst überraschende Bestärkung eigener, bis dahin tabuisierter Überzeugungen ableiten. Wer in den 1990er Jahren keinen oder so gut wie keinen Anspruch auf Entschädigung hatte, der hat sich seine Schädigung folglich selbst zuzuschreiben. Es waren keine «vergessenen Opfer», wie sie später beschönigend genannt wurden, sondern sehr bewusst Ausgegrenzte: Sinti und Roma, Homosexuelle, Euthanasie-Opfer und Zwangssterilisierte. Ohne Ansprüche blieben lange oder überhaupt die politisch Geächteten: Kommunisten, sowjetische Kriegsgefangene, Zwangsarbeiter, «Kriegsverräter», Spanienkämpfer und Deserteure. Ebenso deutsche (auch deutsch-jüdische) Emigranten, die in den Armeen der Alliierten oder bei den Partisanen in den besetzten Ländern gegen

Hitler gekämpft hatten. Das betraf nicht wenige derjenigen, deren DDR-Antifa-Rente gerade gekürzt worden war.

Im Einigungsvertrag ist schon das «wording» verräterisch. Grundsätzlich ist vom *NS-Regime* die Rede und im Gegensatz dazu vom *SED-Unrechtsregime*. Dass nun auch die politischen Häftlinge der DDR rehabilitiert und entschädigt werden sollten, war ein allseits begrüßtes Anliegen – die erste Unabhängige Untersuchungskommission der DDR, deren stellvertretende Vorsitzende ich war, erhob diese Forderung sehr früh.[40] Die Maßeinheit für staatlich anerkanntes Leid hatten wir uns allerdings anders vorgestellt. Nach der Einheit brachte ein Haftmonat in einem DDR-Gefängnis eine einmalige Entschädigung von 550 Mark. Ein Monat KZ-Haft wurde mit ganzen 150 Mark abgegolten. Und das auch nur, wenn man unter der dortigen Knute zu westlicher Vernunft gekommen war.

Bis heute erhalten Kommunisten aus den Konzentrationslagern keine Entschädigung – auf dieses anhaltende Nachwende-Unrecht ging das NDR-Magazin *Panorama* seit 1993 mehrfach ein. Etwa auf den Fall des Grafikers Kurt Baumgarte, der wegen kommunistischer Umtriebe vom Volksgerichtshof zu 15 Jahren Zuchthaus verurteilt worden war. Er verbrachte 10 Jahre in Einzelhaft, oft geschlagen und an Händen und Füßen angekettet, zuletzt im KZ Fuhlsbüttel. Wiedergutmachungsleistungen nach dem Bundesentschädigungsgesetz stehen ihm aber nicht zu, weil er 1946 Mitglied der KPD-Landtagsfraktion in Hannover gewesen war.[41]

«Wirklich perfide – Kriegsverbrecher kassieren viele Millionen aus der Bundeskasse. Bonn will an dem entsprechenden Gesetz nicht rühren», lautete eine Überschrift im *Spiegel* (6/1997). Als empörendstes Beispiel wird Heinz Barth genannt, der «Schlächter von Oradour», dem französischen Ort, in dem SS-Einheiten 642 Menschen bei lebendigem Leib verbrannten. Gleich nach der Wende hatte der Brandenburger Barth nichts Besseres zu tun, als wegen einer Kriegsverletzung eine Opferrente zu beantragen. Seit 1991 erhielt er monatlich 800 Mark zusätzlich zur normalen Rente. Die

Verhandlungen am Potsdamer Sozialgericht wurden verfolgt von Beobachtern aus Frankreich und Tschechien. Als das Gericht einräumen musste, keine rechtliche Handhabe für den Entzug der Rente zu haben, entstand ein Grummeln in der Presse.

Unerwähnt bleibt in dem Artikel, dass Barth 1953 in Bordeaux in Abwesenheit zum Tod verurteilt, sich in der DDR zunächst unter falschem Namen verborgen hatte und dort 1983 zu lebenslänglicher Haft verurteilt wurde. Als einziger Deutscher, der je für das Massaker zur Verantwortung gezogen wurde. In seiner Vernehmung hatte er Angaben zu weiteren Beteiligten gemacht, die damals dem Bundesjustizministerium übermittelt wurden – ohne Folgen. Seine letzten zehn Jahre von 1997 bis 2007 durfte er in der Bundesrepublik auf freiem Fuß verbringen.

Erst 1998, mehr als 50 Jahre nach Kriegsende, sah sich der Gesetzgeber genötigt, im Bundesversorgungsgesetz eine Lücke zu schließen: Wer in der NS-Zeit «gegen die Grundsätze der Menschlichkeit und Rechtsstaatlichkeit» verstoßen hatte, dem sollten die Ansprüche aberkannt werden. Die Opferrenten, die der deutsche Steuerzahler dennoch jährlich an Kriegsverbrecher zu zahlen hat, schätzte der *Spiegel* auf über 600 Millionen DM. Keine Einwanderung ins deutsche Sozialsystem? 2019 sollen monatlich noch 778 000 Euro an ausländische Berechtigte überwiesen worden sein (*NZZ*, 26.3.2019). Ebendieses postfaschistische Finanzgebaren der Bundesrepublik hat als Dauerthema speziell die Antifa übernommen. Und genau deshalb, so muss es sich für Rechtsextreme mit Genugtuung darstellen, wird sie vom Staat verfolgt.

Skins mit Schlips und Scheitel

Welches Fazit drängt sich auf aus dem Verhalten dieser neun zentralen staatlichen Institutionen, die, wenn auch in unterschiedlichem Grad, sich auf dem rechten Auge durch Sehschwäche auszeichnen?

Rechtsextreme und Neonazis sind als eher ichschwache Personen bekannt, nicht als couragierte Einzelkämpfer. Wenn nicht im Osten selbst in prekäre Verhältnisse geraten, so sind sie doch oft von verunsicherten Eltern sich selbst überlassen worden und als Stützungsbedürftige auf sinn- und kraftgebende Gruppen angewiesen. Wenn es aber statt gefährdeter, sympathisierender Gruppen gleich ein ungefährdeter, sympathisierender Staat ist, der ihnen unter die Arme greift, drückt sich ihr sonst angekrümmtes Rückgrat kerzengerade durch. Stillgestanden. Augen nach rechts. Rührt euch!

Das Kommando für ihr gewalttätiges Rühren kam von den ihr Mandat missbrauchenden Politikern und Beamten, den verantwortlichen «Skins mit Schlips und Scheitel», wie Günter Grass sie 1993 in seinem Sonettenband «Novemberland» nannte. Meine These: Bevor der Rechtsextremismus die Mitte der Gesellschaft erreicht hat, kam er aus der Mitte des Staates. Der Antifaschismus war in der Bundesrepublik nie Staatsraison. Die Hauptverantwortung für das Erstarken des Rechtsextremismus im Osten trägt die politische Klasse im Westen. Ihr antikommunistisches Rollback hat darüber hinaus ganz Deutschland erfasst – und im Verbund mit Gleichgesinnten weite Teile Europas.

Dieses Anti muss vielmehr durch eine Erinnerungs- und Gedächtniskultur ersetzt werden, die keinen Zweifel daran lässt, dass in Deutschland für Antisemitismus, Rassismus und Kriegshetze kein Platz mehr ist. Es gilt die Grenzen von Toleranz zu diskutieren, Tabus zu setzen, und wenn es sein muss, auch zu verordnen: Die braunen Umtriebe in Armee, Geheimdiensten und Polizei gehören vor Gericht. Denn in den Einrichtungen, die die Bürger bezahlen, um sich sicher fühlen zu können, muss der Verhaltenskodex besonders streng sein.

Die Aufgabe von Antifaschismus: «Skins mit Schlips und Scheitel» daran hindern, die Skins mit *Consdaple*-Klamotten und Wolfsangel-Tattoos so lange zu ermutigen, bis schließlich die Nazis die Oberhand haben, Wahlen gewinnen und die Macht, wie gehabt, demokratisch an sie abgegeben werden muss.

HISTORISCHES GEDÄCHTNIS IM OSTEN BEREINIGT

Die rechtslastigen Signale in der ostdeutschen Lokalpolitik lohnen ein eigenes Kapitel. Hier geht es um Traditionspflege, die Menschen vor der Haustür erleben. Die Schinkel'sche Wache Unter den Linden, in der DDR «Mahnmal für Opfer des Faschismus und Militarismus», wurde 1993 zu einer mit christlichen Symbolen ausgestatteten Trauerhalle für die Opfer von Krieg und Gewaltherrschaft umgestaltet. Gewidmet allen Toten seit dem 1. Weltkrieg – ein pauschales Gedenken, das in die bundesdeutsche Erinnerungskultur der 1950er Jahre zurückfiel. Seither gibt es in der Hauptstadt zwar viele verdienstvolle Gedenkstätten zu einzelnen Opfergruppen, aber keine generelle Mahnstätte gegen den Faschismus mehr.

Wer die Korrekturen des Geschichtsbildes im Einzelnen trotz Pressemeldungen nicht mitbekam, dem konnte jedoch die flächendeckende Umbenennung von Straßen, Plätzen, Brücken, Betrieben, Klubs und Schulen nicht entgehen. Das historische Gedächtnis der Städte wurde bereinigt. Um sich überhaupt noch orientieren zu können, mussten oft neue Stadtpläne gedruckt werden. Auf massiven Wunsch der Bevölkerung, so meldete die *Freie Presse* aus Chemnitz, sollten die «Prinzipien zur Umbenennung» vom Stadtrat erklärt werden. Prinzip sei, so lautete die Antwort, solche Namen zu entfernen, die «mit Unrecht aus der politischen Vergangenheit belastet sind». Belastet waren die meisten offensichtlich mit ihrer Gegnerschaft zu Hitler.

Die kommunistischen Widerstandskämpfer entgingen der Entwürdigung der zweiten Art nicht, aber auch ein Dutzend Autoren, die schon Hitlers Bücherverbrennung zum Opfer gefallen waren, wurden nicht verschont, selbst wenn sie anderswo akzeptiert waren. So in Chemnitz August Bebel, Max Hoelz, Stefan Zweig, Franz Mehring oder in anderen Städten Johannes R. Becher, Maxim Gorki, F. C. Weiskopf, Rosa Luxemburg und Clara Zetkin.

All diese Aktivitäten waren keine unerlaubten Nacht- und Nebelaktionen. Sie geschahen auf Initiative der örtlichen Organe. Nicht selten haben sich dabei in den unteren Rängen wendige Wendehälse vorauseilend angedient. (Sie werden selbst von Ossis, die bürgerrechtsnah geblieben sind, heute gern verächtlich *Zonis* genannt.) Aber geleitet wurden die Verwaltungen natürlich meist von Westdeutschen. Die Ost-Bürgermeister der Berliner Bezirke Prenzlauer Berg, Mitte und Friedrichshain weigerten sich, die Änderungen der Namen von Clara Zetkin, Arthur Becker, Hans Beimler und Georgi Dimitroff zu akzeptieren. «Schließlich setzte sich (Senator) Haase durch, indem er erklärte, dass das Geschichtsbewusstsein der Bewohner der Ostbezirke zu sehr von der Parteipolitik der DDR geprägt sei und dass sie nicht in der Lage seien, ein Urteil zu fällen.»[42] Weshalb auch die Anträge auf Bürger- und Anwohnerbefragungen von den Westberliner Senatoren entschieden abgelehnt wurden. Perfekter hätte die Entmündigung nicht sein können. Nicht in der Lage, ein Urteil zu fällen – wer nun noch protestierte, outete sich als Altlast. Was dennoch nicht wenige wagten. Die meisten nahmen die Umbenennungen hin, als Zeichen der neuen Zeit. Zu der gehörte, dass die Einseitigkeit des in der DDR gepflegten Geschichtsbildes nun einfach seitenverkehrt wiederholt wurde.

Dass kein einziger Politiker aus dem «Unrechtsstaat» seinen Platz auf einem Namensschild verteidigen konnte, versteht sich von selbst. Die Abgeordneten des Bezirkes Mitte bewiesen im Mai 1991 ihr mangelndes Urteilsvermögen, als sie sich mehrheitlich für die Beibehaltung der «Wilhelm-Pieck-Straße» aussprachen. Vergeblich, versteht sich. Als einer der Ersten hatte der Rabbiner-Sohn Albert Norden zu verschwinden, der vor allem damit belastet war, ein vor der Geschichte haltbares Urteil zu Hans Globke befördert zu haben.

Manch sehr prominenter und entschiedener Protest hatte doch Erfolg. Günter Nobel, der aus einer berühmten Rabbiner-Dynastie stammte und Vorstandsmitglied des Berliner Jüdischen Kulturvereins war, beschwerte sich bei den Bezirksverordneten von Berlin-Marzahn über die beabsichtigte Streichung jüdischer Namen, insbesondere des von Bruno Baum. «Begreifen Sie wirklich nicht, dass in einer Zeit wachsenden Rassismus und Antisemitismus solche Beschlüsse neofaschistischen Tendenzen Auftrieb geben können? Ich hatte die ‹Ehre›, mit Bruno Baum längere Zeit im Zuchthaus Brandenburg in einer Zelle im Judenflügel zu verbringen, weiß also, für welch selbstlosen Menschen ich eintrete. Offenbar ist Ihnen nicht bekannt, dass Bruno Baum zu den führenden Köpfen des internationalen Widerstandes noch in den Vernichtungslagern Auschwitz und Mauthausen zählte. Wer wagt es heute, solche Menschen zu beleidigen?» Er schloss mit einem Gedanken des damaligen Vorsitzenden der Berliner Jüdischen Gemeinde, Heinz Galinski, wonach die Auseinandersetzung mit 40 Jahren SED nicht die einmaligen Verbrechen des Naziregimes aus dem Blickwinkel verschwinden lassen dürfe. So viel Rückhalt half den Marzahnern, sich gegen den Senat durchzusetzen.

Kapitulation oder Befreiung?

Es mag nicht ohne Aufschluss sein, sich auch den staatlich verordneten Wertewandel in Orten der inzwischen zu Hochburgen der rechten Szene gewordenen Länder Sachsen und Thüringen anschaulich bewusst zu machen. Die emotionale, irrationale, aber auch rationale Wirkung symbolhafter Handlungen kann gar nicht überschätzt werden. Sie stand für Neuorientierung und gewandelte Erwartungen an das Verhalten jedes Einzelnen in den oft chaotischen Umbrüchen dieser Zeit in Ostdeutschland.

Von den neuen Machthabern finanziell und medial gefördert, bildeten sich nun Kameradschaftskreise «Opfer kommunistischer Gewaltherrschaft», eine politisch explosive Mischung aus Menschen, denen besonders in der frühen DDR unverzeihliches Unrecht geschehen war, sowie Trittbrettfahrer, die das große Aufräumen für die komplette Rolle rückwärts nutzen wollten. «Skandalöse Umgestaltung des Weimarer Hauptfriedhofes», untertitelte das *Neue Deutschland* am 30.3.1993 ein Foto. «Auf den neuen Grabsteinen finden sich nun SS-Dienstgrade. Protest regt sich vor allem, weil hier auch einstige Aufseher aus dem KZ Buchenwald begraben sein sollen.»

Auf Initiative des thüringischen Kultusministeriums sollten sämtliche Schulen ihren Namen verlieren. Unter der Überschrift «Eine thüringische Kulturrevolution» beklagten Bürgerrechtler, froh über derartige Umbenennungen könne nur die wachsende Anhängerschaft rechtsradikaler Gruppen sein. «Wer hätte aber auch gedacht, dass ausgerechnet eine sich demokratisch nennende ‹Revolution› dazu führt, dass in Deutschland Antifaschisten zum zweiten Mal ‹abgeholt› werden.»

Die «Sächsische Friedensinitiative Dresden», eine im Wendeherbst entstandene kirchliche Basisgruppe, schrieb im Herbst 1991 einen Offenen Brief an die Stadtverordnetenversammlung. Darin beschrieb sie ihre Sorge, dass eine unbedachte Zustimmung zur Vorlage für die Umbenennungen von Straßen «einen starken Identitätsverlust bei vielen Bürgern unserer Stadt und den Verlust des Ansehens Dresdens als Stadt des Humanismus und des Friedenswillens zur Folge hätte». Viele von denen, die jetzt gestrichen werden sollten, hätten für ihren Einsatz gegen Faschismus und Krieg, für Humanismus und Demokratie ihr Leben gegeben, teils auch unter dem Fallbeil im Dresdner Landgericht. Der einheimischen Namensliste folgte am Ende die besondere Fürbitte um den Erhalt des Namens Salvador Allende, dessen Opfer im Kampf gegen eine faschistische Diktatur heute in aller Welt gewürdigt wird. Sich von ihm zu distanzieren würde auch im Ausland einen Vertrauensverlust gegenüber der antifaschistischen Entwicklung Dresdens und Deutschlands zur Folge haben. «Mit der Auswahl solcher Namen geht es um Entscheidungen über Vorbilder, sittliche Werte, moralische Normen, historische Traditionen und Geschichtsabläufe, welche anerkannt oder verworfen werden.»

Der sorgenvolle Brief wurde komplett ignoriert. In Dresden sind fast 100 Straßen und Plätze umbenannt worden, oft zugunsten des auf Prunk versessenen sächsischen Adels. Namenlos wurden die vielen Schicksale der von den Nazis zu Tode gefolterten und hingerichteten Kommunisten, sie bedürften eines eigenen Kapitels. Stattdessen sei an die offenbar längst vergessenen Worte von Winston Churchill erinnert, der 1947 davon sprach, dass in Deutschland eine Widerstandsopposition lebte, «die zu dem Edelsten gehört, was in der Geschichte der Völker je hervorgebracht worden ist».

Bereinigt wurden auch die üblichen DDR-Störgrößen. *Straße der Befreiung* ging immer noch nicht, der Name wurde getilgt. Die Rede von Bundespräsident Weizsäcker vom 8. Mai 1985 war bei den West-Beamten um Ministerpräsident Biedenkopf noch nicht angekommen. Deren Mehrheitsempfinden blieb bei *Kapitulation* und sollte nicht gestört werden. Die an sich schon abgewirtschaftete Totalitarismustheorie war gerade wieder im Kommen. Da kam ein Erinnern an Weizsäckers Worte ungelegen: «Als Deutsche ehren wir das Ansehen der Opfer des deutschen Widerstandes, des bürgerlichen, des militärischen, des glaubensbegründeten, des Widerstandes der Arbeiterschaft und der Gewerkschaften und der Kommunisten.»

NEBENBEMERKUNG: *Richard von Weizsäcker*

Bundespräsidenten geben gelegentlich für verdienstvolle Persönlichkeiten aus besonderem Anlass im Schloss Bellevue in überschaubarem Kreis ein Abendessen. So Bundespräsident Johannes Rau 2002 für Egon Bahr zum 80. Geburtstag. Ich hatte an diesem Abend die doppelte Gunst, im Kreis von Bahrs Freunden dabei sein zu können und Altbundespräsident Richard von Weizsäcker als Tischherrn zu haben. Das eröffnete mir die Chance, die eine oder andere Bemerkung zu machen, die man bei einem Smalltalk nicht wagen würde. So kam das Gespräch auch auf seine berühmte Rede zum 40. Jahrestag des 8. Mai im Bundestag. Ich würdigte sie mit vollem Respekt, zögerte einen Moment und erlaubte mir dann die Anmerkung, wir in der DDR hätten uns über die Autorisierung des Begriffs Befreiung im Zusammenhang mit dem Sieg über den deutschen Faschismus gefreut. Aber es habe keine vergleichbare Aufregung wie in der Bundesrepublik darüber gegeben, weil diese Sicht für uns nichts Neues war. Der 8. Mai wurde schon 1950 auf Beschluss der Volkskammer als «Tag der Befreiung» gesetzlicher Feiertag. Weizsäcker lachte hell auf, ich war erleichtert, er hatte es mir nicht übel genommen. Dann sah er mich länger erstaunt und schweigend an, und ich begriff, dass er sich dessen bis dahin offenbar nicht bewusst gewesen war.

Auch Straße der Einheit war nicht mehr angesagt, obwohl die frühe DDR damit durchaus die deutsche Einheit im Sinn hatte. Vermutlich sollte gerade das nicht ihr Verdienst sein. Oder es sollte vermieden werden, falsche Einheiten zu assoziieren. *Straße der Völkerfreundschaft* war in Erfurt schließlich auch nicht mehr erwünscht. Selbst *Platz der Eisenbahner* klang offenbar zu proletarisch. Und was hatte Juri Gagarin verbrochen, außer daran zu erinnern, dass der erste Mensch im All ein sowjetischer Kosmonaut war, nicht ein US-Astronaut? Auch sonst war der Bereinigungseifer in Dresden nicht sehr ausländerfreundlich. Salvador Allende musste genauso dran glauben wie Ho Chi Minh.

Dem spanischen Kommunisten Julián Grimau waren in der DDR viele Straßen und Klubs gewidmet, in Dresden eine Hauptstraße im Zentrum, vom Zwinger zum Stadtring. Man hatte Achtung vor diesem Namen eines Franco-Opfers, ohne wohl Genaueres zu wissen. Aber in der Zeit des Werteumbruchs haben sich nicht nur Umbenennungskommissionen mit Geschichte beschäftigt. Julián Grimau hatte im spanischen Bürgerkrieg an der Seite der Internationalen Brigaden gegen den Franquismus gekämpft. Danach ging er ins Exil nach Lateinamerika und Frankreich, hielt aber die Untätigkeit nicht aus und ging 1959 illegal nach Spanien zurück. Dort suchten die vom Diktator verfolgten Kommunisten gerade einen Kontaktmann für die Arbeiter – der Vorgänger war verhaftet worden, und sonst riss sich niemand um den riskanten Posten. Ob der schmächtige Grimau, mit schmalem, sensiblem Gesicht und seinem schüchternen Lächeln, der Richtige war? Jorge Semprún, sein Genosse im Untergrund, beschrieb später, wie wagemutig er sich mit allen Abtrünnigen und neu zu gewinnenden Jungen traf und Informationsmaterial selbst in die Fabriken trug. Zu wagemutig.

Nach drei Jahren wurde er verraten, von der Geheimpolizei festgenommen und bestialisch gefoltert. «Im Verlauf der Vernehmungen, die auf einer oberen Etage im Gebäude der Staatssicherheit an der Puerta del Sol stattfanden, stürzte er aus einem Fenster. In der Öffentlichkeit wurden Vermutungen laut, er sei nicht freiwillig gesprungen. Seine Knochenbrüche hinderten die Polizei nicht, die Folter fortzusetzen. … Soweit bekannt, hat er niemanden preisgegeben.»[43] 1963 wurde er vor ein Militärtribunal gestellt. Der Staatsanwalt war kein Jurist, im Prozess gab es weder Zeugen noch Beweise. Wegen seiner Rolle als angeblicher Tschekist im Bürgerkrieg wurde er nach nur fünf Stunden zum Tod verurteilt. 800 000 Menschen aus aller Welt forderten, die Exekution zu stoppen, darunter viele Intellektuelle und Politiker wie Harold Wilson, Vorsitzender der britischen Labour

Party, und, Gottseibeiuns, Nikita Chruschtschow. Franco lehnte ab, der Protest weitete sich weltweit auf spanische Botschaften aus – vergeblich.

Die Soldaten vom Exekutionskommando sollen nervös gewesen sein, berichtete Grimaus Anwalt später, sie hätten beim Schießen gepfuscht. Der Antifaschist fiel in Spanien ins Vergessen. Erst im Juni 1989 gelang Staatsanwalt Javier Moscoso die Revision des Urteils. Es wurde aufgehoben und Julián Grimau vollständig rehabilitiert. Er hat sein Leben lang nichts anderes getan, als gegen den spanischen Faschismus zu kämpfen. Auf Dresdner und andere Geschichtskommissionen machte dies allerdings keinen Eindruck. Nach der Vereinigung wurde er nunmehr in Deutschland aus dem Fenster geworfen. An dem Gedenkstein an der Allee, die nun nicht mehr nach ihm hieß, wurde seine Gedenktafel entfernt. Freier Platz bleibt nie ungenutzt. Ein Foto von vermutlich 1992 zeigt auf dem Stein eine neue Graffito-Inschrift: Faschisten raus – aus dem Bett! Deutschland erwache. Daneben auf einer Bank zwei Männer in Betrachtung des Zwingers.

Die Faschisten haben also aus ihren wohligen Betten sehr genau verfolgt, wo sich neue Räume für sie ergeben. Und diese für eine Art spirituelles Erwachen genutzt. Wo irgend möglich, hinterließen sie ihre Duftmarken und machten die Erfahrung, dass keine staatliche Stelle sie daran hindert. Auch die Dresdner Gedenkstätte für Zwangsarbeiter auf dem Friedhof Meußlitzer Straße wurde so der neuen Geschichtsschreibung angepasst. Der nicht mehr zu akzeptierende DDR-Stein trug die Inschrift: «Hier ruhen 33 sowjetische, 7 französische, 3 italienische, 1 österreichischer und 1 tschechoslowakischer Zwangsarbeiter der MIAG, die in den Jahren 1944/45 ums Leben kamen.» Die MIAG war im 2. Weltkrieg an der Produktion von Sturmgeschützen und Jagdpanzern beteiligt. Der Direktor des Unternehmens, Ernst Blaicher, war förderndes Mitglied der SS. Für seine Produktion setzte er mehr als 1000 Zwangsarbeiter aus KZs ein. Wer das nicht überlebte, wurde durch neue Häftlinge ersetzt.

Anfang der 1990er Jahre musste der alte Gedenkstein einem neuen weichen: «HIER RUHEN FRANZÖSISCHE, ITALIENISCHE, POLNISCHE, TSCHECHOSLOWAKISCHE BÜRGER 1944–1945.» Das Andenken war nun von allzu konkreten Details gesäubert. Die sowjetischen Bürger, dreimal so opferreich wie die anderen zusammen, waren durch polnische abgelöst worden. Und merkwürdigerweise auch der österreichische Bürger.

Aufregung in Chemnitz

Von Chemnitz ließen sich ganz ähnliche Geschichten von folgenschweren Umwertungen erzählen. Aber ich ahne, Sie haben genug davon. Und ich auch. Daher nur noch so kurz wie möglich ein Bericht von einer Diskussion 1996 zu meinem Buch *Westwärts und nicht vergessen*, wo auch über dieses Thema diskutiert wurde. Ich kann den geneigten Lesern nicht ersparen, daran zu erinnern, womit die darauf völlig unvorbereiteten Neubundesbürger konfrontiert wurden.

Eine aufgebrachte Leserin erzählte, von anderen mit gleicher Empörung ergänzt, denn die Sache war durch die örtliche Presse gegangen, den unglaublichen Fall des Chemnitzers Johannes Thümmler. Dessen Anwalt hatte unlängst für seinen am Bodensee wohnenden Mandanten im Rathaus Chemnitz anfragen lassen, was denn aus der umfangreichen Kunstsammlung geworden sei, die Thümmler während des Krieges der Stadt zur Verwahrung überlassen habe und die er nun zurückbegehre. Eine siebenseitige detaillierte Liste der Exponate war beigefügt, aber keine Details zum Antragsteller. Doch es gab im Rathaus noch Leute, die den Namen schon mal gehört hatten.

Denn der Jurist Thümmler hatte es hier 1941 zum Gestapo-Chef gebracht. Als solcher hat er die Deportation der Chemnitzer Juden in die Todeslager geleitet, wofür er zum Obersturmbannführer befördert und 1943 mit gleichen Aufgaben nach Kattowitz versetzt wurde.

Von dort aus leitete er die Standgerichte im Lager Auschwitz-Birkenau. Nach verschärften Vernehmungen wegen Widerständigkeit, Abhören von Feindsendern oder Schmuggel dauerten die Gerichtsverfahren zwei Minuten. Nach den Massenexekutionen – und das sei hinreichend durch polnische Zeugen belegt, so ein Zwischenruf – habe Thümmler eigenhändig mit der Pistole auf die noch lebenden Häftlinge geschossen. Nach dem Krieg machte er Karriere als Geschäftsführer bei den Carl-Zeiß-Werken in Oberkochen und als Mitglied des Förderkreises der Evangelischen Akademie Tutzing. Immerhin gab es 1970 ein Verfahren gegen Thümmler, das aber eingestellt wurde. Bei den Standgerichtsverfahren in Auschwitz läge kein Rechtsbruch vor, da die Angeklagten ihre Geständnisse ja unterschrieben hätten.

Wer sich in der DDR dafür interessierte, wusste um den sanften Umgang der Bundesrepublik mit NS-Tätern, das war keine Überraschung. Neu war, dass man mit diesen verschonten Typen und ihren gelehrigen Schülern erstmalig selbst konfrontiert wurde. Sie traten einem plötzlich gegenüber als Abwickler, als Chefs, als Vermieter, als Richter, als Anspruchserheber auf Hab und Gut.

«Dass der sich überhaupt traut ...», die Fassungslosigkeit des Vorsitzenden der Jüdischen Gemeinde, Sigmund Rotstein, teilten viele Chemnitzer, die ihre Politiker darin bestärkten, kein Stück an Thümmler herauszugeben. Aber mit welchem Recht? Laut BGB gab es einen Herausgabeanspruch, denn Eigentum hat Ewigkeitswert und verjährt nicht. Da war es wie eine Erlösung, erzählte jene Leserin, die sich als Juristin erwies, sich auf den Befehl Nummer 126 der Sowjetischen Militär-Administration von 1945 berufen zu können, der das Vermögen von Nazi- und Kriegsverbrechern unter staatliche Verwaltung gestellt hatte. Beim Volksentscheid in Sachsen im Juni 1946 haben dann 78 Prozent der entschädigungslosen Enteignung zugestimmt. Ein begrüßenswerter Bruch mit der Logik des römischen Rechts – es entsprach östlichem Rechtsempfinden, dass Thümmler leer ausging.

Zu den aufgezählten Gründen, weshalb die Nachwende-Politik die Entwicklung latent vorhandener rechter Strömungen in Ostdeutschland bestärkt hat, kommen für Sachsen spezifische Ursachen hinzu. Die Sachsen haben traditionell ein ganz eigenes Selbstbewusstsein, symbolisiert durch August den Starken und all die glanzvollen Hinterlassenschaften nicht nur der feudalen Zeiten. Zwar war die Messestadt Leipzig immer weltoffener, auch proletarischer als das barocke, bürgerliche Dresden – nach dem Sturz des preußischen Kaisers sprach man eine Zeitlang gar vom «Roten Sachsen». Aber nach den materiellen und mentalen Abwertungserfahrungen der Weltwirtschaftskrise kippten in ganz Sachsen, wie überall, große Mehrheiten in den braunen Sumpf. Unter der DDR-Staatsdoktrin Antifaschismus hatte Sachsen die größte Dichte an Arbeiter-und Bauernfakultäten: Dresden, Freiberg, Chemnitz, Leipzig und Zwickau. Nach dem Versagen der bürgerlichen Schichten in der Nazi-Zeit sollte an den ABF das kapitalistische Bildungsprivileg gebrochen und eine neue Führungsschicht herangezogen werden. Doch Dresden und Umgebung blieben bürgerlich, auch kleinbürgerlich. Die Oper und vieles andere waren zwar zerbombt, aber die über Jahre wieder aufgebaute Sempergalerie als eine der weltweit größten Sammlungen Alter Meister konnte nach Rückgabe der Gemälde durch die UdSSR ab 1956 wieder besucht werden; der Konzertsaal im neuen Kulturpalast gelangte unter Kurt Masur über die Landesgrenzen hinaus zu Ansehen; die Technische Universität prägte die Stadt als eine von Ingenieuren, Ärzten und Naturwissenschaftlern, weniger von intellektuellen Zirkeln. Nicht zufällig ist hier nach der Wende das Saxon Valley entstanden, das einst mit dem Großrechner 300 in Karl-Marx-Stadt seinen Anfang nahm.

In den 1980er Jahren kam selbst das DDR-Fernsehen dem Bedürfnis nach historischer Größe entgegen und produzierte die mit 21 Millionen Mark aufwendig ausgestattete und meist an Originalschauplätzen gedrehte, sechsteilige Historien-Serie «Sachsens Glanz und Preußens Gloria», die an Luxus, schönen Gräfinnen, Kriegen und höfischen Intrigen reiche Geschichte des 18. Jahrhunderts. Als die Dresdner und Chemnitzer *Morgenpost* 2011 eine über Monate gehende Zeitungsserie über die DDR-Verfilmung druckte, über die Künstler und die historischen Hintergründe, konnte sie ihre Auflage um 25 Prozent steigern – so groß war das Interesse. Bald erschien im Windschatten des Erfolges das rechte Szene-Heft «Sachsens Glanz», das aber der seriösen Recherche nichts entgegenzusetzen hatte.

So weit eine sträflich verkürzte Einstimmung auf sächsisches Selbstbewusstsein, das natürlich durch die Montagsdemonstrationen des Jahres 1989 weiteren Auftrieb erhielt. Wie dort die Losungen und die Teilnehmer wechselten, vom ursprünglich emanzipatorischen «Wir sind das Volk» zum anschlusswilligen «Wir sind ein Volk», ist belegt. In den 1990er Jahren konnte die CDU mit König Kurt unter nahezu absolutistischen Verhältnissen regieren. Das mögen viele als passende Fortsetzung der Tradition empfunden haben, andere hatten doch anderes erhofft. Auch in Sachsen war die Nachwendezeit ein konflikthafter Umbau aller sozialen Beziehungen, eine Erfahrung von Deklassierung und ökonomischer Gewalt. Der Mitbegründer der kirchennahen «Gesellschaft für Friedenskultur Memorare Pacem Dresden», Matthias Neutzner, brachte es in einem Gespräch (*DLF,* 29.8.2018) auf den Punkt: In Sachsen sei eine verhängnisvolle Identifikationspolitik betrieben worden, die konservative Seite habe die friedliche Revolution vereinnahmt. Geradezu in DDR-Manier gewann nur die Erfolgsgeschichte Oberhand, die aber viele Konflikte verkannte und marginalisierte. «Es wurde versäumt, eine lebendige Demokratie in diesem Land zu festigen. Jeder Versuch zivilgesellschaftlichen Engagements galt als Angriff auf den Alleinvertretungsanspruch der CDU. Die Zivilgesellschaft wurde nicht nur nicht gefördert, sondern behindert. Es herrschte eine eher monarchistische Atmosphäre. Und das rächt sich jetzt doch bitter.»

Sachsen als angebliches Volk der Revolutionäre erlebte quasi als Farce eine skurrile Wiederkehr, als auch Pegida dieses Label für sich in Anspruch nahm. «Wenn die Zivilgesellschaft in Sachsen heute stark fragmentiert ist und Engagierte weitgehend auf sich selbst gestellt sind, so ist das das Versäumnis der vergangenen Jahrzehnte.» Auch wenn Dresden heute eine sehenswerte barocke Schatztruhe ist, hat das bekanntlich nicht zu harmonischen Verhältnissen geführt. Die unmittelbar nach dem Beitritt gemachten Erfahrungen von demütigender Entwertung und Enteignung, die nazifreundlichen und antifa-unfreundlichen Signale aus der Mitte des Staates, die autoritäre Behinderung der Zivilgesellschaft durch Missachtung von Bürgereinspruch und schließlich ein politisch und medial verhängnisvoller Umgang mit den schutzsuchenden Geflüchteten (auf den noch zu kommen ist) haben in Sachsen und darüber hinaus den Rechtsruck im Lande bewirkt.

MYTHOS DDR-ANTIFASCHISMUS

Alle Verantwortung für den Rechtsruck nur im Westen, keine im DDR-Erbe? Nach der Wende sind ganze Bibliotheken vollgeschrieben worden über die Instrumentalisierung des Antifaschismus in der DDR, der nun zu einem Mythos degradiert wurde. Für mich war der angreifbarste Punkt des DDR-Antifaschismus immer, dass er es versäumt hat, auch die totalitären Tendenzen der eigenen Ordnung zu kritisieren, und die eher niedrigen Motive der verführten Massen im Dunkeln ließ. Das hätte zu grundsätzlichen Fragen von stalinistischem Umgang mit Widerspruch geführt und den verfluchten und paranoiden Zwang, hinter jeder Ecke Renegaten, Verräter, Agenten und Klassenfeinde aufspüren zu müssen, offenbar gemacht.

Ein über den Antifaschismus im engeren Sinn hinausgehendes Denken hätte also Fragen der Demokratie im eigenen Land behandeln müssen, und das war hoch subversiv und selbstverständlich unerwünscht. Und ist, wenn auch nicht hinreichend genug, dennoch gegen heftige Widerstände immer wieder versucht worden, von einstigen Parteiintellektuellen bis zu Dissidenten aller Art. Gerade auch in der Kunst, wo unter dem Deckmantel des Antifaschismus Geschichten von Courage und Widerstand erzählt wurden. Oft von Autoren und Filmemachern, die Gewalt und Verfolgung selbst durchlitten hatten. Die wiederholte Begegnung mit diesen, um den menschengegebenen Anspruch auf Zufall und Fügung Gebrachten, den schicksalslos der industriellen Vernichtung Preisgegebenen, hat mitunter zu moralischem Rigorismus geführt, zumindest bei mir.

Die eigentliche Botschaft des Antifaschismus ist nicht, dass man die wenigen Mutigen verehren, sondern dass man im Leben mutig sein muss. Diese Botschaft kam durchaus an, und in ihrem Windschatten haben sich im Lauf der Jahre die selbstbewussten Überzeugungen und Methoden entwickelt, die zu dem führten, was als friedliche Revolution gedacht war. Deren «Waffen» sind ganz wesentlich unter dem Schutzschild des Antifaschismus geschmiedet worden und haben sich letztlich folgerichtig gegen diejenigen gewendet, die einstige Ideale nicht eingelöst haben. Ohne diese verinnerlichte Zivilcourage wären Wende-Herbst und Mauerfall so nicht möglich gewesen.

Den Zusammenhang von Antifaschismus und Zivilcourage zu erforschen wäre eine lohnende Aufgabe für die postmauerale bundesdeutsche Forschung gewesen. Aber daran bestand nicht das geringste Interesse. Warum sollten sich Sieger im Moment des größten Triumphes mit so subversiven Fragen beschäftigen. Der Politikwissenschaftler Joachim Perels hat in seinem Fritz Bauer gewidmeten Buch «Entsorgung der NS-Herrschaft?» eine Erklärung gegeben, weshalb sich der Westen mit dem emanzipatorischen Aspekt des sozialistischen und kommunistischen Widerstandes so schwertut: «Starke Kräfte der politischen Opposition gegen Hitler hatten das Ziel, das privatkapitalistische System des Dritten Reiches durch eine Wirtschaftsordnung zu ersetzen, in der durch Formen demokratisch kontrollierten öffentlichen Eigentums das Wohl aller institutionell gesichert werden sollte.»[44] Das Grundgesetz öffnet gerade diesem Ziel Tür und Tor – aber eine solche Debatte war nun das Allerletzte, was im Moment des größten Privatisierungsfeldzuges der Geschichte angesagt war. Bis heute ist es den Machthabern gelungen, öffentliches Eigentum zu verhindern, wie im letzten Kapitel des Buches gezeigt wird. Die Debatte darum wird aber lebhafter. Lange war es beinahe nur die Antifa, die das Thema im Westen hochhielt. Das ist der eigentliche Grund, weshalb sie derart angefeindet wird – nicht dass ein paar hundert Autonome in ihrem Umfeld es auf Luxussymbole wie Schaufenster und Autos abgesehen haben.

Wie von unsichtbarer (Geber)Hand gelenkt, haben die meisten Zeithistoriker, übrigens in Ost und West, solche Themen gemieden und mit umso größerem Enthusiasmus die wohl stärkste identitätstiftende Säule im Selbstverständnis der DDR zu demontieren gewusst. Die Historikerin Annette Weinke sprach von der «oftmals übertriebenen, insgesamt jedoch überaus notwendigen Entzauberung des Antifaschismus».[45] Wäre es nicht angesichts der sehr bald nach Mauerfall verübten rassistischen Überfälle in Ost und West «überaus notwendig» gewesen, die konstruktiven Elemente des Antifaschismus beider Seiten mitzuvereinen und somit dem aufkommenden Übel zu bedeuten, dass zwischen die vereinten Demokraten aus Ost und West kein Blatt und kein Stiefel passen?

Stattdessen wurde mit der zwar nicht restlos erfolgreichen, aber auch nicht unwirksamen Ausgrenzung von rechtsextremem Verhalten in der DDR, wie gewohnt, unbedacht umgegangen: Den Deckel hochnehmen, und was da aufsteigt alles zu Opfern kommunistischer Herrschaft erklären, Neonazis gewissermaßen staatlich zu ermutigen und kein Konzept für die Auseinandersetzung mit rechtem Gedankengut zu haben – das ist ein explosives Gemisch. Das bekommt eine autoritäre Dynamik, in der ein freiwilliger Antrieb zur Unterwerfung verstärkt wird durch mangelnde Möglichkeit der Selbstoptimierung für den Markt. Dieser Mix führt zu populistischen Bedürfnissen, die oft wenig rational sind.

Da wäre alles andere sinnvoller gewesen, als den eigenen Antifaschismus wie gehabt weiterzuächten und den mitgebrachten zum Blendwerk zu erklären, zu trickreichem Betrug. Dabei sind Fakten und Details aus den nun allseits geöffneten Akten ans Licht gekommen, die unbedingt Beachtung verdienten und manch wichtige Präzisierung ermöglicht haben. Statt aber herauszufinden, wie sich beide Seiten ergänzen und bereichern könnten, wurde geradezu lustvoll an den Fundamenten gesägt.

Nach den im Vergleich zur BRD konsequenter durchgeführten Entnazifizierungsverfahren und Prozessen gegen NS-Verbrecher wurde den verbliebenen «Mitläufern» ein unausgesprochener, aber unmissverständlicher Deal angeboten: Wir entschulden euch unter unserem antifaschistischen Schutzschirm und stellen keine weiteren Fragen, und ihr kommt nie wieder auf eure faschistischen Verirrungen zurück. Die wurden zum Tabu erklärt. Tabus waren die ersten ungeschriebenen Gesetze, und diese Art von Ächtung ist bis heute wirksam. Wer sich bis dahin nicht in den Westen abgesetzt hatte, konnte mit dieser pragmatischen Vereinbarung zufrieden sein. Man hatte Schlimmeres befürchtet.

Man mag diese Abmachung auch verordnet nennen – warum nicht. Wer neigt nicht dazu, Verordnungen immer dann zu akzeptieren, wenn das nach eigener Überzeugung Richtige vorgeschrieben wird? Jedes Rezept ist eine ärztliche Verordnung. Wer verordnet, setzt darauf, dass die Arznei dank seiner Kompetenz angenommen wird. Verordnungen sind wahrlich keine Erfindungen von Diktaturen. Die Zehn Gebote waren eine verordnete Moral. Jedes Gesetz ist eine Verordnung. In seinem «Gesellschaftsvertrag» hat Rousseau die damit verbundene unvermeidliche Anmaßung beschrieben: Wer den Mut habe, einem Volk eine Rechtsordnung zu geben, müsse sich fähig fühlen, die menschliche Natur zu ändern. Die andererseits für ihre Handlungen auch auf solche Normierung angewiesen ist. Sollte jeder seine Maßstäbe nur aus sich selbst schöpfen, wäre er moralisch überfordert. Nun gibt es zweifellos sinnvolle, weniger sinnvolle und sinnlose Verordnungen, aber das pauschale Verdikt *verordnet* ist eine unzutreffende Stigmatisierung.

Entscheidend ist, wie legal und legitim das zum Gebot Erhobene ist. Wie freiwillig es angenommen wird. In der DDR war der Antifaschismus Gesetz. Es gab wahrlich Gesetze, die fragwürdiger waren. Im Gegensatz zu anderen Verboten, die gern unterlaufen wurden,

wurden die vom Antifaschismus gesetzten Tabus in der DDR weitgehend freiwillig eingehalten. Vor Synagogen mussten keine bewaffneten Polizisten stehen. Und undenkbar wäre das Treiben eines «Freundeskreises Deutschland für Deutsche» gewesen, der gleich nach der Wende unter Angabe seiner westdeutschen Adresse und Kontonummer auf einem Flugblatt bedauerte, dass die von ihm aufgelisteten 180 bekanntesten jüdischen SED-Funktionäre, DDR-Intellektuelle und sogenannten Kulturschaffenden «ungeschoren» frei herumliefen.

Nur ausnahmsweise lässt sich die Wirkung von verordnetem Antifaschismus sofort messen:

NEBENBEMERKUNG: *Dänemark Spätsommer 1943*

Die deutschen Besatzer drohten, nun auch die bisher von den Nürnberger Gesetzen verschonten dänischen Juden in Lager zu deportieren. Sie erwarteten nicht, dass die vier Millionen Dänen sich anders verhalten würden als alle anderen besetzten Bevölkerungen. Zwar hatte das lutherische Dänemark eine friedfertige, demokratische Tradition und einen hohen Lebensstandard, der es ermöglichte, Einwanderer sozial zu integrieren. Aber ähnliche Bedingungen waren anderswo kein Grund, sich den Besatzern zu widersetzen. Die dänischen Politiker aber forderten ihre Landsleute ohne zu zögern auf, sich gegen Rassismus zu wehren, wie es die Verfassung erfordere. Auch die Pfarrer auf den Kanzeln und die Professoren hinter den Kathedern riefen dazu auf, den Faschisten den Gehorsam zu verweigern und den Juden zu helfen. Es wird behauptet, selbst der dänische König habe gedroht, er selbst, seine Familie und der ganze Hofstaat würden den Judenstern tragen, wenn die dänischen Juden verfolgt würden. Und das bisher wenig erforschte Wunder geschah: Alle Schichten der dänischen Bevölkerung standen den etwa 8250 Juden bei, versteckten sie zunächst und brachten sie in den Nächten mit

Fischerbooten und Fähren an die sichere Küste Schwedens. Den Leuten von der Wehrmacht blieben die Aktivitäten oft nicht verborgen, aber sie schauten weg.

So konnten 7742 Juden über die Ostsee fliehen, unter ihnen der junge Fritz Bauer. Und selbst die 423 nach Theresienstadt Deportierten kamen Anfang 1945 frei, weil dänische Unterhändler mit Himmler verhandelt hatten. Man schätzt, dass nur ein Prozent der während des Krieges in Dänemark lebenden Juden ums Leben kam. Hannah Arendt kommentierte später: «Das einzige uns bekannte Beispiel von offenem Widerstand einer Bevölkerung scheint zu zeigen, dass die Nazis, die solchem Widerstand begegneten, nicht nur der Opposition nachgaben, sondern in gewissem Maße ihre Meinung änderten.»[46] Gegenhalten kann also selbst bei faschistischem Gedankengut Denken und Handeln verändern.

Woran in den Auseinandersetzungen über die zutreffende Geschichtsschreibung in den letzten Jahren eher nicht erinnert wurde: Die Alliierten haben den Antifaschismus zunächst gemeinsam verordnet: Auf der Potsdamer Konferenz einigten sich die Siegermächte im Sommer 1945 auf die drei berühmten fünf Ds für Deutschland: Demilitarisierung, Demontage, Dezentralisierung, Denazifizierung und Demokratisierung. Die Briten konzentrierten sich auf «Entbräunungskurse» für Lehrer. Die Amerikaner gingen zunächst durchaus drastischer vor. Sie zwangen die Weimarer, das KZ Buchenwald zu besuchen, damit sie sahen, was ihre Pgs angerichtet hatten. Zu ihrer Re-Education gehörten etwa 100 Umerziehungsfilme, im ersten Jahr vor allem zur Aufklärung über die NS-Verbrechen, durchaus im Ton scharfer Anklage. «Die Todesmühle» hieß ein Film mit Originalaufnahmen aus den befreiten Konzentrationslagern, von Billy Wilder zusammengestellt. US-Militärgouverneur Lucius D. Clay war überzeugt, die Besatzung müsse mindestens eine Generation aufrechterhalten werden, um die Umerziehungsziele zu erreichen. Und Präsident Eisenhower sprach von etwa 50 Jahren harter Arbeit. Harte

Arbeit wurde zwar geleistet, doch kaum im Sinne eines konsequenten Antifaschismus.

Wie sah das Re-Education-Programm der Bundesrepublik für ihre angeblich allesamt ideologisch verseuchten Brüder und Schwestern nach deren Beitritt aus? Welcher Ersatz wurde geboten für das Auslöschen der von Widerstand gegen den Faschismus dominierten DDR-Gedächtniskultur? Eine Hitler-Obsession. Zur besten Sendezeit für ein Millionenpublikum populistisch aufbereitet. «Geschichte für Trottel», hieß es in der *FAZ*. «Die Art, in der öffentlich-rechtliche Historie verbreitet wird, ist ein Skandal. Der Zuschauer wird für dumm gehalten. Es vergeht keine Woche im deutschen Fernsehbetrieb ohne eine historische Dokumentation, die verspricht, das letzte Geheimnis zu lüften. War Hitler schwul? Oder war er in Wahrheit in seinen Hund verliebt? Die Infantilisierung des Zuschauers kennt keine Grenzen.»[47] «History-TV» von Hitler-Versteher Guido Knopp gäbe es nur, weil die Produzenten glaubten, dass intelligente Menschen nicht fernsehen. Die Fakten der Hitleritis waren zwar weitgehend korrekt, aber die unkritisch übernommene Riefenstahl-Ästhetik und der musikalisch emotionale Sog machten raffinierte Angebote für eine Identifikation, etwa mit Frauenbildern oder Militäridolen. Die Opfer-Täter-Perspektiven wurden nivelliert.

Der Historiker Hannes Heer, der mit seiner Wehrmachtsausstellung 1999 zu den wenigen gehörte, die der Entpolitisierung faktenreich entgegentraten und dafür erwartungsgemäß heftig gescholten wurde, veröffentlichte 2005 sein Buch: «Hitler war's. Die Befreiung der Deutschen von ihrer Vergangenheit». Darin beschreibt er eine Geschichtsumdeutung, bei der solche Filme wie «Der Untergang», die Doku-Dramen «Speer und Er», «Hitlers Kinder» oder «Hitlers Frauen» sowie Bücher wie die Hitler-Biographie von Joachim Fest nur das Ziel hätten, die Schuld der Deutschen an Weltkrieg und Holocaust auf Hitler und seine Chargen zu reduzieren. Ein «negativer Geniekult» werde betrieben, ein «Hitler zum Anfassen», umgeben von einem NS-Personal, das schematisch in Gut und Böse unterteilt sei. Und alle jenseits dieses Zirkels hatten keinen Anteil am Nazi-Wahn. Jegliche Mitverantwortung könne so abgestritten werden. Die Exkulpierung der Massen von Mitschuld – das war der Vorwurf, der gegenüber dem DDR-Antifaschismus immer erhoben wurde. Nun bekamen die Ostdeutschen demonstriert, wie man es richtig macht.

Das Interesse eines Massenpublikums für NS-Geschichte zu wecken, das wäre ein nicht nur lobenswertes, sondern gerade auch für junge Leute nötiges Anliegen gewesen. Doch das Motiv dürfte weniger aufklärerisch gewesen ein: Der unterreflektierte Hitler-Kult erwies sich als auflagen- und quotensteigernd. In den letzten 20 Jahren druckte allein der *Spiegel* 39 Titelbilder mit einem Bezug zu Hitler, 12 davon warben direkt mit bildfüllendem Hitler-Foto. Das Deutsche Historische Museum zeigte 2009 in seiner großen Hitlerausstellung auch diese *Spiegel*-Titel.

Als nach 70 Jahren die Urheberrechte für Hitlers antisemitische Hetzschrift «Mein Kampf» frei wurden, drohte die bayerische Staatskanzlei zunächst, Veröffentlichungen mit Strafanzeige wegen Volksverhetzung zu begegnen. In der lang anhaltenden öffentlichen Debatte wurde von den Gegnern des Projektes einer kommentierten Ausgabe darauf verwiesen, dass die Schrift nur begrenzt zum Verständnis der NS-Diktatur beitrage. Die NS-Forschung teile mehrheitlich nicht die Auffassung, dass Hitlers Zielvorstellungen in dem Buch schon weitgehend enthalten seien. Vielmehr sei es ihm nach eigenem Verständnis darum gegangen, der NSDAP Orientierung zu geben und neue Sympathisanten zu gewinnen. Ein perfekter Leitfaden für Rechtsextremisten aller Zeiten? Bald nachdem das Buch im Januar 2016 erschienen war, landete es auf Platz 1 der *Spiegel*-Bestsellerliste. Innerhalb eines Jahres wurden 85 000 Exemplare zu je 59 Euro verkauft. Kritiker bemängelten, die Kommentierung begünstige «ein personen- und zu wenig strukturbezogenes Verständnis der NS-Diktatur».[48] Damit liegt sie also ganz im Trend, der so ziemlich für das Gegenteil der DDR-Analysen steht, die sich hauptsächlich für die Strukturen interessierten. Ob diese Ausgabe politische Folgen hatte, und wenn ja, welche, wird niemand sagen können. Ich schon gar nicht. Sie zu erwähnen sollte nur als Steinchen im Mosaik des verordneten neuen Weltbildes nicht fehlen.

Wie zu guter Letzt auch nicht die den Schwerinern von westlichen Ausstellungs-«Herholern» 2006 übergeholfene große Arno-Breker-Show. Seit dem Ende des «dritten Reiches» hatte es in öffentlicher Trägerschaft keine Personalausstellung vom «Lieblingsbildhauer des Führers» mehr gegeben. Angeblich sollte sie helfen, den «Nationalsozialismus zu entmythologisieren». «Dieses Problem existiert gar nicht», es werde nur zugunsten der Rechten neu erfunden, schrieb Joachim John, einer der anspruchsvollsten und skurrilsten deutschen Maler und Graphiker. Vergeblich protestierte er mit anderen Akademiemitgliedern und Kulturschaffenden gegen die kommunale Rehabilitation von Nazi-Kunst. Dieser Dammbruch dürfe nicht Schule machen. «Leider lassen wir uns von gewissen Kulturaktivisten (und deren Einbläsern?) zu viel gefallen.»[49]

Holocaust in der DDR angeblich verschwiegen – Filme und Bücher

Zu viel gefallen ließen wir uns angesichts der leidenschaftlichen Anstrengungen, nicht auch den DDR-Antifaschismus beitreten zu lassen. Dafür wurden schwerste Geschütze aufgefahren. Hätte doch nichts diskriminierender sein können als die Behauptung, die DDR-Bürger hätten generell ein Problem mit ihrem Verhältnis zu Juden gehabt.

Wikipedia-Mainstream: «Während man in Westdeutschland auf den Aufbau guter Beziehungen zu Israel setzte, wurden in der DDR die Juden als eigenständige Opfergruppe im Dritten Reich weitgehend verschwiegen.»

Medien-Mainstream: Moderation in *ttt* vom 10. März 2019: Die Aufarbeitung des Nationalsozialismus ist in der DDR 1952 per Dekret für beendet erklärt worden, der Holocaust war kein Thema.

Forschungs-Mainstream: «Ungeachtet einer zögernden Entkopplung von Kapitalismus und Genozid besonders in den 80er Jahren, blieb die Ermordung der europäischen Judenheit auch später noch ein verschwiegenes, wenngleich nicht mehr gänzlich unterdrücktes Thema.»[50]

Bis in die 1980er Jahre also war der Völkermord an den Juden in der DDR ein «gänzlich unterdrücktes Thema». So viel Desinformation macht sprachlos. Ich habe es genau umgekehrt wahrgenommen: Die DDR-Kultur hat dieses Thema früher und häufiger als in der Bundesrepublik aufgegriffen, kontinuierlich über die Jahre verfolgt, und das in einem Umfang, der bei vielen Menschen Überdruss auslöste. Ich empfinde solche Desinformation auch als persönliche Kränkung. Ich hätte nicht in einem Land leben wollen und können, in dem über den industriell betriebenen Völkermord, das perfideste Verbrechen seit Menschengedenken, nicht gesprochen werden sollte. Die Ostdeutschen als duldsame und unreflektierte Herde ohne Mitgefühl: An dieser Fiktion westliche Schuld- und Versagensgefühle abzuladen kann auf die Dauer nicht gutgehen. Neben der sozialen hat es seit dem Beitritt immer auch die intellektuelle Demütigung gegeben. Der entkommt man durch kräftezehrenden Widerspruch oder durch kräfteschonende Teilnahme am Belasten der Herde, was einen selbst über sie stellt. Die meisten, so fürchte ich, entkommen ihr nicht. Sie werden still, krank oder aggressiv.

Auch von einigen ostdeutschen Politikern, Journalisten oder Historikern höre ich gelegentlich die neue Lesart, wonach «das Schicksal der Juden im Dritten Reich aus dem offiziellen Erinnerungskanon der DDR so gut wie verschwunden» war. Was verdiente in der DDR das Etikett *offiziell*? War es doch ein Verhängnis, dass alles, was öffentlich sein wollte, auch offiziell sein musste. Jeder Film hatte eine staatliche Abnahme erfahren, jedes Buch brauchte eine staatliche Druckgenehmigung. In diesem Sinn war die DDR-Kultur, mit allen daraus folgenden Beschränkungen und Begünstigungen, eine offizielle Kultur. Sie übernahm, oft durchaus zu ihrem künstlerischen

Nachteil, arbeitsteilig Themen, die die Medien oder offizielle Bekundungen entweder nicht oder nur undifferenziert wahrnahmen. Wer also die DDR-Kunst und Kultur aus dem «Erinnerungskanon» ausschließt, der mag zu derart verengten Schlüssen kommen. Doch redlich ist das nicht. Denn für die Bundesrepublik lässt man gelten, dass keine akademische Forschung und keine amtliche Verlautbarung so massenwirksame Aufklärung und Sensibilisierung gegenüber der Shoa bewirkt hätten wie die Kunst.

Was gab es doch unlängst für einen Hype um den 40. Jahrestag der Sendung der US-Serie *Holocaust*, durch die 1979 das deutsche Publikum, und zwar das gesamtdeutsche, angeblich erstmalig eine Ahnung vom Ausmaß des den Juden zugefügten Leids bekommen habe. Was für ein Armutszeugnis! Nirgends war ein Hinweis darauf zu hören, dass im DDR-Fernsehen bereits sieben Jahre vor der Hollywood-Serie eine vierteilige Folge über eine jüdische Familie gesendet wurde, die nach Auschwitz deportiert wird. Erstmalig durfte dafür ein deutscher Filmstab im Lager Auschwitz drehen. Die Authentizität des Films rührte aber nicht nur vom schwer zu verkraftenden Originalschauplatz, sondern von dem Wissen, dass es sich hier um die Verfilmung des autobiographischen Romans des Juden Peter Edel handelt, der all diese Schrecken in Auschwitz selbst erlebt hat.

Und nicht nur er, auch einige der Hauptdarsteller hatten die fürchterliche Hürde zu nehmen, an die Stätte ihres grauenvollen Traumas zurückzukehren. In der Rolle des Stubenältesten Tadeusz spielte August Kowalczyk ein Stück seines eigenen Lebens. Er war zwei Jahre Häftling in Auschwitz gewesen und hatte sich eigentlich geschworen, nie wieder an diesen Ort zurückzukehren. Peter Sturm, im Film der Elias, stammte aus einer sehr frommen, armen jüdischen Familie aus Wien. Er hatte das Martyrium der Konzentrationslager Dachau, Buchenwald und ebenfalls Auschwitz hinter sich. Und die Schauspielerin Marga Legal, im Film Frau Müller, bekam 1933 wegen ihrer jüdischen Vorfahren ein Arbeitsverbot und konnte sich nur durch eine sogenannte «privilegierte Ehe» vor Verfolgung retten.

Nein, eine Seifenoper à la Hollywood waren diese vier Teile nicht. Schade, dass Marcel Reich-Ranicki, der die Holocaust-Serie als «trivial, oft kitschig, gelegentlich ärgerlich und ästhetisch ohne Wert» beschimpft hatte, nicht auch diesen Film bewertet hat. Der Westberliner *Tagesspiegel* war nach Ausstrahlung des 1. Teils am 25. 5. 1972 immerhin positiv überrascht: «Der ‹Fernsehdienst Nr. 22›, die Presseveröffentlichung des Deutschen Fernsehfunks, enthält 24 Seiten Bilder und Texte über einen neuen, auf vier Teile ausgelegten Fernsehfilm. Die ungewöhnliche Quantität lässt auf eine ungewöhnliche Qualität schließen, zumindest auf ein ungewöhnliches Gewicht, das die Produzenten dem Film beilegen. ... Es geht um die Verfolgung der Juden in den Jahren 1933–45. Das mag in Erstaunen versetzen: Man erwartet es einfach nicht, dass just zu diesem Thema ein großer Film fürs Fernsehen gedreht wird, der bis in die letzte Charge hinein von erstklassigen Schauspielern besetzt und von der ersten Garnitur in Sachen Dramaturgie und Regie eingerichtet wurde. Im ersten Teil, dem als Rahmenhandlung eine Sabbatfeier in der Wohnung eines jüdischen Arztes im Jahr 1943 diente, wurde ein bestimmter Ausschnitt der jüdischen Gemeinde zu Berlin vorgestellt: durchweg Angehörige des gehobenen Bürgertums, konservative Menschen im preußischen Sinne, der eigenen Religion bereits entfremdet – und fassungslos gegenüber den sogenannten Nürnberger Gesetzen und ihren schaurigen Folgen. Unter der äußeren Situation dieser gejagten Menschen wurde jedoch etwas sichtbar, was noch tiefer berührte: ihre innere Situation, das moralische Spektrum, das nackte Angst und dumpfe Ergebenheit ebenso enthielt wie das Hadern mit dem Gott der Väter und dem Ansatz zum Widerstand. Wir kommen auf den sehenswerten Film jedenfalls zurück.»

Ich auch. Zuvor soll jedoch eines klargestellt werden. Dieser sicher aufwendigste Film zum Thema Massenmord an den Juden war nun wahrlich nicht der erste und letzte in der DDR. Um dies zu belegen, kann man auf ein sehr verdienstvolles Lexikon zurückgreifen, das die Filmwissenschaftlerin Elke Schieber, langjährige Mitarbeiterin im Filmmuseum Potsdam, in zehnjähriger, einsamer Forschungsarbeit erstellt hat.[51] «Tangenten» ist 2016 in der Schriftenreihe der DEFA erschienen und hat auf 700 Seiten sämtliche DEFA-, Fernsehspiel- und Dokumentarfilme, publizistische Beiträge, Studenten-, Kinder- und Animationsfilme zusammengetragen, die zwischen 1946 und 1990 in der SBZ und der DDR zu folgenden Themen produziert wurden: Antisemitismus vor 1933, jüdisches Leben, Judenverfolgung im Nationalsozialismus, jüdische Vergangenheit in der Gegenwart, Palästina-Israel-Naher Osten. Das ergab eine stattliche Sammlung von über 1000 Titeln.

Diese Zahl sagt nichts über die Qualität dieser Filme, nichts über mögliche Schwierigkeiten vor und während der Produktion, nichts über ihre Rezeption. Und sie schließt trotz dieser beeindruckenden Menge die Existenz eines unterschwelligen Antisemitismus nicht aus. Aber eins beweist sie: Die Behauptung, dass in der DDR Juden und Holocaust ein beschwiegenes, unterdrücktes Thema waren, ist vollkommen unhaltbar. Man hätte hoffen können, dass die bis heute diesen Fake verbreitenden Journalisten und Historiker nach Erscheinen des Lexikons zu einer Korrektur bereit gewesen wären. Aber realistisch sind solche Erwartungen nicht. Keines der Großmedien und keiner der sich mit dem Thema befassenden Großhistoriker haben das Buch zur Kenntnis genommen. Es ist das zuverlässig Erwartbare, was so langweilt: Was den Mainstream stört, wird ausgegrenzt. Statt die Fakten zu erwähnen, wird scheinbar anlasslos umso heftiger gegen sie angeschrieben. Bei Wikipedia gibt es eine *Liste von Filmen zum Holocaust* aus aller Welt, in der wie von Zauberhand so gut wie alle in der DDR produzierten Spiel- und Dokumentarfilme fehlen.

Immerhin 14 Spielfilme und Serien von DEFA und Fernsehen haben die Judenverfolgung in der NS-Zeit zum eigentlichen Thema. 33 weitere DDR-Spielfilme tangieren diesen Stoff mehr oder weniger direkt. Und das relativ gleichmäßig verteilt in den Jahren zwischen 1946 bis zum Ende der DDR. Die Stoffe hatten fast immer authentische Hintergründe, oft auch autobiographische, von den sie gestaltenden Künstlern. Ergänzend begleitet wurden die Spielfilme von Anfang an von dokumentarischen Beiträgen. So sah man 1947 im DEFA-Augenzeugen das in Auschwitz verlorene und in der Tschechoslowakei wiedergefundene, einzige überlebende Kind der Berliner Jüdischen Gemeinde – von einst 175 000 Seelen. Oder 1962 den Bericht über eine Mutter, die in Auschwitz von ihrer dreijährigen Tochter getrennt wurde, die sie erst 17 Jahre später in Moskau wiedertrifft. Es liefen Filme über Frauen in Ravensbrück, zu den Nürnberger Prozessen – beginnend 1966 mit: *Robert Jackson klagt an* – sowie mehrere Reportagen über Auschwitz.*

* Ausgewählte Beispiele von DEFA und DDR-Fernsehspielfilmen: *Die Mörder sind unter uns* **1946**, *Ehe im Schatten* **1947**, *Affaire Blum*, **1948** (zeigt an einem authentischen Fall die wachsende rassistische Verhetzung vor der Machtergreifung Hitlers), *Die jüdische Frau* **1957** (aus Brechts *Furcht und Elend des Dritten Reiches*), Studioaufzeichnung des Theaterstücks *Das Tagebuch der Anne Frank* **1958**, *Sterne* **1959** (ein Zug mit griechischen Juden wird auf dem Transport nach Auschwitz in einer kleinen bulgarischen Stadt aufgehalten, dramatische Szenen nach Erlebnissen des Szenaristen Angel Wagenstein), *Professor Mamlock* **1961** (nach dem Drama von Friedrich Wolf; ein bürgerlicher jüdischer Arzt wird durch den ungehemmten Ausbruch von Antisemitismus 1933 in den Freitod getrieben), im selben Jahr *Das Mädchen Rahel* (über die jüdische Widerstandsgruppe um Herbert Baum), *Lebende Ware* **1966** (über die Deportation der ungarischen Juden), im selben Jahr die fünfteilige Serie *Ohne Kampf kein Sieg* (nach dem gleichnamigen Buch von Manfred von Brauchitsch, in dem einem die Verfolgung der Juden durch die Figur des Levi nahegeht), *Korczak und die Kinder* **1967** (über die Kinder eines Transports aus dem Warschauer Ghetto, die gemeinsam mit ihrem Lehrer in die Gaskammer gehen), die vier Teile *Die Bilder des Zeugen Schattmann* **1972**, *Jakob der Lügner* **1975** (einzige Oscar-Nominierung der DEFA), *Die Gesetzesfalle* **1978** (ein dramatisches Schicksal durch die Vorschrift, jeden nach einem Strafgesetz verurteilten Juden nach Verbüßung der Haft in ein KZ zu bringen), *Esther* **1980** (ein kaum zu verkraftender Spielfilm über medizinische Experimente an Auschwitz-Häftlingen, an Esther und ihren Schwestern, während ihre Eltern und ihr Mann schon vergast sind), Neuinszenierung des *Tagebuchs der Anne Frank* für das Fernsehen **1982**, *Pianke* **1983** (Kinderfilm über die Judenverfolgung), *Stielke, Heinz, fünfzehn …* **1987** (die DDR-Variante des drei Jahre später in der Bundesrepublik erschienenen «Hitlerjungen Salomon»), *Die Schauspielerin* **1988** (tragisches Schicksal am Jüdischen Theater in den 1930er Jahren in Berlin).

Um den Fake über das Verschweigen des Schicksals der Juden zu widerlegen, ist man natürlich nicht allein auf die DDR-Filmproduktion angewiesen. Genauso aufschlussreich ist ein Blick auf die in der DDR erschienenen Bücher. Auch dazu gibt es eine verdienstvolle Bibliographie, in ähnlich einsamer, jahrelanger Arbeit zusammengetragen von der einstigen Leiterin der Bibliothek der Jüdischen Gemeinde in Ostberlin, Renate Kirchner: «Jüdisches in Publikationen aus DDR-Verlagen 1945–1990».[52] Die Bücher sind in der Aufstellung durchnummeriert, sodass das Ergebnis leicht ablesbar ist: Es sind 1086 Titel. Sicher kann man im Einzelfall streiten, ob dieser oder jener Band dazugehört oder andere fehlen. Aber die Tendenz ist eindeutig: Das jüdische Thema war überaus präsent. Die Bibliographie umfasst alle Themen – jüdische Geschichte, Religion, Philosophie, Kultus und Brauchtum, Lebens- und Werkbetrachtungen bekannter Juden, Antisemitismus und Rassismus, jüdisches Leben in anderen Ländern, insbesondere die Welt der Ostjuden, auch Palästina und Israel. Fast genau die Hälfte aller Bücher aber widmet sich dem Thema: Nationalsozialismus und Judenverfolgung. Die meisten davon, nämlich 302, waren Sachbücher, Biographien, Tagebücher, Briefbände, auch einzelne Diplomarbeiten und Dissertationen, die der Jüdischen Bibliothek zum Dank für Unterstützung übergeben wurden. Viele davon waren sachliche Faktensammlungen, andere unverkennbar der Systemauseinandersetzung und dem Legitimationsbedürfnis der DDR untergeordnet. So unterschiedlich sie waren, kann man ihnen eine verinnerlichte, humanistische Grundhaltung und einen tiefempfundenen Antifaschismus schwerlich absprechen.**

** Ausgewählte Beispiele für in der DDR erschienene Sachbücher zum Thema Völkermord an den Juden: Georg Lukács: *Der Rassenwahn als Feind des menschlichen Fortschritts* 1945, Vasilij Grossman: *Die Hölle von Treblinka*, aus dem Russischen 1946, Jeanette Wolff: *Sadismus oder Wahnsinn. Erlebnisse in den deutschen KZs* 1946, Konstantin Simonow: *Ich sah das Vernichtungslager Majdanek*, aus dem Russischen 1947, V. Klemperer: *LTI* 1947,

Ohne den im Raum stehenden, monströsen Vorwurf der Unterdrückung jüdischer Themen in der DDR könnte ich mir den nun vielleicht schon pedantisch wirkenden Hinweis sparen, dass zu dem auch ästhetisch heiklen Thema Holocaust, für das erst eine Sprache gefunden werden musste, außerdem 238 belletristische Werke erschienen. Romane, Erzählungen, Novellen, Gedichtbände, Dramatik und Kinderbücher, in denen der Völkermord zentrales oder wesentliches Thema ist. (Darunter von DDR-Autoren wie Anna Seghers, Bruno Apitz, Jurek Becker, Johannes Bobrowski, Franz Fühmann, Stephan Hermlin, Stefan Heym, Walter Kaufmann, Günter Kunert, Fred Wander, Arnold Zweig. Westdeutsche Autoren wie

Der Nürnberger Prozess, Aus den Protokollen 1952, Wolfgang Vogel, Dissertation: *Die Wiedergutmachung faschistischen Unrechts in der DDR* 1952, Lord Russel of Liverpool: *Geißel der Menschheit*, kurze Geschichte der Nazikriegsverbrechen 1955, Müller-Hegemann: *Zur Psychologie des deutschen Faschisten* 1955, *Die Todesfabrik*, aus dem Tschechischen 1957, *Faschismus – Ghetto – Massenmord*, aus dem Polnischen 1960, *Das Tagebuch des Dawid Rubinowicz*, aus dem Polnischen 1961, *Kleine Festung Theresienstadt*, aus dem Tschechischen 1963, *Therapie der Erschöpfung und vorzeitigen Vergreisung bei Verfolgten des Faschismus* 1964, F. K. Kaul: *Der Fall des Herschel Grynszpan* 1965, *Eine Auschwitz-Dokumentation* 1966, H. Eschwege: *Kennzeichen J.* 1966, Hrsg. Heinrich Fink: *Den sechs Millionen, die keinen Retter fanden* 1968, Bernard Goldstein: *Die Sterne sind Zeugen* 1969, *Juden unterm Hakenkreuz*, Verlag der Wissenschaften 1973, Kurt Pätzold: *Faschismus Rassenwahn Judenverfolgung* 1975, *Kunst und Kultur im antifaschistischen Exil*, 7 Bände, 1979–1981, V. Pozner: *Abstieg in die Hölle. Zeugnisse über Auschwitz* 1982, R. Hirsch: *Um die Endlösung*, Prozessberichte 1982, Heinrich Mann: *Der Hass* 1983, Günter Hartung: *Literatur und Ästhetik des deutschen Faschismus* 1983, Kurt Pätzold: *Verfolgung – Vertreibung –Vernichtung. Dokumentation des faschistischen Antisemitismus* 1983, Slavomir Horsky: *Verbrechen, die nicht verjähren*, aus dem Tschechischen 1984, *Medizin im Faschismus* 1985, Schuder / Hirsch: *Der gelbe Fleck. Wurzeln und Wirkungen des Judenhasses in der deutschen Geschichte* 1987, Erika Mann, Einführung Thomas Mann: *Zehn Millionen Kinder. Die Erziehung der Jugend im Dritten Reich* 1988, *Europa unterm Hakenkreuz*, 4 Bände 1988, *Judenhass und Judenmord. Unerklärlich! Unbegreiflich?* Friedrich-Schiller-Universität 1990.

Ilse Aichinger, Alfred Andersch, Paul Celan, Peter Härtling, Heinar Kipphardt, Wolfgang Koeppen, Luise Rinser und Peter Weiss wurden in DDR-Verlagen genauso verlegt wie die Generation davor: Lion Feuchtwanger, Frank Leonhard, Klaus Mann, Erich Mühsam, Erich Maria Remarque, Nelly Sachs, Franz Werfel. Schließlich wurde auch viel übersetzt, besonders aus Osteuropa: Josef Bor, Tibor Déry, Ladislav Grosman, Imre Kertész, Anatoli Kusnezow, Stanislaw Lem, Icchokas Meras, aber auch Natalia Ginzburg, Primo Levi, Elie Wiesel oder Jorge Semprún.)

Worüber es bisher keine Analysen gibt, das sind die Beiträge der Theater, der Musik, der Bildenden Kunst oder der Hörspiele und Features im Rundfunk. Dagegen existiert eine Untersuchung über die Behandlung des Völkermords im Deutschunterricht. Fazit des Autors Matthias Krauß über den Beitrag der DDR: «Ihre ‹Nationalkultur› legte eindringliche und erschütternde Zeugnisse der faschistischen Judenverfolgung vor, es lässt sich begründet behaupten, dass die wichtigsten deutschen künstlerischen Zeugnisse zu diesem Thema in der DDR entstanden sind und nicht in der Bundesrepublik. Davon war der Deutschunterricht im sozialistischen Teil Deutschlands nicht allein berührt, davon war er durchtränkt.»[53]

Der Schatten des Zeugen Schattmann

Das alles erklärt, weshalb entgegen Behauptungen aus jüngster Zeit die Holocaust-Serie beim ostdeutschen Publikum längst nicht diese aufrüttelnde Wirkung hatte wie im Westen. Aber auch, weshalb die eigene Serie «Die Bilder des Zeugen Schattmann» mit einer durchschnittlichen Sehbeteiligung von 28 Prozent unter den Erwartungen geblieben war. Die Zuschauer-Analyse ergab, dass das Gesehene nur zwei Drittel stark berührt hat, die Übrigen gewannen «den Eindruck, etwas zu sehen, was durch die Häufigkeit der Behandlung dieses Themas nicht mehr so ergreifend wirkte».

Auch an dieser Serie könnte sich erweisen, wie die Debatte weitergeht. Denn diesen Schattmann verfolgt ein Schatten, der bis heute stört. Er ist Zeuge, er macht eine Aussage im Globke-Prozess. Im Film eher eine Nebenszene, schrillen dennoch sämtliche Alarmglocken. Da hilft es wenig, dass der Autor Peter Edel (eigentlich Peter Hirschweh) diese Zeugenaussage im wirklichen Leben, im wirklichen Prozess gemacht hat. Für Kunst ist der Verweis auf ihre Authentizität fürwahr kein Nachweis ästhetischer Qualität. In diesem Fall hat das Wissen um die dokumentarische Brisanz des Auftritts aber beklemmende Wirkung.

Dieser Peter Edel, aus einer bürgerlichen Berliner Familie stammend, konnte wegen der Rassengesetze das Gymnasium nicht beenden und nahm illegal Zeichenunterricht bei Käthe Kollwitz. Versuche, ins Exil zu gehen, misslangen, ein Großteil seiner Verwandten und seine erste Frau wurden in Auschwitz umgebracht. Er selbst überlebt dieses Vernichtungslager nur, weil er als bildender Künstler nach Sachsenhausen zum Geldfälschen verlegt wird. Noch im Lager beschließt er, Kommunist zu werden, als Konsequenz des Erlittenen. Nach der Befreiung versucht er es in Österreich als Journalist und Graphiker, später in Westberlin, ab 1947 in Ostberlin. Häufig suchen ihn Fieberanfälle heim, die einige Tage andauern. Im Fieberwahn durchleidet er immer wieder Auschwitz. Danach kann er sich an nichts erinnern.

Davon befreit hat er sich mit seinem autobiographischen Roman, der 1969 erschien. Bis 1989 erlebte der *Schattmann* 12 Auflagen, danach keine mehr. Die vierteilige Verfilmung lief im Fernsehen alle drei, vier Jahre erneut, auch nachmittags im Schulprogramm, sonst zur besten Sendezeit, mit Wiederholung am nächsten Morgen, zuletzt 1988. Man kam an diesem Film eigentlich nicht vorbei, wer ihn nicht gesehen hat, wollte ihn nicht sehen. Das ist selbstverständlich völlig in Ordnung, viele sahen das Staatsfernsehen so gut wie nie. Ich hatte mich, nach einigen Jahren des Herumärgerns und vergeblichen Bemühens um neue Themen, 1981 als Redakteurin auch daraus verabschiedet. Nur sollten diejenigen, die sich bis heute nicht sachkundig gemacht haben, nicht so tun, als wüssten sie, was damals gelaufen ist.

Ich erinnere mich nicht, ob ich einst alle Teile der Serie gesehen habe. Die Bücher von Peter Edel las ich jedenfalls nicht. Auch ich hatte meine Vorurteile. Unter den DDR-Autoren gehörte Edel politisch zu den Hardlinern. Er war nicht mit denen befreundet, zu denen ich mich hingezogen fühlte. Zwar hielt er als Genosse Kontakt zur Jüdischen Gemeinde und weigerte sich 1967 auch, eine israelkritische Erklärung zu unterschreiben. Als aber Kollegen, darunter auch jüdische, Opfer der DDR-Kulturpolitik wurden, zeigte er sich nicht solidarisch. Stattdessen glaubte er 1979 in einem Brief an seinen in der NS-Zeit auch inhaftierten Genossen Honecker betonen zu müssen, dass er ganz hinter seiner Politik stünde. Es sei ihm «ein inneres Bedürfnis, dies die Partei wissen zu lassen». Über die Anlehnungsbedürfnisse derart verwaister, traumatisierter Menschen habe ich mir keine Gedanken gemacht.

In seinen letzten Jahren wurde Peter Edel von der Stasi als IM geführt. Er sollte vor allem im Internationalen PEN Einfluss im Sinne der DDR-Kulturpolitik nehmen. Doch da war er schon schwer krank. Es gab Kontakte und Berichte, aber übermäßig aktiv ist er nicht mehr geworden. Mit 61 Jahren ist Peter Edel gestorben.

Ist einer wie er es heute wert, als Zeitzeuge wahrgenommen zu werden? Der vierteilige Film nach seinem Roman hat Schwächen, ist aber allemal besser als der bislang gesendete Hitler-Hype. Was könnten das für spektakuläre, die innere Einheit befördernde Fernsehabende werden: Das ZDF übernimmt die Serie zur besten Sendezeit. Nach der ersten Folge sendet sie im Anschluss eine kritische Dokumentation über Trauma, Treue und Verrat unter diktatorischen Verhältnissen sowie über den Beitrag von Kunst in beiden Teilen Deutschlands zu dem anhaltenden Entsetzen am Vollzug der Shoa, bei gleichzeitig offenbar zunehmend blockiertem Mitgefühl mit dem Leid ihrer Opfer.

Nach der zweiten Folge könnte eine Dokumentation darüber

laufen, wo Propaganda beginnt und Verharmlosung endet. Mit Ausschnitten aus dem Dokumentarfilm des DDR-Fernsehens von Walter Heynowski: *Aktion J.* von 1961. 4000 Originaldokumente, bis dahin nie gesehenes Filmmaterial und Zeugenaussagen belegen darin die Mitschuld von Hans Globke an der Ermordung von sechs Millionen Juden. Dürfte dabei erwähnt werden, weshalb es Fritz Bauer nicht gelungen ist, dem Eichmann-Prozess in Jerusalem auch einen Globke-Prozess folgen zu lassen? Weil nämlich Adenauer erheblichen Druck auf Israel ausübte, das wirtschaftlich in einer äußerst angespannten Lage und von seinen Nachbarn bedroht war. Als Eichmann ergriffen worden war, stoppte die Bundesregierung geplante Verträge über Kredite und Rüstungsgüter. Adenauer ließ ausrichten, wenn im Prozess das Ansehen der Bundesrepublik beschädigt würde, gäbe es kein Geld und keine Waffen mehr. Ministerpräsident Ben Gurion soll selbst in die Anklageschrift eingegriffen und die Schuld der Deutschen vor 1945 abgemildert haben.[54] Der Prozess konzentrierte sich dann ganz auf Eichmann, den «größten Verbrecher seiner Zeit», und ließ Globke außen vor. Als klar war, dass keine weiteren Unannehmlichkeiten mehr folgen würden, floss der Kredit- und Waffenstrom weiter.

Nach dem dritten Teil von «Die Bilder des Zeugen Schattmann» im ZDF schlösse sich ein nachdenklicher Essay zu einem im Film zitierten Gedanken von Friedrich Engels an: «Antisemitismus ist das Merkzeichen einer zurückgebliebenen Kultur.» Was und wer dominiert die Kultur, hierzulande und weltweit? Warum fällt sie zurück, statt, wie Technik und Wissenschaft, den Fortschritt vor sich herzutreiben? Das könnte eine Neugier auf die inhaltlich und ästhetisch gültigsten, antifaschistischen Kunstwerke beider Seiten wecken.

Nach dem letzten Teil schließlich würde eingeräumt, dass es hoch gefährlich wäre, weitere 30 Jahre mit gegenseitigen Vorwürfen zu verlieren, wessen Umgang mit dem NS-Erbe der untauglichste war. Stattdessen ließe sich auf den rationalen Kern beider Seiten besinnen, versuchte man eine Synthese aus ökonomisierender Klassentheorie und psychologisierender Individuallehre. So könnte ein gegenseitiger Lernprozess beginnen. Die Grundhaltung gegen den Faschismus wäre nicht mehr Gegenstand von Ächtung, sondern würde zur vordringlichen Gemeinsamkeit im Überlebenskampf gegen den Vormarsch der Neofaschisten. Erst wenn sich der verschnürte Diskursbereich diesem Freiraum öffnen würde, könnte man mit Fug und Recht von Paradigmenwechsel sprechen.

Antisemitismus in der DDR? – Grundweg falsches Bild

Zu den schweren Geschützen gegen den DDR-Antifaschismus gehörte nach dem Beitritt, passend zur Unterstellung, Holocaust und Judentum seien kein Thema gewesen, auch die Behauptung eines latenten bis gravierenden Antisemitismus. Damit wurde den 2000 Filmen und Büchern zum Thema, deren Existenz hartnäckig ignoriert wurde, auch noch ihre Wirkungslosigkeit bestätigt.

Angesichts des exzessivsten Rassismus, den die Welt je erlebt hatte, war es ausgeschlossen, dass sich nach 1945 in großen Teilen der deutschen Bevölkerung in Ost und West kein Antisemitismus erhalten hätte. Vor beiden deutschen Regierungen stand die Aufgabe, diesem Erbe entgegenzutreten. Historiker und Publizisten haben bei der Suche nach den überzeugenderen Ansätzen die einmalige Chance, so etwas wie Parallelforschung betreiben zu können. Zwei Landeshälften mit derselben schuldbeladenen Ausgangsposition schlagen zwei beinahe konträre Wege ein. Das ermöglicht komparative Forschung – in anderen Disziplinen eine wissenschaftliche Selbstverständlichkeit.

In den letzten 30 Jahren fanden sich für Vergleiche allerdings immer nur dann Geldgeber, wenn absehbar war, dass der Westen besser abschneidet. Die Finanzierung für die Erforschung von Schändungen jüdischer Friedhöfe in ganz Deutschland, von der Weimarer Republik bis in die Gegenwart, sei leider nicht bewilligt worden, bedauerte der Historiker Wolfgang Benz 2007 bei einer Veranstaltung im Berliner Centrum Judaicum. «Vielleicht will man sich mit so was Negativem nicht beschäftigen», spekulierte er ironisch. Umso dankbarer müsse man sein, dass die Bundesstiftung zur Aufarbeitung der SED-Diktatur wenigstens die Dokumentation «Schändungen jüdischer Friedhöfe in der DDR»[55] gefördert habe. Wenn es um die DDR-Geschichtsschreibung geht, kann es bekanntlich gar nicht negativ genug sein, um staatliche Aufträge zu bekommen. Da aber Wahrheitsfindung immer positiv ist, bleibt das von der Autorin Monika Schmidt besorgte Zusammentragen von 85 Fällen von Schändungen jüdischer Friedhöfe in der SBZ / DDR auf wohl unvorhergesehene Weise aufschlussreich.

Die auf der gutbesuchten Veranstaltung vorgetragenen Vorkommnisse sensibilisieren für das Bewusstsein, dass Tragödien nicht zu Ende sind, wenn der Vorhang fällt. Wenn es so viel mehr Tote als Lebende gibt – wer übernimmt ein würdiges Gedenken? Die sechs eher winzigen jüdischen Gemeinden der DDR waren hoffnungslos überfordert mit der Pflege ihrer fast 300 Friedhöfe. Und staatliche Stellen, ihrerseits überfordert, Wohnungen vor dem Verfall zu bewahren, verschlossen auf beschämende Weise die Augen vor Verwahrlosungen oder sich bedienenden Steinmetzen, die nahmen, worauf niemand mehr Anspruch erhob. So wurden viele der einst «guten Orte» zu verwilderten Abenteuerspielplätzen, auf denen das Umstürzen von verwitterten, wackligen Steinen als Mutprobe galt. Oft wurden Kinder oder Jugendliche erwischt, bei denen das Versagen von Elternhaus und Schule durch nachträgliche Aussprachen wettgemacht werden sollte. In relativ wenigen Fällen wurden Hakenkreuzschmierereien oder antisemitische Parolen wie «Juden raus» entdeckt. Nie ist auch nur ein Erwachsener als Täter ermittelt worden, ob beabsichtigt oder nicht, bleibt offen.

Weitgehend unerwähnt blieb dieser Vandalismus in den DDR-Medien, in denen sowieso beinahe alles Unangenehme verschwiegen wurde – erst recht, wenn etwas auf mangelnde antifaschistische Gesinnung schließen ließ. Die Gemeinden fürchteten bei Publizität wohl auch, Nachahmer erst auf Ideen zu bringen. Der nicht unerhebliche

Vandalismus auf christlichen, kommunalen oder russischen Friedhöfen in der DDR bleibt in dem Bändchen ausgeblendet. Erwähnt werden weder der Ministerratsbeschluss über die Denkmalpflege auf jüdischen Friedhöfen noch die jährliche Förderungssumme.

Der Untersuchungsgegenstand wurde so lange segmentiert und aus störenden Kontexten gerissen, bis er der gewünschten Missdeutung zugänglich war. Man sollte meinen, solche Praktiken lägen endlich hinter uns. Markus Meckel, ostdeutscher Ratsvorsitzender der Stiftung zur Aufarbeitung der SED-Diktatur, gab bei der Buchvorstellung in dankenswerter Schlichtheit die erwünschte Lesart vor: Es handele sich hier um ein «kleines, aber feines Buch, das aufräumt mit der Meinung von DDR-Intellektuellen, der konsequente Antifaschismus sei das Positive an der DDR gewesen». Dieses «grundweg falsche Bild» könne nicht mehr aufrechterhalten werden, da die Dokumentation belege, dass der Antisemitismus in der DDR tiefer verwurzelt war als gedacht. Besonders fein ist dann auch das Fazit des Buches, das dem Lieblingsmythos der Nachwende-Propaganda entnommen zu sein scheint: Die Ideologie des Antifaschismus habe die konkrete Auseinandersetzung mit NS-Judenverfolgung und jüdischer Geschichte nicht erlaubt.

Die Organisatoren hatten bei jener Buchpräsentation der Gefahr einseitiger Geschichtsschreibung durch einen erschütternden Lichtbildervortrag von Marion Neiss vom Zentrum für Antisemitismus-Forschung vorgebeugt. Dem war zu entnehmen, dass von 1945 bis 1989, im selben Zeitraum also, in dem in der DDR die beschämenden 85 Schändungen passierten, in Westdeutschland 1400 Übergriffe auf jüdische Friedhöfe stattgefunden hatten. In vielen Fällen verbunden mit Schmierereien, die einen extremen Judenhass erkennen ließen, wie: «6 Millionen sind zu wenig.» In den 17 Jahren seit der Wende waren in Westdeutschland bereits wieder erschreckende 650 Schändungen zu verzeichnen. Die Zerstörungen, so sah man auf den Fotos, waren nicht selten mit schwerer Technik begangen worden. 1998 wurden Grab und Grabsteinplatte des ehemaligen Vorsitzenden der

Westberliner Gemeinde, Heinz Galinski, durch zwei schwere Sprengstoffanschläge vollkommen zerstört.

In diesem Kontext drängt sich plötzlich ein ganz anderer Schluss auf als der von Meckel intendierte: Wie immer der in der DDR oft undifferenziert praktizierte Antifaschismus zu bewerten ist – seine sowohl tabuisierende wie auch aufklärerische Substanz war offensichtlich wirksamer als alle westdeutschen Versuche. Aus einer repräsentativen *Spiegel*-Umfrage ging 1992 hervor, dass die Einwohner der neuen Bundesländer nur zu 4 Prozent antisemitisch seien, die der alten aber zu 16 Prozent. «Durchgängig äußern sich Ostdeutsche weniger antisemitisch, rechtsradikal und ausländerfeindlich als die Westdeutschen», hieß es da.[56] Selbst bis vor etwa zehn Jahren war der Antisemitismus im Osten nur halb so verbreitet wie im Westen?[57] Erst in den letzten Jahren nähern sich die Werte langsam an – die innere Einheit in ihrer unerwünschten Form.

Ein weiterer Grund, weshalb der Antisemitismus, der ja christlichen Ursprungs ist, in Ostdeutschland weniger verwurzelt war, mag in der dort herrschenden Säkularität liegen. Der religiöse Urstreit über den wahren Messias hat hier die wenigsten interessiert. Ein gewisses Desinteresse an Trennendem verbindet. Wie ja auch niemanden interessiert hat, dass in Spitzenpositionen der Partei, der Regierung, der Diplomatie, der Justiz, der Medien und Kultur in der DDR immer deutlich mehr Juden waren als in Westdeutschland. Wo sie, ob religiös oder nicht, so gut wie keine Chance hatten.

Israel und die zwei «Täterstaaten»

Ging es um die Beziehung zu Israel, überwog in der Geschichtsschreibung der letzten 30 Jahre ein Bild, das von antisemitischer DDR-Feindschaft und aufrichtiger BRD-Freundschaft gezeichnet ist. Wirkmächtige Verdikte, gilt doch ein unkritisches Verhältnis zu Israel als Gradmesser für ein gutes Verhältnis zu den Juden. Ein äußerst sensibles Metier, denn jedem Humanisten ist dieses gute Verhältnis nicht nur selbstverständlich, sondern ein Bedürfnis, und er reagiert verletzt, wenn ihm dies abgesprochen wird. Als Bruno Kreisky, bislang einziger Jude an der Regierungsspitze eines deutschsprachigen Landes, von Schimon Peres gefragt wurde, warum er gegen Israel eingestellt sei, antwortete er: «Wäre ich nicht gegen Euch, könnte ich Euch nicht helfen.» Deutsche sollten mit solcher Hilfe allerdings äußerst sensibel umgehen, wenn sie ihnen überhaupt zusteht.

Ich habe mich immer wieder ausführlicher an dieser schwierigen Thematik versucht, zuletzt in einem Blog auf *kontext.tv*.[58] Ich muss hier, bei meiner 30-Jahre-Bilanz, einigermaßen auf der Hauptstraße bleiben. Daher nur winzige Spots gegen die etablierte Schwarz-Weiß-Malerei: Den Vorwurf, die DDR habe nicht mal diplomatische Beziehungen zu Israel unterhalten, hört man immer wieder. Dass er richtig ist, heißt nicht, dass es keine Erklärungsversuche geben darf. Als Israel nach dem Sinai-Krieg von 1956 im Nahen Osten isoliert war, entstand sein Wunsch, mehr diplomatische Beziehungen aufzunehmen, auch zu *beiden* deutschen Staaten.[59] Die Bundesrepublik wies dieses Ansinnen zurück, bestand sie doch auf ihrem Alleinvertretungsanspruch, wonach die BRD keine diplomatischen Beziehungen zu Staaten haben durfte, die die DDR anerkannt hatten – die Hallstein-Doktrin. Andererseits bestand man auf dem Grundsatz, dass Handelsbeziehungen Vorrang vor Moral haben, weshalb das Verhältnis zu den arabischen Staaten nicht gefährdet werden durfte. Diese hatten mit Abbruch und Anerkennung der DDR gedroht, falls die BRD Israel anerkennt. Das zu verhindern war vordringlicher als aller behauptete Philosemitismus.

Erst 20 Jahre nach dem Krieg, als die Anerkennung der DDR durch die arabischen Staaten nicht mehr aufzuhalten war, hat die BRD im Gegenzug Israel anerkannt. Dass die Bundesregierung als ersten Botschafter nach Tel Aviv einen einstigen Wehrmachtsoffizier schickte, war nicht sensibel, aber die Auswahl im Auswärtigen Amt war begrenzt.

Nach dem Sechstagekrieg von 1967 brachen alle osteuropäischen Staaten ihre diplomatischen Beziehungen zu Israel ab und übertrugen die Vertretung allein auf Rumänien. Mit der DDR war es wegen ihrer Weigerung, sich an Entschädigungszahlungen zu beteiligen, noch zu keinen Verhandlungen gekommen. Letztlich hat jede Seite nur für die Opfer im Bereich ihrer politischen Verbündeten bezahlt. Die Summe, die die kleine DDR an Reparationen an die Sowjetunion und Polen erbracht hat und damit indirekt auch an die dort lebenden Juden, entsprach ziemlich genau der Summe, die die große Bundesrepublik an Israel zahlte. Dass aus dem antifaschistischen Credo der DDR keine gesonderte Verpflichtung gegenüber den Juden in Israel erwuchs, ist genauso bedauerlich wie der Umstand, dass sich aus dem philosemitischen Credo der Bundesrepublik keine gesonderte Verpflichtung gegenüber der größten jüdischen Opfergruppe, nämlich der osteuropäischen, ergab.

In der DDR sind die jüdischen Überlebenden und ihre Kinder auf eine ambivalente, wenig bekannte Art entschädigt worden: mit Sozialleistungen. Die Verfolgten des Nationalsozialismus bekamen 1946 bevorzugt Lebensmittelkarten, sie verfügten über höhere Renten und mehr Urlaub als die übrigen Bürger, sie hatten eigene Urlaubs- und Kurheime und eine bessere medizinische Betreuung, sie wurden bei Wohnungszuweisungen und in ihren Bildungs- und Berufswegen mit Stipendien und Zulassungen vorzugsweise gefördert und bei der Zuteilung von Mangelwaren, wie etwa Telefonanschlüssen, wenn möglich bedacht. Unter Honecker waren für sie und jeweils eine Begleitperson alle öffentlichen Verkehrsmittel, einschließlich der Reichsbahn, kostenlos. Antisemitismus ist etwas anderes.

Das bestätigen auch biographische Interviews, die der Autor Wolfgang Herzberg im Auftrag des «Leo-Baeck-Institutes New York» nach der Vereinigung mit über 60 ostdeutschen Juden gemacht hat. Eine Unzufriedenheit mit dieser eher am Sozialen und nicht am Besitz orientierten Art der Entschädigung, die im Übrigen nach der Wende wegfiel, kam bei den Befragten nicht vor. Und auch Antisemitismus-Erfahrungen wurden meist bestritten oder nur marginal beschrieben. Am ehesten bei unreflektierten Redewendungen im Alltag. Solche überkommenen Vorurteile waren niemals mit Gewalt gegenüber Menschen verbunden und gingen selbstverständlich nie von staatlichen Stellen aus.

Feindselige Äußerungen gegenüber Israel von Journalisten und auch Politikern zogen sich allerdings durch die Berichterstattung. In den DDR-Medien war klar: «Die Nato stand hinter dem Aggressor Israel.» Dieser war zur «imperialistischen Speerspitze» erkoren und wurde nun unsensibel in klassenkämpferischen Klischees beschimpft. Es war unerträglich, wenn einzelne DDR-Kommentatoren sich nicht entblödeten, das militärische Vorgehen Israels in die Tradition von NS-Verbrechen zu stellen.

Es stand aber auch westdeutschen Medien nicht zu, die Juden aus schlechtem Gewissen mit unverhohlenem Traditionsbewusstsein in ebenjene unverschämte Ecke zu loben. Für ihr «stählernes Soldatentum» im «Blitzkrieg», in dem sie «wie Rommel» gerollt seien. Offenbar wehrmachtsähnlich «schossen sie sich in die Herzen jenes Volkes, in dessen Namen sie einst ausgerottet werden sollten».[60] Ach, hätten sich die Juden nur eher herzenschießend bewährt, dann wäre ihnen manches erspart geblieben. Im selben *Spiegel* wurden die Deutschen gelobt, die bereit waren, für die israelischen Soldaten Blut zu spenden: «Arisches Blut floss für die Juden.» Hier wurden NS-Klischees direkt bedient.

Doch es gab nicht nur anbiederndes Lob aus der Bundesrepublik. Von der außerparlamentarischen Opposition bis in die Regierung kamen die heftigsten Angriffe. Als nach dem Tod von Benno Ohnesorg Günter Grass an der TU Berlin eine Solidaritätserklärung mit Israel forderte, lehnten die Studenten diese mit der Begründung ab, Israel sei ein Repräsentant des westlichen Imperialismus, eine Marionette des Pentagon und der CIA, es müsse deshalb entschieden bekämpft werden. Nach dem Einmarsch Israels in den Libanon war in einem «Grünen Kalender» von «jüdischem Unrechtsstaat» und israelischer

«Mörderbande» die Rede. Die Grünen behaupteten dort: «Jüdische Söldner bereiten die ‹Endlösung› der Palästinafrage vor.»[61]

Angesichts der Öl-Krise mussten die arabischen Staaten bei Laune gehalten werden. 1980 bezeichnete Kanzler Schmidt den israelischen Ministerpräsidenten Begin als «Gefahr für den Weltfrieden». Wenig später sprach er im Fernsehen von dem Leid, das Deutschland über andere Völker gebracht hat, ohne die Juden zu erwähnen. Unmittelbar darauf machte Begin das deutsche Volk und den «früheren Oberleutnant Schmidt» für die Verbrechen am jüdischen Volk verantwortlich. Die beiderseitigen Beziehungen erreichten ihren Tiefstand – einen solchen Affront hatte es nicht mal gegenüber der DDR mit ihrer feindlichen Rhetorik gegeben.

Es macht die Sache nicht besser, aber auch nicht schlechter, daran zu erinnern, dass eine scharfe Tonlage gegenüber der israelischen Politik damals kein allein gesamtdeutsches Spezifikum war. Die UN-Generalversammlung hatte den Zionismus unreflektiert als Form von Rassismus verurteilt, in Vietnam und Angola sprach man genauso von Aggressionskrieg wie in Österreich, Australien oder Zypern. Dessen Präsident schreckte nicht davor zurück, die Flüchtlingslager mit KZs zu vergleichen. Das alles war mehr oder weniger Zeitgeist.

Doch was die Welt darf, dürfen Deutsche noch lange nicht. Es steht Ost- und Westdeutschen ein für alle Mal nicht zu, die Quelle ihres Schuldgefühls mit Schuld zu beladen, um sich zu entlasten. Der nahe Osten wurde zum Entsorgungsfeld für eigene Geschichte. Und dies sowohl praktisch, durch die Gründung des Staates Israel, wie auch reflektorisch, durch Wertung der sich daraus ergebenden Konsequenzen. Die psychische Entlastungsstrategie zeigt andererseits, wie sehr die Kriegsgeneration und ihre Nachkommen, bewusst oder unbewusst, mit ihrer Verantwortung ringen. Auch mit psychologisch produktiven, aber politisch kontraproduktiven Mitteln. Daraus zweifellos auf Antisemitismus zu schließen ist in den letzten 30 Jahren allerdings nur gegenüber den Ostdeutschen praktiziert worden. Kontraproduktiv.

Antifaschismus war nach der Schreckensherrschaft der Nazis gerade in Deutschland die einzig folgerichtige Antwort. Ob ein Staat einen verordneten, instrumentalisierten, verlogenen oder wahrhaftigen Antifaschismus zur Grundlage hat, dafür gibt es letztlich nur ein Kriterium – welche Politik er macht. Vergleichbare nazifreundliche Verordnungen und Handlungen, wie von bundesdeutschen Institutionen oben beschrieben, hat es in der DDR nicht gegeben.

Antifaschismus steht für: nie wieder! Und damit ist er völlig ausgelastet. Mit Ursachenforschung, Präzisierung der Geschichtsschreibung, Synthese aus ökonomisierender Faschismus- und psychologisierender Totalitarismustheorie, mit Gedenken und Sprachkritik. Schon der Begriff Nationalsozialismus ist ein Propagandabegriff. Ernst Bloch sprach von «sogenanntem Nationalsozialismus», auch andere Autoren lehnten es ab, sich diesen demagogischen Begriff der deutschen Faschisten aufzwängen zu lassen. Die Verkürzungen Nazismus, Nazi oder NS haben sich allerdings so neutralisiert und alternativlos durchgesetzt, dass ich nicht umhinkomme, sie zu benutzen. Das Beharren auf der Fragwürdigkeit des Begriffes sollte jedoch nicht unerwähnt bleiben.

Das in der DDR vermittelte Wissen über die Klassenkräfte, die hinter dem deutschen Faschismus standen, möchte ich nicht missen. Der hiesige Hitler-Hype verstellt die Sicht darauf, dass es schon vor dem Anstreicher aus Braunau organisierten Faschismus gab. Der *Alldeutsche Verband*, 1891 von dem Kolonialpionier Carl Peters gegründet, vertrat nationalextremistische Positionen, zu denen die «planmäßige rassische Höherentwicklung des deutschen Volkes» und die «Bekämpfung der jüdischen Vorherrschaft» genauso gehörten wie der Ausbau einer imperialen Kolonialpolitik, die Aufrüstung der deutschen Flotte und Armee und im 1. Weltkrieg weitreichende Annexionspläne in Europa, Asien und im Nahen Osten. Der Verband wurde dominiert von reaktionären Kreisen des Besitzbürgertums, von Großindustriellen, Adligen, Großgrundbesitzern und Militärs. Sein späterer Vorsitzender, der Jurist Heinrich Claß, hatte es in frühen Schriften abgelehnt, den «verkommenen oder halb tierischen russischen Bauern, den Schwarzen aus Ostafrika oder den unerträglichen Juden Galiziens» als «zur Menschheit gehörig zu lieben». Anfang der 1920er Jahre, als die Nazipartei noch nach wenigen 100 zählte, hatte der *Alldeutsche Verband* 52 000 Mitglieder. Claß nannte den Nationalsozialismus «ein Kind des Alldeutschen Verbandes» und gehörte 1933 folgerichtig als Gast zur Fraktion der NSDAP im Reichstag.

Die Eigentumsstrukturen der NS-Wirtschaft hatten mit Sozialismus rein gar nichts zu tun. Aber auch die von der Gesellschaft mehrheitlich verinnerlichten Werte, die Akzeptanz von Terror, Rassismus und nationalem Größenwahn, verbieten sich in jedem nicht deformierten Sozialismus. Sein oberstes Kriterium ist Internationalismus. Nicht Herrenrasse, sondern Solidarität. Nicht: Proletarier aller Länder bekriegt und unterwerft, sondern vereinigt euch. Ein nationaler Sozialismus ist keiner, erst recht kein völkermordender und kriegsverheerender. Nationalsozialismus – ein Hohnwort, das auch nach dem Krieg und dann wieder verstärkt nach der Wende dazu taugte, sozialistische Ansätze zu diskreditieren.

Den Antifaschismus begleitet, neben seiner reflektierenden Funktion, vor allem der moralische Imperativ zum Widerstand gegen Neofaschismus. Seine Hauptaufgabe ist, dazu beizutragen, dass Geschichte sich nicht wiederholt. Aber sollte er nicht darüber hinaus auch die Gegenfrage nach einer humanistischen Gesellschaftsordnung beantworten? In diese Falle sollte er nicht tappen. Selbstverständlich müssen Antifaschisten ihre Meinung über ein Wirtschaftssystem sagen dürfen, das Profit über das Schicksal von Menschen stellt, und für einen Gegenentwurf werben dürfen, ohne gleich als Verfassungsfeinde behandelt zu werden. Aber das vordergründige Ziel des Antifaschismus kann es nicht sein, eine politische Zukunftstheorie anzubieten. Er ist nicht der Oberguru über alle Gesellschaftswissenschaft und erst recht keine Institution für künftige Wahrheiten. Er steht für das Durchlittene: nie wieder! Der Antifaschismus ist dafür, dass er gegen den Faschismus ist. Um das Pro sollen alle gesellschaftlichen Kräfte konkurrieren, die Rosanen und die Roten, die Grünen und die Gelben und auch die Schwarzen. Um das Anti sollen sie nicht konkurrieren.

Alle Anleihen aus der Nazizeit unterliegen gesellschaftlicher Ächtung – das muss stärker spürbar sein. Diese Zielsetzung ist eng und pragmatisch. Aber es ist das, worauf es ankommt. Es ist eine Verpflichtung, auf die sich alle Demokraten einigen können sollten. Denn es geht inzwischen darum, die Machtübernahme der Neonazis zu verhindern. Diese Aufgabe ist so zentral, dass es fahrlässig ist, den Antifaschismus mit politischem Meinungskampf derart aufzuladen, bis er schließlich handlungsunfähig ist.

In der Bundesrepublik wurde Antifaschismus von Anfang an als Tarnkappe für kommunistische Unterwanderung denunziert, als «ein Mittel zur Diffamierung der BRD», wie es der Verfassungsschutz blitzschnell herausbekommen hatte. Unter dem Vorwand, dass der Gegner das Richtige missbraucht, unterließen es diese Leute, selbst das Richtige zu tun. Abusus non tollit usum – Missbrauch ist kein Grund, vom richtigen Gebrauch abzusehen.

Der totalitäre Antikommunismus bekämpft jedwede Antifa-Vereinigung mit der Unterstellung, sie strebe den totalitären Kommunismus an, der dem Faschismus im Grunde gleiche. Ein Faschismus im Kostüm des Antifaschismus. Das hat dazu geführt, dass nicht nur ein marginaler Teil eines womöglich fehlgeleiteten Antifaschismus zum Feindbild wurde, sondern jeglicher. Die Antifa und die VVN, also die in der Vereinigung der Verfolgten des Naziregimes organisierten KZ-Überlebenden, die einstigen Häftlingskomitees, Widerstandskämpfer und deren Nachkommen, wurden immer wieder verfolgt, ausgrenzt und mit Berufsverbot belegt. Dass nach der deutschen Geschichte eine solche Stigmatisierung von NS-Opfern in der Gesellschaft widerspruchslos durchgeht, dass diese nicht breite Solidarität erfahren, war mir immer befremdlich. Stattdessen bis heute bizarre Beschwörungen.

So zitierte die Presseschau des *Deutschlandfunks* am 16.3.2019 die *Badischen Neusten Nachrichten* mit einer Warnung. Die jungen *Fridays-for-Future*-Klimaschützer mögen ihrer «Sache treu bleiben» und ihren Protest jetzt gefälligst «nicht politisieren», denn es wäre gefährlich, «wenn sie gegen den Kapitalismus auf die Straße gingen und für die Antifa». Gefährlich für wen? Als könne man über das Klima reden und über den Kapitalismus schweigen. Als sei die Antifa die eigentliche Bedrohung. Wer sieht wo Gefahr? Der Unterschied zwischen der Antifa und allen übrigen liberalen Demokraten besteht letztlich in ihrem Verhältnis zum Kapitalismus. Da man diese Debatte nicht gern führt, werden die Auseinandersetzungen auf Nebenkriegsschauplätze gelenkt. Das hat dazu geführt, dass es in der Bundesrepublik keinen als ehrenwert oder auch nur als berechtigt akzeptierten Antifaschismus gibt. Die Zivilgesellschaft hat sich gegen das Diskreditieren, Kriminalisieren und Instrumentalisieren antifaschistischen Engagements nicht hinreichend gewehrt. Das ist ein Makel!

Jetzt wundert sie sich, nicht mehr genügend Mittel gegen den Neofaschismus in der Hand zu haben, oder im Kopf. Wo aber Antifaschismus nicht verordnet, sondern geächtet ist, eröffnen sich für Rechtsfundamentalisten unbegrenzte Spielräume, bis zu politischen Morden. Jetzt, wo wir schon wieder so weit zu sein scheinen, dass von Rechtsextremen unliebsame Politiker hingerichtet werden, wie einst Luxemburg, Liebknecht oder Rathenau, rufen die verständlich besorgten Politiker auf, für den Erhalt ihrer abgehobenen Demokratie auf die Straße zu gehen. Aber ist die Kluft zu den um Beistand Gebetenen nicht schon zu groß?

Verordneter Kapitalismus

Mit Beginn des Kalten Krieges änderten sich in der Bundesrepublik die Erziehungsziele in Richtung demokratischer Werte. Verordnet wurde allerdings strikt eine Demokratie nach US-amerikanischem Modell. Also eine Demokratie, die als optimaler Rahmen für einen Kapitalismus der Privateigentümer an Produktionsmitteln funktioniert. Hatte eine Mehrheit von Bürgern andere Lehren aus der Zeit des Faschismus gezogen, so wurden ihnen diese radikaldemokratischen Flausen schnell ausgetrieben. Es war ähnlich wie 1989: Der Mehrheit wurden grundlegende Anliegen verwehrt, im Namen der Demokratie.

Die Erinnerung an das Thema Verordnung mag zunächst wie eine Abschweifung erscheinen. Sie scheint mir aber wichtig zum Verständnis der diametralen Prägungen in Ost und West, die nach dem Anschluss aufeinanderprallten. Hier haben sich aus meiner Sicht gerade auch im Westen Zwecklegenden verfestigt. Wolfgang Leonhard hat im Mai 1945 auf einer internen Sitzung sehr glaubhaft Walter Ulbricht sagen hören: «Es muss demokratisch aussehen, aber wir müssen alles in der Hand haben.» Die Nachkriegspolitik der westlichen Besatzungsmächte hat gezeigt, dass in deren internen Sitzungen natürlich der gleiche Satz gefallen ist.

Beispiel Hessen. Hier hatte die US-Militärbehörde sehr schnell darauf gedrängt, dass die Ordnung durch eine neue Verfassung wiederhergestellt wird, und erließ im Februar 1946 einen detaillierten Fahrplan zu deren Ausarbeitung. Sie sollte mit einem Volksentscheid angenommen werden. So weit, so gut. Die damals handelnden Politiker waren zumeist aus Widerstand und Verfolgung gekommen, selbst die hessische CDU sprach von einem «Sozialismus aus christlicher Verantwortung». Der spätere SPD-Ministerpräsident Georg August Zinn und der von ihm hinzugezogene Heidelberger Rechtswissenschaftler Walter Jellinek nahmen federführend die Arbeit auf, wohlwollend assistiert von Politikern der CDU. Am Rande auch von den

Liberalen und der KPD, die nach den Mehrheitsverhältnissen keine große Rolle spielten.

Die Politiker hielten sich an den amerikanischen Fahrplan, wichen aber in einem zentralen Punkt ab – bei der Wirtschaftsordnung. In Artikel 41 wurde gefordert, dass sofort nach Inkrafttreten der Verfassung die Großindustrie in Gemeineigentum überführt wird: Bergbau, Kohle, Kali und Erze, dazu die Stahlwerke, die Energiebetriebe und das Verkehrswesen. Großbanken und die Versicherungen sollten unter staatliche Verwaltung genommen werden. Die US-Besatzungsmacht war entsetzt. Aber der angekündigte Volksentscheid konnte nicht mehr rückgängig gemacht werden. So ordneten sie als Ausweg an, neben der Abstimmung über die Verfassung über Artikel 41 gesondert abzustimmen. In der irrigen Annahme, so viel Sozialismus werde schon keine Mehrheit finden.

Am 1. Dezember 1946 stimmten 72 Prozent der Hessen für die Enteignung der Großindustrie. Die hessischen Bürger hatten sich für eine wahrhafte Volksverfassung entschieden. Damit entsprachen sie dem übergroßen Willen aller Deutschen. Wo immer es im selben Jahr Volksentscheide zur selben Frage gab, ob in Berlin, Nordrhein-Westfalen oder Sachsen, stimmten zwischen 70 und fast 80 Prozent für Gemeineigentum der Großindustrie. Oft war noch die Enteignung von Kriegsverbrechern und Großgrundbesitzern vorgesehen. «Die an der Spitze der gesellschaftlichen Pyramide hatten ihr Eigentum im Ganzen erhalten, und manche hatten es gemehrt, die kleinen Leute waren zu Millionen um dieses Eigentum gebracht.»[62] Die Leute waren sicher nicht übers Jahr zu Antifaschisten geworden, aber sie fühlten sich wohl betrogen und wollten die Schuldigen und deren Eigentumsbasis nicht davonkommen lassen.

Das Entsetzen der Westalliierten steigerte sich. Es soll zu hektischen Beratungen in Washington gekommen sein. Im Ergebnis wurde der Volkswille unterlaufen und die Sozialisierung mit allen Mitteln behindert. Wenn nicht durch direktes Verbot, so durch den Erlass von Ausführungsgesetzen, die alles blockierten. Gelang die

Enteignung in Einzelfällen doch, soll es Abfindungen in Millionenhöhe gegeben haben, mit denen man sich schnell wieder auf dem Markt einkaufen konnte. Was offenbar völlig aus der Erinnerung getilgt wurde, ist die historische Tatsache, dass die Westdeutschen diesen Demokratiebetrug keineswegs widerstandslos hinnahmen.

Im Oktober 1948 rief die Stuttgarter Gewerkschaftsleitung zu einer Protestkundgebung gegen die Politik des Frankfurter Wirtschaftsrates unter Ludwig Erhard auf, an der Zehntausende teilnahmen. Im Anschluss kam es in der Innenstadt zu einem Aufruhr, der von der US-Besatzungsmacht mit Tränengas, berittener Polizei und einer Panzerformation der Constabulary niedergeschlagen wurde. Am Abend hatte das Zentrum ein «kriegsähnliches Aussehen», wie die Zeitungen schrieben, und für die Nachtstunden wurde eine Ausgangssperre verhängt. Warum weiß davon heute niemand mehr?

Der bizonale Gewerkschaftsrat nutzte die allgemeine Empörung und rief für den 12. November zu einem 24-stündigen Generalstreik gegen die Politik des Wirtschaftsrates und der Besatzungsmächte auf. Er hatte dafür nach internen Absprachen sogar die inoffizielle Genehmigung der Militärbehörden, die sich eine Ventilwirkung versprachen. Doch die Wut war so groß, dass es der größte Massenstreik seit der Weltwirtschaftskrise wurde – mehr als neun Millionen Arbeiter beteiligten sich. Auch das weiß heute niemand mehr: Zu den Forderungen gehörten nicht die Erhöhung der Löhne, wohl aber die Überführung der Grundstoffindustrien in Gemeineigentum sowie die Demokratisierung und Planung der Wirtschaft. Doch das war tabu.

Nach dieser Erfahrung wurde das politische Streikrecht nicht ins Grundgesetz aufgenommen. Die aufgebrachten Demonstranten sollten solch subversives Gedankengut nicht erneut auf die Straße bringen können. Die USA hatten kein Interesse an einem sozialistischen oder auch nur sozialdemokratischen Deutschland. Der Deutsche Gewerkschaftsbund, durch bitterste Erfahrung klug geworden, forderte im Oktober 1949 bei seiner Gründung dennoch die Überführung der Schlüsselindustrien in Gemeineigentum und statt der «chaotischen Marktwirtschaft» eine zentrale Wirtschaftsplanung mit Vollbeschäftigung und Mitbestimmung. Die Wirtschaftsordnung war im Nachkriegsdeutschland ernsthaft umstritten. Doch genau dieser Streit wurde unterbunden, er durfte nicht mit demokratischen Mitteln ausgetragen werden. Er wurde nicht zuletzt mit der notorischen Unterstellung einer kommunistischen Unterwanderung verhindert.

Dass das kapitalistische Wirtschaftssystem den Lebensinteressen des deutschen Volkes nicht gerecht geworden ist und nach der «verbrecherischen Machtpolitik nur eine Neuordnung von Grund aus erfolgen» kann, war damals weit über die CDU hinaus die letzte politische gesamtdeutsche Einigkeit. «In dieser Zeit gab es auf der ganzen Welt eine radikal-demokratische, regelrecht revolutionäre Stimmung. Als Siegermächte unternahmen Großbritannien und die USA sofort große Anstrengungen, um den antifaschistischen Widerstand auszuschalten und die traditionellen Gesellschaften wiederherzustellen. Vielerorts geschah das äußerst brutal», so Noam Chomsky.[63]

Um den traditionellen Kapitalismus durchzusetzen, ignorierten die westlichen Siegermächte den Mehrheitswillen. Das antifaschistische Bewusstsein war damals unter dem Eindruck der schrecklichen Gewaltherrschaft der NS-Zeit und ihrer Geldgeber noch zwangsläufig ein antikapitalistisches Bewusstsein. Da es im Westen leider keinen verordneten Antifaschismus gab, kamen die vielversprechenderen Raffinessen des verordneten Kapitalismus zum Zug. Der Wille zu grundlegender Veränderung wurde regelrecht aufgekauft – wie zwei Generationen später bei der deutschen Vereinigung auch. Nach dem Krieg waren es der Marshallplan, die großzügige Zurücknahme vereinbarter Reparationsforderungen und das Londoner Schuldenabkommen, ein generöses Verzichtsabkommen zugunsten von Westdeutschland. In ihm verzichteten auch viele Länder auf Rückzahlungen, die unter den Nazis schwer gelitten hatten – bis heute ein verstörender Beleg, wie viel stärker Geschäfts- und Systeminteressen wiegen als zugefügtes Leid und Unrecht. Bald war der bundesdeutsche Nachkriegsaufschwung für die Bevölkerung so überzeugend, dass bis auf die ausgewiesenen Antifaschisten niemand mehr etwas von einer grundsätzlichen Neuordnung wissen wollte.

In der sowjetischen Besatzungszone und dann in der DDR stießen die Bodenreform, die Überführung der Großindustrie in Volkseigentum und die Enteignung der Kriegsverbrecher durchaus auf breiten Konsens. Anders als die Kollektivierung der Landwirtschaft, die bei vielen Betroffenen jahrelang zu Widerstand, Unmut bis zu Flucht führte. Später wurden auch die Vorzüge der Genossenschaften akzeptiert. Das verordnete sowjetische Wirtschaftsmodell war anfangs mit Aufbruchsstimmung und Hoffnung auf einen lohnenden Neuanfang verbunden – die Desillusionierung ließ nicht lange auf sich warten. Das Volkseigentum jedoch, so unbefriedigend der Umgang mit ihm blieb, war nie Gegenstand grundsätzlicher Ablehnung. Es galt in der Bürgerbewegung als zu verteidigendes Gut.

Die oben geschilderten Vorgänge der Blockierung des Volkswillens im Westen waren unter dem nicht sehr beliebten Thema «Geschichte der Arbeiterbewegung» präsent in den Lehrplänen der Schulen und Universitäten, im Gewerkschafts- und Parteilehrjahr. Das zumindest ansatzweise Wissen darum hat das Vertrauen in die westliche Demokratie im Osten nicht in den Himmel wachsen lassen. Die Skepsis schlägt sich bis heute nieder in allen Umfragewerten. So zu argumentieren wäre für all die Professoren à la Niermann oder Baring wohl willkommenes Beispiel für die indoktrinierten DDRler, mit ihrem «verzwergten» Denken. Um auch nur einmal mit vergleichbarer Sprache und Dreistigkeit zu reagieren, sei eine Gegenfrage an unsere westlichen Mitbürger erlaubt: Wie viel Gehirnwäsche habt ihr eigentlich über euch ergehen lassen, um bis heute die Mär zu glauben, die Amerikaner hätten euch nach dem Krieg Freiheit und Demokratie gebracht? Es ging immer nur um: Kapitalismus first. Die Demokratie fand da ihre Grenzen, wo sie sich der Freiheit des Kapitals nicht unterordnete.

Mit dieser Mär sind wir nicht schlecht gefahren, sagt ihr? Ja, solange die andere Seite mit Volkseigentum gegenhielt. Seit diese Bedrohung aus der Geschichte gefallen ist, ist Schluss mit lustig. Jetzt, wo die faschistische Gefahr in Deutschland, Europa und darüber hinaus wieder allgegenwärtig ist, steht die Frage einer antifaschistischen Wirtschaft erneut mit aller Schärfe im Raum. Zurück zum Ausgangspunkt, liebe SPD, das wäre wirklich mal Erneuerung!

TEIL III

NEUE SCHÖNE WELT

Was hat der Sieger in den letzten 30 Jahren mit seinem Triumph angefangen? Konnte er doch nun das Land, Europa, die Welt ungestört nach seinem Bilde formen. Welches Meisterwerk hat er geliefert? Der Weltenlenker sah alles an, was er gemacht hatte, und siehe, es war sehr schlecht. Der vom Westen jahrzehntelang erstrebte Niedergang politbürokratischer Diktaturen hat nicht, wie erhofft, zu einem Aufblühen der Demokratie geführt. Kaum war die östliche Unfreiheit besiegt, begann er, die eigene Freiheit abzubauen.

Der sang- und klanglose Abgang des hochgerüsteten Warschauer Pakts, einst Hauptfeind der Nato, hat nicht den ewigen Frieden beschert. Nicht mal ein Kalter Frieden folgte dem Kalten Krieg. Hatte dessen Wettrüsten einst drei Billionen Dollar verschlungen, so kamen die nunmehr von Freunden umzingelten Kapitalokraten und Demoligarchen nicht auf die Idee, mit den im Grunde frei gewordenen Mitteln jetzt etwas anderes aufzurüsten: den Lebensstandard und das Selbstwertgefühl der unterentwickelten Länder, in denen zwei Drittel der Menschheit leben. Das hätte den Terrorismus gar nicht erst gedeihen lassen. Und den Bewohnern der Regionen das Bleiben ermöglicht. Wer investiert heute in großen Dimensionen etwas in die Bekämpfung von Fluchtursachen?

MILITARISIERUNG DES DENKENS

Seit die Erste und Zweite Welt sich nicht mehr feindlich gegenüberstehen, sind die weltweiten Rüstungsausgaben um fast 80 Prozent gestiegen. Gelegenheit macht Kriege. Die Zahl der mit Waffen ausgetragenen Konflikte nahm in den letzten 30 Jahren rapide zu. Seit dem Niedergang des Ostblocks bemühten sich die US-Machtpolitiker unübersehbar, ihre Überlegenheit zu einer weltweiten Hegemonie auszubauen. Schon 1991 nutzten sie die Gunst, dass die Sowjetunion als blockierende Kraft entfallen war, und griffen deren langjährigen Verbündeten Irak an. Seit dieser 1972 unter Führung der sozialistischen Ideen aufgeschlossenen Baath-Partei westliche Ölfirmen verstaatlichte und so den Wohlstand breiter Bevölkerungsschichten ermöglichte, waren für den Westen viele Rechnungen offen. Auch das gehört zu der Bilanz von 30 Jahren ohne Ost-West-Systemkonkurrenz.

Der Irak wurde von US-Politikern in die Kuwait-Falle gelockt und die internationale Öffentlichkeit mit Hilfe der von gezinkten Zeugen vor dem US-Kongress und der UN vorgetragenen Brutkastenlüge auf die angebliche Notwendigkeit dieses ersten großen Krieges der USA im Nahen Osten eingeschossen. Diplomatische Mittel blieben ungenutzt. Damals waren Einsätze der Bundeswehr außerhalb des Nato-Gebietes zum Glück noch nicht zulässig. Viele Menschen in Ost und West hätten gewünscht, dass dies so bleibt – aber sie wurden nicht gefragt.

Die Regierung Kohl fragte auch nicht lange, als sie sich an dem *Operation Desert Storm* genannten Irakkrieg wenigstens mit 13 Milliarden Dollar «Solidarbeitrag» beteiligte.[64] Wir Steuerzahler trugen für diesen verhängnisvollen und ungewollten Krieg also fast ein Fünftel der Kriegskosten. Außerdem bot Deutschland die wichtigste logistische Drehscheibe: Es erlaubte die Nutzung von Militärbasen, gewährte mehr als 8000 «Transall»-Flugstunden und war in intensivem Datenaustausch mit dem Central Command. Die Anti-Irak-Allianz wurde mit beträchtlichen Mengen von Waffen aus übernommenen Beständen der Nationalen Volksarmee der DDR beliefert, wie man erst später erfuhr. Das war nicht ohne Symbolgehalt. Immerhin hatte sich die NVA nie an einem Krieg oder einer bewaffneten Aktion beteiligt. Wie ja die Bundeswehr bis dahin auch nicht. Man war es nicht gewohnt, in einem Land zu leben, das Kriege führt. Doch auch diese Tradition war zu Ende. Nun mussten die Neubundesbürger, die sich dafür interessierten, zur Kenntnis nehmen, dass die einst volkseigenen Waffen ungefragt Wege gingen, die man ablehnte. Sie halfen, einstige Verbündete zur Strecke zu bringen. (Auf den Jugoslawien-Krieg wird noch zu kommen sein.)

Es bleibt das Verdienst von Gerhard Schröder, als Kanzler 2003 die Bundeswehr aus der «Koalition der Willigen» herausgehalten und den zweiten, völkerrechtswidrigen Irakkrieg nicht aktiv mitgemacht zu haben. Damit war auch bewiesen, womit man Wahlen gewinnen kann. Jahre später erfuhr die Öffentlichkeit allerdings, dass BND-Mitarbeiter schon kurz nach den Wahlen zusammen mit ihren Kollegen von der CIA und dem US-Militärgeheimdienst den Krieg vorbereiteten. Zwei BND-Agenten lieferten aus der «Red Zone» in Bagdad ans Pentagon 130-mal Fotos und GPS-Koordinaten von Zielen, die wenig später dem Erdboden gleichgemacht wurden. Die Presse berichtete sogar ausführlich über diese unsaubere Seite des Krieges. Heribert Prantl erinnerte an den Großen Zapfenstreich zur Verabschiedung des Kanzlers, für den er sich das Lied von Mackie Messer gewünscht hatte, und fragte: «Mackie, welches war dein Preis?»[65]

Sieben Wochen lang wurde Iraks Hauptstadt Bagdad bombardiert.

Auch mit Uran 235, das eine Halbwertszeit von 700 Millionen Jahren hat. Die eingesetzten US-Soldaten klagten über das Golfkriegssyndrom, Traumata, Krebs, schwere Missbildungen bei ihren Neugeborenen. Die Folgen für die irakische Bevölkerung blieben ignoriert. Al-Qaida bekam Auftrieb. Dieser völkermordende Krieg mit seinen über eine Million Toten war letztlich die christliche Taufe für den Islamischen Staat.

11.9. – der Tag, der die Welt veränderte

Die Anschläge vom 11. September haben die Welt höllisch verändert. Sie waren das wohl spektakulärste Ereignis der letzten 30 Jahre und sollten daher in einer bilanzierenden Betrachtung nicht fehlen. Die Prognose: Nichts wird mehr so sein, wie es war, ist eingetreten. Zum ersten Mal wurde von der US-geführten Nato der Bündnisfall ausgerufen, und er hält an bis heute. Eine Koalition der Willigen hat den «Krieg gegen den Terror» erklärt und in dessen Namen den Nahen und Mittleren Osten mit Terror überzogen. Sie hat ihn, wenn nicht selbst in Schutt und Asche gelegt, so durch Unterstützung von Rebellen und islamistischen Terroristen in anhaltende Stellvertreterkriege verwickelt. Zurück blieben failed states, durch Sanktionen verschärftes wirtschaftliches Chaos und inhumane Lebensbedingungen, die viele Menschen in die Flucht trieben. Was wiederum Europa vor eine unwürdige, von fremdenfeindlicher Stimmung begleitete Zerreißprobe stellte. Nicht nur die Nato-Staaten haben das selbstverschuldete Anwachsen des islamistischen Terrorismus genutzt, um bei sich die Bürgerrechte einzuschränken, die Befugnisse von Polizei und Geheimdiensten zu erhöhen, den Überwachungsstaat zu legitimieren und ihre Rüstung und deren Export zu verstärken. So brachte ein Tag die Welt an den Abgrund.

Doch 60 Prozent der US-Amerikaner bezweifeln die offizielle Version vom Geschehen am 11. September.[66] YouGov spricht von

50 Prozent – wie auch immer, die meisten US-Amerikaner sind bis heute überzeugt, dass die US-Regierung zumindest entscheidende Kenntnisse verschweigt, wenn sie nicht sogar selbst direkt in die Anschläge verwickelt war. Und sie meinen laut equapio von 2006, dass eine neue Untersuchung der Anschläge geboten wäre. Nichts dergleichen ist geschehen. Auch 68 Prozent der Deutschen finden, dass sie unzureichend über die wahren Details informiert sind. Bei den 18- bis 30-Jährigen sind es sogar 78 Prozent.[67]

Angesichts der vielen Millionen Zweifler in aller Welt ist es bemerkenswert, wie wenig die etablierten Medien es wagen, die offenen Fragen auch nur zu erwähnen. Versuchen sie gar, sie zu beantworten, so gerät das wenig überzeugend, wie das anhaltende Misstrauen beweist. Ich habe einige der Recherchen über die Widersprüche zum offiziellen Abschlussbericht zum 11. September (9/11 Commission Report von 2004) interessiert zur Kenntnis genommen, ohne mich selbst daran zu beteiligen. Dazu fehlten mir die Zeit und die Kraft, vielleicht auch der Mut. Denn wer es wagte, musste mit heftigen Angriffen rechnen und dem Hohn und Spott, als Verschwörungstheoretiker denunziert zu werden.

Forschungsverbot für Historiker

Das ist in diesem Fall besonders abstrus, denn kein Mensch bestreitet, dass die Ereignisse am 11.9. Folge einer Verschwörung waren. Die Attentäter des 20. Juli 1944 werden Verschwörer genannt. Und selbstverständlich waren auch die Attentäter des 11. September 2001 Verschwörer. Jede seriöse Theorie über sie muss also eine Theorie über Verschwörung, eine Verschwörungstheorie, sein. Der Commission Report ist die offizielle Verschwörungstheorie. Sie ist voller Widersprüche und Fehlstellen – so kommt zum Beispiel der Einsturz des dritten Hochhauses, des WTC 7, in das kein Flugzeug flog, gar nicht vor. Der Report veranschaulicht, dass es eine umfassende

Untersuchung aller Umstände und offenen Fragen nie gab. In die Aufdeckung des Clinton-Lewinsky-Sexskandals ist achtmal mehr Geld investiert worden als in die Analyse des Tages, der die Welt veränderte.

Deshalb ist es verdienstvoll, wenn einzelne Historiker, Journalisten, Physiker, Architekten und Ingenieure auf der Suche nach Wahrheit begründen, welche Details der offiziellen Version nach wie vor unstimmig sind. Unseriös wird es erst dann, wenn man ohne gesicherte Erkenntnisse zu spekulieren beginnt, wer warum hinter den unerklärlichen Ungeheuerlichkeiten stecken könnte. Von Deutungsversuchen, die eigenes Mutmaßen ins Spiel bringen, ist abzuraten. Dagegen müssen die sich in offensichtliche Widersprüche verwickelnden Deutungen der Mächtigen kompromisslos hinterfragt werden. Zu vermeiden, dass die Verschwörung der Attentäter von der nächsten verschüttet wird, ist oberste Pflicht auch der Journalisten. Sie kommen ihr ungenügend nach.

Es ist, als hielten sie sich immer noch an eine Anweisung von Ex-Präsident George W. Bush. Bald nach dem Überfall auf Afghanistan kam der Verdacht auf, die Terroranschläge wären der USA-Führung wie gerufen gekommen, um mit einem neuen Feindbild ihre unilaterale Vorherrschaft durch militärische Macht auszubauen und einen Vorwand für Ressourcenkriege zu haben. In seiner Rede vor der UNO-Generalversammlung am 10. November 2001 verwahrte sich Bush gegen solche Behauptungen. Die Wahrheit sei, wie sofort nach den Anschlägen bekannt gegeben, dass Bin Laden und seine 19 al-Qaida-Gehilfen verantwortlich seien. «Lasst uns niemals unglaubliche Verschwörungstheorien über die Anschläge vom 11. September tolerieren», forderte er. «Diese üblen Lügen versuchen, die Schuld von den Terroristen zu nehmen, weg von den Schuldigen.»

Eine andere Sicht niemals tolerieren – an diese Weisung halten sich die tonangebende Presse und die Geschichtsschreibung, bis hin zu Wikipedia. Auch dort werden alle Zweifel an der offiziellen Version als Verschwörungstheorie abgetan. Das bei vielen neutralen

Wissensgebieten zweifellos sehr hilfreiche online-Lexikon muss mit Vorsicht genossen werden, sobald es um politisch brisante Deutungen geht. Wie dort Zensur funktioniert, zeigt der auf YouTube zu sehende Dokumentarfilm «Die dunkle Seite von Wikipedia» von Markus Fiedler und Frank Michael Speer. Wenige, mit Pseudonym arbeitende Administratoren haben die alleinige Befugnis, Passagen oder ganze Beiträge zu löschen und Benutzer zu sperren. Man spricht von «Edit Wars», bei denen die Bürokraten der Wikipedia-Stiftung (mit Hauptsitz in San Francisco) immer das letzte Wort haben.

Genau solche Vormundschaft auszugleichen, versuchen einige wenige investigative 11/9-Autoren und -Historiker. Sie geben einen Überblick darüber, welche Widersprüche und Ungereimtheiten unaufgeklärt geblieben sind.[68] Und sie geraten damit trotz vorgeblicher Forschungsfreiheit nicht selten in Schwierigkeiten. Wie der Schweizer Historiker Daniele Ganser, der mit seinem gut recherchierten und belegten Buch «Illegale Kriege – Wie die Nato-Länder die UNO sabotieren» nachgewiesen hat, worum die meisten Autoren lieber einen Bogen machen: wie die vom Mainstream als Hort von Demokratie und Menschenrechten, als Anführer der westlichen Wertegemeinschaft gepriesene USA-Führung, mit oder ohne Nato-Verbündete, seit Jahrzehnten die UN-Charta missachtet und ungestraft Kriegsverbrechen begangen hat. Ein Krieg ohne UN-Mandat ist ein Aggressionskrieg – das schlimmste Verbrechen, welches das Völkerrecht kennt.

Ohne Mandat wurden auf der ganzen Welt Länder, die sich durch Verstaatlichungen oder andere Unbotmäßigkeiten dem Kapital entgegenstellten, mit Kriegen, gewaltsamen Umstürzen und Invasionen überfallen: Iran 1953, Guatemala 1954, Ägypten 1956, Kuba 1961 (die Invasion in der Schweinebucht scheiterte), Vietnam, Laos und Kambodscha 1964–1975, Nicaragua 1981, Serbien 1999, Afghanistan 2001 (die Resolution 1368 des UN-Sicherheitsrates forderte alle Staaten auf, jede Art von Terrorismus gemäß UN-Charta zu bekämpfen, erwähnte aber Afghanistan nicht und war keine Blankovollmacht, nach eigenem Belieben irgendein Land mit Krieg zu überziehen),

Irak 1991 und 2003, Libyen 2011, Jemen 2015 bis heute, Syrien 2011 bis heute. Viele Millionen Menschen sind dieser «Politik» zum Opfer gefallen.

Im Kontext der vorgeschobenen Angriffsgründe aller Kriege kam der unbequeme Friedensforscher Ganser auch an den Anschlägen vom 11.9. nicht vorbei. Nach mehrjähriger Recherche an der Forschungsstelle für Sicherheitspolitik der ETH Zürich publizierte er 2006 im Schweizer *Tages-Anzeiger* einen zweifelnden Text zum Einsturz von WTC7 und zitierte darin Baustatiker, die sagten, das Hochhaus sei «mit großer Wahrscheinlichkeit gesprengt worden». Sofort ließ US-Botschafterin Carol Urban über die Medien verlauten, dies seien alles nur Verschwörungstheorien. Die Leitung der Forschungsstelle legte Ganser nahe, die Forschungen einzustellen. Daniele Ganser wollte das Forschungsverbot für Historiker aber nicht einsehen. Gemeinsam mit seiner Frau beschloss der zweifache Familienvater, sich nicht verbiegen zu lassen. Noch im selben Jahr verließ er die Uni. Als der mediale Druck auf ihn zunahm, wurde 2018 auch sein Vertrag als Lehrbeauftragter der Universität St. Gallen nicht verlängert. Er hat nun keinen öffentlichen Lehrauftrag mehr. (Aber der von Noam Chomsky hochgelobte Ganser ist auf YouTube oder seiner Webseite gut dokumentiert, jeder kann sich selbst ein Urteil bilden.)[69]

Wer in staatlichen Einrichtungen allzu brisante Themen aufgreift, wird mit dem Verlust seiner finanziellen Unabhängigkeit bestraft. Als Schweizer Professor bedeutet das zum Beispiel, monatlich auf 10 000 Euro zu verzichten. Mir ist an deutschsprachigen Universitäten nunmehr kein Wissenschaftler aufgefallen, der sich mit dem Ereignis beschäftigt, das das 21. Jahrhundert bislang stärker geprägt hat als jedes andere. An amerikanischen Universitäten scheint es nicht anders zu sein. Auch der US-Physiker für Kernfusion Steven Johnes bezweifelt die offizielle Version des Einsturzes der drei Hochhäuser. Seine Brigham Young University beurlaubte ihn deshalb bis zu seinem Ruhestand. Dass auch ein Zusammenschluss von 3000 Architekten und Ingenieuren seine Zweifel teilt, half da wenig.

CIA-Kampfbegriff: Verschwörungstheoretiker

Der Begriff Verschwörungstheoretiker wurde erstmalig 1967 im CIA-Dokument 1035-960 verwendet, um Zweifler an der Alleintäterschaft Lee Oswalds am Kennedy-Attentat der kommunistischen Propaganda zu bezichtigen. Der mit diesem Schimpfwort zu erzielende Bann ist ein wirksames Disziplinierungsmittel gegen Andersdenkende, gegen Abweichler von der vorgegebenen Linie, geworden. Kritiker persönlich diskreditieren – eine uralte Methode erfuhr eine Renaissance. Fakes zu Personen – das ist nun wirklich nichts Neues. Argumentum ad hominem. «Gezielte Irreführungen und blanke Lügen als legitime Mittel zur Erreichung politischer Zwecke kennen wir seit den Anfängen der überlieferten Geschichte. Wahrhaftigkeit zählte niemals zu den politischen Tugenden, und die Lüge galt immer als ein erlaubtes Mittel in der Politik.» Es gelte umso mehr, so Hannah Arendt, die wesentlichste politische Freiheit zu schützen: «das Recht auf nicht manipulierte Tatsacheninformation, ohne welche die ganze Meinungsfreiheit zu einem entsetzlichen Schwindel wird».[70]

Die gängige Unterstellung, Conspiracy Theories seien a priori zumindest abwegige Spinnereien, wenn nicht reaktionäre, gar gefährliche Verdrehungen der Wahrheit, ist eine Art Desinformation, die leugnet, dass es auch in der modernen Welt jede Menge Verschwörungen gibt, also konspiratives, zielgerichtetes Wirken von Personen zu einem illegalen Zweck. Die Attentate des 11. September waren, wie gesagt, in jedem Fall eine Geheimbündelei. Auf ganz andere Art belegte unlängst das Ibiza-Video des österreichischen Vizekanzlers Strache, wie man sich verschwört. Jede Art von Korruption und viele Fälle von Manipulation gehören dazu. Einige am VW-Abgasskandal beteiligte Manager sind in den USA wegen «Verschwörung zum Betrug an den Vereinigten Staaten» zu mehrjährigen Haftstrafen verurteilt worden.

Im angelsächsischen Recht ist *conspiracy* ein Straftatbestand, im deutschen laufen die geheimen Verbindungen jetzt unter Bandenbildung oder krimineller Vereinigung. Über geheim gehaltene Absprachen, gar Straftatbestände, Theorien zu bilden ist nicht nur legitim, sondern ausgesprochen notwendig. Letztlich ist ein Gerichtsurteil gegen Verschwörer eine Theorie über ihre Taten. Verschwörungstheorien sind wichtig, um der Wahrheit von Konspirationen näher zu kommen. Mit Verschwörungstheorien ist es wie mit allen Theorien – es gibt ausgesprochen dämliche, durchsichtige, widerlegte, umstrittene, plausible, vernünftige, bewiesene, gar gerichtsfeste. Es geht nicht darum zu leugnen, dass auch gefährliche Verschwörungstheorien existieren, sondern um die Vermengung echter Kritik mit dieser stigmatisierten Kategorie. Diese Vermengung ist genauso zurückzuweisen wie die generelle Stigmatisierung. Nicht jede Verschwörungstheorie ist gefährlich, manchmal ist es gefährlich, keine Verschwörungstheorie zu haben.

Es war eine Tragödie, dass eine politisch und juristisch seriöse Einschätzung der Verschwörung des 11. September fehlte. Die terroristischen Anschläge hätten als das behandelt werden müssen, was sie waren, nämlich als Schwerstkriminalität, die vor Gericht gehört. Es war ein Angriff ohne einen erkennbaren Feindstaat, ohne einen Soldaten und ohne eine herkömmliche Waffe. Dennoch wurde er als Krieg eingestuft, der mit Krieg beantwortet werden muss. Krieg gegen Afghanistan, Pakistan, Irak, Syrien, Jemen, Somalia, Libyen, Niger – die genaue Zahl der Todesopfer vermag niemand zu nennen, mehr als eine Million Menschenleben sind allemal zu beklagen. Es war ein Mordsgeschäft für die Rüstungsindustrie und ein willkommenes Erprobungsfeld für neue Waffen. Wahrlich eine Todsünde, für die die «Koalition der Willigen» sich nie vor Gericht verantworten musste.

Bin Ladens Kopf und der Rechtsstaat

Auch die Rechtsstaatlichkeit ist Opfer dieses sogenannten Krieges gegen den Terror geworden. Die Justiz in die Schlichtung einzubeziehen war offensichtlich nie beabsichtigt. Der Hauptbeschuldigte in dem ganzen Trauerspiel ist nach zehn Jahren der geheimdienstlichen Suche unbewaffnet in seinem Schlafzimmer gestellt worden – es wäre ein Kinderspiel gewesen, Osama Bin Laden festzunehmen und vor ein Weltgericht zu stellen. Diese Aufklärung wären die US-Behörden den 3000 Opfern des 11.9. schuldig gewesen. Doch die Spezialeinheiten hatten von Anfang an den Auftrag, den Hauptzeugen zu töten. «Ich möchte nicht, dass Bin Laden und seine Strolche ergriffen werden, sondern ich möchte sie tot sehen», verlangte der Leiter der Anti-Terrorismus-Abteilung der CIA, Cofer Black. «Ich möchte, dass Bin Ladens Kopf in einer mit Trockeneis gefüllten Kiste in die USA gebracht wird. Ich möchte dem Präsidenten Bin Ladens Kopf zeigen. Das habe ich ihm versprochen.»[71]

Außer Bin Laden zu töten, gab und gibt es keine Strategie für die Zukunft. Dass die Methoden geeignet sein könnten, von westlicher Demokratie zu überzeugen, ist auszuschließen. In diesem archaischen, schmutzigen Krieg gilt es als opportun, Menschen durch künstliche Unintelligenz, durch Drohnen, ohne Gerichtsverfahren hinzurichten. Als Beweis für Gefährlichkeit genügt die Turbanfarbe auf dem schwarzweißen Videobild. Diese Terror-Drohnen werden ausnahmslos vom Hauptquartier der United States Air Forces in Europa, dem US-Militärflugplatz Ramstein im schönen Rheinland-Pfalz, koordiniert – mit Billigung des Kanzleramtes.

Ausgerechnet der große Hoffnungs- und Friedensnobelpreis-Träger Obama hat diese feigste Form von Kriegsführung zur Hauptkampfform gemacht: Die technisch total überlegenen Angreifer sitzen in bequemen Bürosesseln am anderen Ende der Welt. Dieser Präsident hat Drohnenangriffe auf Gruppen von Menschen erlaubt, von denen nur bekannt war, dass es sich um junge, also kriegstaugliche Männer handelt. Auch auf das Beladen von Lieferwagen stand die Todesstrafe – es war schließlich nicht auszuschließen, dass Sprengstoff geladen wird. Man tötet nicht vergeltend, sondern vorbeugend. Bislang hatte die mit der Einheit angeblich souverän gewordene deutsche Regierung sich mit der Auskunft der Amerikaner zufrieden gegeben, dass auf dem Stützpunkt, den sie nicht betreten darf, schon alles seine Ordnung habe.

Bis drei Jemeniten aus Hadramaut Deutschland verklagten. Seit Jahren werden in ihrer Provinz Zivilisten durch Drohnen getötet, nach dem Drohnentod von Familienangehörigen in ihrem Dorf fürchten sie nun ständig um das eigene Leben. Sie verlangten anzuerkennen, dass das Recht auf Leben auch für Ausländer gilt, weshalb die Killerdrohnenflüge einzustellen seien. In den USA waren sie mit gleichlautender Klage bereits gescheitert. Am 19.3.2019 verkündete das Oberverwaltungsgericht Münster ein eigentlich aufsehenerregendes Urteil, das aber in den deutschen Medien so gut wie nicht vorkam. Selbst wenn es eine kleine Notiz gab, löste diese keine grundsätzliche Debatte aus.

Das Gericht gab den drei Jemeniten nämlich teilweise recht. Menschliches Leben habe den höchsten Schutzwert, da es Voraussetzung aller anderen Grundrechte sei. Willkürliche Tötung sei verboten. Das Unterscheidungsgebot verlange, zwischen Kämpfern bewaffneter Truppen und Zivilisten klar zu unterscheiden. Die deutsche Regierung müsse deshalb dafür sorgen, dass Drohnen, die über Ramstein gesteuert werden, nicht gegen das Völkerrecht verstoßen. Es bestünden gewichtige Anhaltspunkte, dass dem nicht so sei. Das war eine strenge Rüge für die Regierung, die sich so daran gewöhnt hatte, dass Gerichte in Kriegsdingen einen großen politischen Ermessensraum einräumen und sich juristisch nicht einmischen. Bisher gibt es keine Hinweise darauf, dass die zuständigen deutschen Behörden solche Prüfungen in Ramstein anstreben und die Amerikaner gewillt sind, ihnen das zu gestatten. Ab wie viel Unrecht ist ein Staat ein Unrechtsstaat?

Die Einheit im Jemen und bei uns – Ähnlichkeiten und Unterschiede

Ich bin auf den juristischen Erfolg der Jemeniten gegen Deutschland nicht durch die hiesige Presse aufmerksam geworden, sondern durch einen freundschaftlichen Kontakt zu einem Dolmetscher aus Sanaa, der unsere Delegation betreute, als sich 2002 30 arabische und deutsche Schriftsteller im Jemen trafen. Mit dem syrischen Dichter Adonis, dem Palästinenser Mahmud Darwisch und Günter Grass war viel Prominenz angereist, und entsprechend aufmerksam wurde verfolgt, was sich die Autoren zehn Tage lang zu sagen hatten. Es ging um Toleranz und kulturelle Identität, um die Überwindung von Hass und Gewalt und die Gotteslästerung, Krieg als heilig zu erklären. Es ging um die Kraft der Literatur und die Freiheit des Wortes. «Alle arabischen Linksintellektuellen», so Adonis, «haben die Anschläge vom 11. September verurteilt, denn zuvor hat al-Qaida bereits auf uns geschossen. Aber die westlichen Medien berichten aus arabischen Ländern fast nur über Terrorismus und geben uns damit das Gefühl, sie wünschten ein klares Feindbild. Wir aber brauchen Unterstützung für unsere Überzeugung, dass auch in den arabischen Ländern der Weg zur Demokratisierung über die Trennung von Kirche und Staat führen muss.»

Diese für das jemenitische Publikum sehr provokante Forderung löste beinahe Tumulte aus, und unser Dolmetscher Al-Gabal (der Berg) hatte nicht nur zu übersetzen, sondern auch zu schlichten. Ich hatte zu ihm gleich einen guten Draht, denn er gehörte zu den 3000 Jemeniten, die einst in der DDR studierten. Überall im Land begegneten uns diese fließend deutsch sprechenden Männer und einige Frauen. Als Professoren, Ärzte, Ingenieure oder Historiker waren sie in diesen Jahren ein gewichtiger Teil der akademischen Elite – im Unterschied zu denen, die damals als DDR-Bürger mit ihnen studiert hatten und jetzt abserviert waren. Über die Zustände im vereinten Deutschland wussten diese Jemeniten erstaunlich gut Bescheid, sie hatten noch Kontakte nach Ostdeutschland und fühlten sich in einer ähnlichen Situation. Schließlich war auch ihr Land über 20 Jahre in eine Art kapitalistischen Norden und sozialistischen Süden geteilt. Die DDR unterhielt freundschaftliche Kontakte zu beiden Teilen des Jemen, baute im Norden das Telefonnetz und eine moderne Telefonzentrale in Taizz, obwohl das eigene Netz sehr mangelhaft war.

Im Süden nahm man die sozialistische Entwicklungshilfe noch vorbehaltloser an. Ich konnte kaum glauben zu hören, wie schnell ein rückständiges Land umgekrempelt wurde. Das polytechnische Bildungswesen wurde übernommen, erstmals lernten Jungen und Mädchen in einer Klasse. (1960 in Bayern hatte ich zu meinem maßlosen Staunen noch getrennte Klassen kennengelernt.) Innerhalb einer Generation wurden die Analphabeten von einer Mehrheit zu einer verschwindenden Minderheit. Frauen wurden berufstätig, Männer gewöhnten sich sogar an die Autorität von Richterinnen. Teile des DDR-Familiengesetzes wurden eingeführt. Die vom Koran erlaubte Vier-Frauen-Ehe wurde verboten, die Ehe zu zweit setzte sich durch. Scheidungen kamen nicht mehr dadurch zustande, dass der Mann die Frau vertrieb, sondern durch Gerichtsurteil. Männer klagten nicht aus Übermut, denn Kinder und Haus bekamen grundsätzlich die Mütter. Selbst lesbische Beziehungen waren legal. Genossenschaftlich genutzte Maschinen-Traktorenstationen halfen den Bauern.

Mit Auflösung der Sowjetunion verlor der Südjemen seine Hauptstütze, das kleine Land, das von den islamischen Nachbarn wegen seines abtrünnigen Weges seit Jahren boykottiert wurde, war nicht mehr lebensfähig und musste sich wider Willen mit dem rückständigen Norden vereinen – ein halbes Jahr vor der deutschen Einheit. Im Jemen hätte man schon beobachten können, was nach Vereinigungen sehr unterschiedlicher Partner zu erwarten ist: endgültiger wirtschaftlicher Niedergang nach Währungsunion sowie Clans aus dem Norden, die über den Süden herfielen und sich jedes lukrative Grundstück und Unternehmen, jeden einflussreichen Posten unter den Nagel rissen. Noch schneller, als der Süden seine Reformen eingeführt hatte, waren sie von den neuen Machthabern wieder abgeschafft. «Wir haben eine Konterrevolution erlebt», sagte mir der aus dem Süden stammende Al-Gabal, «aber die hattet ihr ja auch.»

Unmittelbar nach der Revolution von 1967 gab es im Südjemen nicht nur öffentliche Schleierverbrennungen, das Tragen des Schleiers wurde unter Androhung von sechs Monaten Haft verboten. Das war vielleicht übertrieben, meint Al-Gabal rückblickend, aber man musste den Bruch der Tradition erzwingen, freiwillig gaben die Männer ihren Privatbesitz Frau nicht auf.

NEBENBEMERKUNG: *Im Nikab*

Als ich Ende 2010 wegen einer lange geplanten Konferenz über Wasserversorgung wieder in den Jemen reiste, begann in Tunis mit vielen Hoffnungen gerade der Arabische Frühling. Das inspirierte auch meine jemenitischen Gesprächspartner. In Aden traf ich zwei Zahnärztinnen, die einst in Rostock studiert hatten. Damals haben sie dort die Mini-Mode mitgemacht, jetzt kamen sie in langen Gewändern und enggebundenen Kopftüchern, die nur Mund, Nase und Augen freigaben. Sie empfanden ihre Anpassung als Schwäche, hatten aber mein volles Verständnis, weil sie sich sonst dem Risiko ausgesetzt hätten, beschimpft, bespuckt oder gar mit Säure begossen zu werden. Sie wollten mir die Innenstadt zeigen und hatten für mich sicherheitshalber einen schwarzen Umhang mitgebracht, den Nikab mit Sehschlitz. Den also trug ich zwei Stunden in glühender Hitze. Das Foto davon hat wenig Beweiskraft, auch ich kann meine Augen von denen anderer Verschleierter nicht unterscheiden.

Seither halte ich Burka oder Nikab für eine spezifische Form der Gewalt gegen Frauen. Diese weder vom Koran noch von der Sunna geforderte Sitte erfüllt für mich den Straftatbestand der Körperverletzung, wenn nicht der Folter. Widersprechen sollte mir keine und keiner, die und der nicht selbst unter glühender Sonne einen Vollschleier getragen hat. Die allermeisten der schwarzen Gewänder sind in den ärmeren arabischen Ländern weder aus Seide noch aus Baumwolle, sondern aus Kunststoff. Ich hatte nicht damit gerechnet, dass jeder Atemzug den undurchlässigen Stoff auf lästige Weise vor die Nasenlöcher oder den Mund zieht. Ich litt schnell an Hitzestau, der Schweiß rann in Bächen an mir herab, und ich fragte die mich begleitenden Ärztinnen, ob dies nur mir so ginge. Sie verneinten, in ihre Praxen kämen nur Patientinnen mit unvermeidlichem Schweißgeruch, sie seien zu diesem demütigenden Zustand verdammt. Viele Trägerinnen litten unter Ekzemen. Es ist ein Eingriff in die körperliche Unversehrtheit, mit schweren gesundheitlichen Folgen. Ohne direktes Sonnenlicht auf der Haut kann der Körper kein Vitamin D bilden, wird das Immunsystem geschwächt, die betroffenen Frauen werden anfälliger für Grippe, Osteoporose, Krebs, Herzinfarkt, selbst für Depressionen und Demenz. Insofern ist diese Kleiderordnung keine Privatsache, sondern hat eine gesellschaftliche Dimension, die weder mit dem Koran noch mit Religionsfreiheit etwas zu tun hat. Erst fundamentalistische Eiferer haben die Geschlechtertrennung zur tradierten Lebenspraxis gemacht und der Religion aufgezwungen. Das dahintersteckende Menschenbild stellt beiden Geschlechtern ein Armutszeugnis aus: Männer als triebhafte Wesen, die nichts vom Weibe sehen dürfen, da sie sonst zu zügellosen Draufgängern werden. Frauen reduziert auf Sexualobjekte, teuflisch verführerisch und an Vernunft mangelnd, die Aura einer Scham, die nur durch völlige Verhüllung gelindert werden kann. Letztlich steckt hinter jeder vollverschleierten Frau diese ärgerliche Botschaft. Absurd zu sehen, wie Frauen in streng islamischen Gegenden auch in Gaststätten hinter Paravents verborgen werden oder aber nicht mit Messer und Gabel essen können, weil sie eine Hand zum Anheben des Schleiers brauchen, unter den dann mühsam balancierend die Gabel geschoben wird.

> Trotz dieser das alltägliche Leben knebelnden Folgen ist nicht zu bestreiten, dass die meisten Frauen sich aus sogenanntem eigenen Willen verschleiern. Wenn die Mädchen von klein auf verinnerlichen, das Bedecken des Gesichtes brächte sie Gott näher und schütze vor seiner höllischen Strafe, werden sie natürlich das tiefe Bedürfnis haben, sich zu vermummen. Statt ihnen die zweifelhafte Freiheit zu gewähren, in ihrem unkomfortablen Glauben zu verharren, sollte man sie darüber aufklären, dass es in den heiligen Schriften keinen Zusammenhang von Schleier und Gott gibt. Kann ein Gott denn wollen, dass ein Teil seiner Schöpfung wie eine aufreizende Peinlichkeit verborgen werden muss? Es soll Ehrfurcht sein – und wirkt auf mich doch wie Gotteslästerung.

Anders als im Jemen ist der deutsche Osten nach dem Beitritt nicht auf westliches Religionsgebaren zurückgefallen. Die neuen permanenten Zahlungsverpflichtungen des Steuerzahlers an die Staatskirche, aus Konkordatsverträgen aus dem vorletzten Jahrhundert, wirkten befremdlich. Im Gegensatz zur westlichen Erwartung gab es zahllose Kirchenaustritte, weil die ungewohnte Vermengung von Kirche und Staat vielen zu weit ging. Schon bald verloren die Kirchgemeinden landesweit an (Mit-)Gliedern, hier hat sich schnell eine gewisse Veröstlichung durchgesetzt.

Schlimmste Leidenszone der Welt

Im Jemen dagegen waren die Fronten von Anfang an unversöhnlich. Und da die Südjemeniten deutlich heißsporniger als die Ostdeutschen sind, haben sich dort bald nach der desaströsen Vereinigung bewaffnete Milizen gebildet, die die Einheit rückgängig machen wollten und bis heute wollen. Weil sie finden, dass sie nur Nachteile davon haben. Diese «südjemenitische Bewegung» hat einen Übergangsrat bestimmt und regiert den Süden bis zur einstigen Trennlinie. Während die «Anhänger Gottes», die Huthi, den Norden besetzt und den Präsidenten Hadi vertrieben haben. Das war einer der Konflikte, die sich geopolitische Strategen zum Vorwand nahmen, weitgehend unbeachtet von der Weltöffentlichkeit einen der brutalsten und undurchsichtigsten Stellvertreterkriege zu führen. Er hat aus dem sowieso schon ärmsten, aber doch kulturell traditionsreichsten, landschaftlich zauberhaftesten und menschlich gastlichste Land des Nahen Ostens die schlimmste Hunger- und Leidenszone der Welt gemacht.

In der von den Saudis geführten Kriegsallianz fallen ohne UN-Mandat mindestens acht Länder mit Bomben über das zerstörte Land her, unterstützt von den USA, Großbritannien, Frankreich und mit Waffen auch von Deutschland. Es geht um die Zurückdrängung des iranischen Einflusses im Norden, um die Kontrolle der Häfen und eine der wichtigsten Meerengen für die Weltwirtschaft am Persischen Golf, es geht um die Frage, wer künftig der vorrangige Energielieferant Chinas wird.

Schließlich gibt es seit einiger Zeit auch das Gerücht, dass im Norden, in der von den Huthis kontrollierten Region Jawf, riesige Öl- und Gasvorkommen entdeckt wurden – größer als die von Saudi-Arabien, den Emiraten und Kuwait zusammen.[72] Wenn das stimmen sollte, könnte der Jemen zu einem der reichsten Länder werden und die bisherigen Spielregeln der Region auf den Kopf stellen. Noch gehören das Gebiet und seine Schürfrechte dem Land und nicht ausländischen Konzernen. Das könnte eine Erklärung sein, weshalb so viele Mächte über dieses geschundene Land herfallen. Aber die größte Menschen angetane Katastrophe in diesem Jahrhundert ist es investigativen Journalisten des Westens offenbar nicht wert, diesen Verdacht zu widerlegen oder zu bestätigen. Lückenpresse.

Ich habe Al-Gabal gefragt, wie sein Alltag in Sanaa jetzt aussieht. Schließlich leben etwa drei Viertel der Jemeniten rund um diese Hauptstadt. Als staatlich angestellter, aber arbeitsloser Dolmetscher (es kommen weder Delegationen noch Touristen) bekommt er alle vier Monate ein halbes Monatsgehalt. Da hat er noch Glück, die meisten Zivilangestellten bekommen gar nichts. Die Preise haben sich aber um 500 Prozent erhöht. Die Familie kann nur so viel kaufen, dass sie gerade nicht verhungert. «Wer krank wird, stirbt. Wer nicht krank wird, riskiert bei Bombenangriffen zu sterben.»

Als ich vor Jahren da war, hatte seine Frau mir erzählt, dass sie als Lehrerin aus Mangel an Schulräumen im Schichtbetrieb unterrichte, ihre Klasse mit 120 Mädchen war am frühen Abend dran. Inzwischen gibt es kaum noch Schulgebäude, sie unterrichtet nicht mehr und bekommt keinerlei Geld. Millionen Kinder im Land gehen nicht zur Schule. Strom gibt es schon lange nicht mehr. Wer sich Sonnenenergie nicht leisten kann, bekommt Licht für seine Lampen vom Nachbarn. Al-Gabal hat ein kleines «Brett», wie er schreibt, mit der damit gewonnenen Energie kann er eine Autobatterie aufladen, die reicht für drei Neonröhren, einen kleinen Fernseher, bei Bedarf fürs Handy. Sie reicht bei der Hitze nicht für Haushaltsgeräte oder gar einen Kühlschrank, mit dem man wenigstens Wasser kühlen könnte.

Die Wasserversorgung der ganzen Stadt ist gezielt bombardiert worden. Seit Jahren bekommt man Wasser nur aus Tankwagen. So ist, wie von den Angreifern zweifellos beabsichtigt, die tödliche Cholera ausgebrochen. Fast eine Million Menschen sind erkrankt. Auch weil der Fuhrpark der Abfallentsorgung zerstört ist. Die Ärzte haben weder Krankenhäuser noch Medikamente. Denn auch der Flughafen von Sanaa, über den internationale Hilfsgüter ins Land kamen, ist zerbombt worden. Das sind Verbrechen gegen die Menschlichkeit ohnegleichen, hier findet neben den Kriegsverbrechen auch ökonomischer Völkermord statt. Und alle schauen weg.

Oder schlimmer: machen Geschäfte. Wie die NGO War Child des United Kingdom berichtet hat, haben die Briten in diesem Krieg bereits sechs Milliarden Pfund mit Waffenexporten verdient (*taz* vom 28.3.2019). Dagegen fallen die fast 400 Millionen Euro, die seit Regierungsbeginn der letzten GroKo für Waffenexporte an die von den Saudis geführte Kriegsallianz nach Deutschland flossen, fast bescheiden aus. Zehntausende Tote waren kein Grund, die über 200 Einzelgenehmigungen in Zweifel zu ziehen. Erst als der in den USA lebende saudische Dissident Jamal Khashoggi, ein Kritiker des Jemen-Krieges, in der saudischen Botschaft in Istanbul ermordet wurde, war dies für die GroKo und andere westliche Partner ein Argument für einen einstweiligen Ausfuhrstopp von Waffen nach Saudi-Arabien.

Alle Menschen sind frei und gleich an Würde und Rechten geboren? Sie sind mit Vernunft und Gewissen begabt und sollen einander im Geiste der Brüderlichkeit begegnen? Wann immer ich von «westlicher Wertegemeinschaft» höre, wende ich mich beschämt ab, in der Hoffnung, nicht dazugerechnet zu werden. Die Scham gilt gewisslich nicht den Werten, sondern ihrer Entwertung zu einem Hohn, den die Gemeinschaft hinnimmt. So durchsichtig die erneuerte Nato-Doktrin der «responsibility to protect» auch immer war, hier wird ein für alle Mal die zynische Selektion «humanitärer Interventionen» demonstriert.

Es gehört zu den Grundsätzen des Islam, dass der Reiche dem Armen hilft, hatte mir der international bekannte, jemenitische Richter und Islamgelehrte Al-Hitar erklärt. «Aber der reiche Westen schickt keine Unterstützung, sondern nur Waffen oder Privatfirmen, die uns aufkaufen. Der Terror ist Zeichen der Ohnmacht, keine legalen Mittel gegen das Unrecht zu haben.»

Ausgangspunkt all der geradewegs oder auf Umwegen angestellten Reflexionen dieses Kapitels waren Überlegungen zum 11. September 2001. Ich will die Rückbesinnung auf den tödlichsten und aufsehenerregendsten Terroranschlag der bisherigen Geschichte mit einer kommentarlosen Beobachtung abschließen:

Einem Befehlshaber in einer offline-Wüstenhöhle und seinen zwei Dutzend, durch einige Flugstunden qualifizierten, muslimischen Gehilfen war es gelungen, mit beispielloser Präzision alle 17 US-Geheimdienste, plus die Dienste der Nato-Verbündeten, plus den National Security Council mit seiner Flugabwehr sowie die Insassen des Pentagon, bestbewachtes Gebäude der Welt, hinters Licht zu führen.

Das ist nun bald 20 Jahre her. So lange versucht der Westen, den islamistischen Terror zu besiegen, und hat ihn stattdessen zu einem aktiven, brutalen und weltweit gefürchteten Gegner gemacht. Dieser Gegner arbeitet seither allerdings ausnahmslos mit den althergebrachten Waffen: Teppichmesser, Sprengstoffgürtel, Sprengstoffauto, Fahrradbombe, Maschinengewehr, Handgranate, Lastkraftwagen. Nicht mal eine kleine, bewaffnete Drohne, wie sie bald jeder 3-D-Drucker auswirft, hatten die Terroristen nach dem 11.9. im Arsenal.

MEDIEN ALS WAFFE

Mein erster Angriffskrieg – Jugoslawien

Ich habe nicht die Absicht, mich daran zu gewöhnen, in einem Land zu leben, das sich ungestraft an Angriffskriegen beteiligt. Zu dem Ärger über diese Zumutung kommt der Ärger über viele Medien, die, wenn überhaupt, erst aufwachen, wenn alles gelaufen ist. Und die im Nachhinein nicht so lange parlamentarische oder juristische Aufarbeitung fordern, bis Wiederholung ausgeschlossen ist.

Letzteres trifft insbesondere auf den mich immer noch umtreibenden Jugoslawienkrieg von 1999 zu. Die angeblichen Gründe, die das Bombardieren rechtfertigen sollten, waren genauso erlogen wie später die behaupteten Massenvernichtungswaffen im Irak. Die grausamen Massaker von Srebrenica in Bosnien, deren Ermittlung bis heute umstritten ist*, hatten keinen ursächlichen Zusammenhang zu dem *vier Jahre später* geführten Nato-Krieg in Restjugoslawien. Nichts deutete darauf hin, dass sich derartige Gewalttaten wiederholen und einen vorsorglichen Krieg rechtfertigen würden.

* Philip Corwin, höchster UN-Vertreter in Bosnien bis 1995, schrieb in seinem Buch «Dubious Mandate»: «Was in Srebrenica geschah, war nicht ein einziges, großes Massaker von Serben an Moslems, sondern eine Serie von sehr blutigen Angriffen und Gegenangriffen über eine Zeitspanne von drei Jahren, die im Juli 1995 ihren Höhepunkt erreichte.» Siehe auch: Edward S. Herman: «Das ‹Massaker von Srebrenica› ist der größte Propagandatriumph, der aus den Balkankriegen hervorgegangen ist.» Aus: The approved narrative of the Srebrenica Massacre, in: *International Journal for the Semiotics of Law*, Dezember 2006.

Die Konflikte im Kosovo hatten einen anderen Hintergrund, den der UN-Menschenrechtsbeauftragte Dienstbier so beschrieb: «Alle sind schuldig. Die Albaner haben die Serben zwischen Titos Tod 1980 und 1989 unterdrückt. Dann kam Milošević und sagte zu den Serben: Niemand soll euch schlagen! Und weil es die Autokraten nicht besser verstehen, drehten sie den Spieß um und verfolgten die Albaner. Die begannen den bewaffneten Kampf.»[73]

Selbst die *Parlamentarische Versammlung der Nato*, ein gutgemeintes, aber relativ wirkungsloses Feigenblatt zwischen Nato und den Parlamenten der Mitgliedsländer, kam in ihrem Abschlussbericht zu diesem Krieg im November 2000 rückblickend zu der Einschätzung, dass die serbischen Angriffe auf die albanischen Separatisten unter dem Einfluss der Kosovo Verification Mission der OSZE schon ein halbes Jahr vor Kriegsbeginn deutlich zurückgegangen waren. «Dagegen fehlte es an effektiven Maßnahmen zur Eindämmung der UÇK, die weiterhin in den USA und Westeuropa – insbesondere in Deutschland und der Schweiz – Spendengelder sammeln, Rekruten werben und Waffen über die albanische Grenze schmuggeln konnte. So nahmen die Angriffe der UÇK auf serbische Sicherheitskräfte und Zivilisten ab Dezember 1998 stark zu.» Die UÇK habe es darauf angelegt, eine Krise zu erzeugen, «welche die Nato zur Intervention bewegen würde», so hieß es in den von den Medien unterschlagenem Bericht.

«Nur einen legitimen Grund gibt es für die Bomben auf Jugoslawien: die Verhinderung eines Völkermordes», schrieb die *FAZ* seinerzeit. Die noch während des Krieges veröffentlichte Anklageschrift des Haager Tribunals warf der Regierung unter Slobodan Milošević jedoch keinen Völkermord im Kosovo vor. Als Chefanklägerin Carla del Ponte von *Le Monde* (nicht etwa von deutschen Medien) gefragt wurde, weshalb dieser Anklagepunkt fehle, musste sie zugeben: «Weil es keine Beweise dafür gibt.»[74] Damit war die Legitimation des Angriffs schon vor dem Ende der Bombardements entfallen.

Das war für Insider keineswegs überraschend. Alle internen, nicht veröffentlichten Berichte des Auswärtigen Amtes und der OSZE-Beobachter vor Ort hatten Ende 1998 darauf hingewiesen, dass es keine größeren Kämpfe zwischen den Parteien mehr gegeben habe, sondern einzelne Überfälle und Feuergefechte, für die man sich gegenseitig verantwortlich machte. Politisch aktive albanische Volkszugehörige würden nicht wegen ihrer ethnischen Zugehörigkeit, sondern als «Separatisten» verfolgt. Es gäbe keine Flüchtlinge mehr im Freien. Noch zwei Tage vor Kriegsbeginn hieß es im Lagebericht der Bundeswehr: «Tendenzen zu ethnischen Säuberungen sind weiterhin nicht zu erkennen.» Sehr verdienstvoll war die *WDR*-Reportage «Es begann mit einer Lüge» mit der eindeutigen Aussage der im Kosovo eingesetzten US-Diplomatin Norma Brown: «Bis zum Beginn der Nato-Luftangriffe gab es keine humanitäre Krise. Sicher, es gab humanitäre Probleme, ... aber Tatsache ist: Jeder wusste, dass es erst zu einer humanitären Krise kommen würde, wenn die Nato bombardiert.»[75]

Über den deutschen Anteil am Entstehen des Bürgerkrieges in Jugoslawien erfuhr man in den großen Medien damals wenig. Eher im Ausland. So schrieb der französische Geheimdienstexperte Roger Faligot Monate vor dem Krieg, am 24.9.1998, in der Zeitschrift *European*: «Sowohl der deutsche zivile als auch der militärische Geheimdienst sind damit befasst, albanische Terroristen auszubilden mit dem Ziel, den deutschen Einfluss auf dem Balkan zu zementieren.»

Vor dem Krieg hatte Cyrus Vance, einstiger Außenminister unter Jimmy Carter, der zu dieser Zeit in EU-Mission auf dem Balkan war, deutsche Politiker wie Egon Bahr inständig gebeten: «Tun Sie alles Ihnen Mögliche, damit es in Deutschland nicht verfrüht zu einer Anerkennung von Slowenien und Kroatien kommt. Das einzige Ergebnis werden Separation, ethnische Säuberungen und Krieg sein.» Schließlich sei Kroatien zuvor nur ein einziges Mal ein separater Staat gewesen, zwischen 1941 und 1945, unter der Ustascha-Armee, die eine Marionette der Nationalsozialisten war. Die schnelle westliche Anerkennung des einstigen Verbündeten aus NS-Zeiten erfolgte dennoch auf Drängen des deutschen Außenministers Genscher, und der prophezeite Bürgerkrieg flammte auf.

Die furchtbare Belagerung Sarajevos durch serbische Truppen war die Folge der Unabhängigkeitserklärung Bosnien-Herzegowinas, die der Westen im Frühjahr 1992 sofort nach ihrer Ausrufung anerkannte. Was den Konflikt umgehend eskalierte – man stelle sich nur vor, die ukrainischen oder katalanischen Separatisten wären, ohne irgendwelche Abkommen, einfach anerkannt worden. Schon bald verbreiteten die CIA und mit ihr die Medien, dass 70 Prozent der Kriegsverbrechen von Serben ausgegangen seien. Für eine weitgehende Gleichschaltung der öffentlichen Meinung war gesorgt. Mit der Story vom «Massaker von Račak» begann die Einstimmung der Öffentlichkeit auf den Krieg. Nato-Sprecher Jamie Shea prahlte später: «Selling a conflict – the ultimate PR challenge.»

Die Buchautoren Mira Beham und Jörg Becker[76] haben 31 PR-Agenturen erfasst, die für alle nichtserbischen Kriegsparteien tätig waren. Danach gab allein Kroatien mehr als fünf Millionen Dollar an US-Agenturen, um die öffentliche Meinung in seinem Sinn zu beeinflussen. Propaganda-Ziele dieser Agenturen waren unter anderem: Darstellung der Serben als Unterdrücker und Aggressor, wobei sie mit den Nazis gleichzusetzen und entsprechend emotional geladene Begriffe zu etablieren sind; Darstellung der Kroaten und Bosnier als unschuldige Opfer, wobei die Eroberung der serbischen Krajina als legal hinzustellen ist; Völkermordanklage gegen Jugoslawien und Milošević in Den Haag. Tatsächlich dauerte es nicht lange, bis nicht nur Boulevard-Zeitungen in Milošević den neuen Hitler ausgemacht hatten.

Besonders hervorgetan hat sich die PR-Agentur Ruder Finn aus Washington, D.C. Ihr Direktor James Harff prahlte im französischen Fernsehen, wie professionell sie einen Artikel aus dem *New York Newsday* über serbische Lager aufgegriffen hätten: «Es gehört nicht zu unserer Arbeit, den Wahrheitsgehalt von Informationen zu prüfen. Unsere Aufgabe ist es, uns dienliche Informationen schneller zu verbreiten. Wir überlisteten drei große jüdische Organisationen und schlugen vor, dass diese eine Annonce in der *New York Times* veröffentlichen und eine Demonstration vor der UNO organisieren. Das war ein großartiger Coup. Als die jüdischen Organisationen in das Spiel auf Seiten der muslimischen Bosnier eingriffen, konnten wir sofort in der öffentlichen Meinung die Serben mit den Nazis gleichsetzen. Niemand verstand, was in Jugoslawien los war. Mit einem einzigen Schlag konnten wir die einfache Story von den guten und den bösen Jungs präsentieren, die sich ganz von allein weiterspielte. Niemand konnte sich mehr dagegenwenden, ohne des Revisionismus angeklagt zu werden. Wir hatten 100 Prozent Erfolg.»[77]

Der bewusste Einsatz von Fake News ist wahrlich keine Kreation von Trump. Ob der damalige Verteidigungsminister Scharping das Blaue vom Bombenhimmel log oder sich in seiner Einfalt belügen ließ, werden wir nicht mehr erfahren. Untermalt von gefälschten Fotos des Fußballstadions in Priština, die die Agentur Ruder Finn verbreitete, brachte er die Mär von Konzentrationslagern auf. Er behauptete, von den Serben «werden Selektionen vorgenommen, und ich sage bewusst Selektionen», und schreckte nicht davor zurück, die «Ermordung der geistigen Elite» zu beklagen. Die als ermordet gemeldeten Albaner tauchten jedoch später wieder auf. Aber da hatte der Krieg schon begonnen.

Am Anfang des Krieges hat die jugoslawische Regierung die Nato darauf aufmerksam gemacht, welche gesundheitlichen und ökologischen Katastrophen durch eine Bombardierung chemischer Anlagen ausgelöst würden und legte einen Plan der gefährlichsten Produktionsstätten bei. Zynischerweise hat die Nato den Plan als Zielvorgabe genutzt und genau danach bombardiert.[78]

Die Gegenseite zum Schweigen bringen

Während die eigenen Informationen manipuliert wurden, sollten die Informationen der Gegenseite ganz zum Schweigen gebracht werden. Meinungsfreiheit ist im Krieg zu der Freiheit verkommen, die Meinung des Gegners zum Verstummen zu bringen. So hatte die Nato in Djakovica eine Kolonne albanischer Flüchtlinge beschossen, 75 Menschen starben, darunter viele Kinder. Nato-General Clark beschuldigte die jugoslawische Luftwaffe. Als aber Teile von Bomben amerikanischer Herkunft im Fernsehen gezeigt wurden, behauptete er, es habe sich um einen Militärkonvoi gehandelt. Doch da gingen die Bilder der serbischen Radio- und Fernsehgesellschaft *RTS* von den verkohlten Planwagen der albanischen Bauern schon um die Welt. Das durfte nicht so weitergehen.

Sender und Journalisten als Angriffsziele zu bestimmen ist nach dem Genfer Abkommen verboten. Die Hinrichtung von Journalisten ist dennoch kein Alleinstellungsmerkmal des IS, in diesem Krieg war auch die Nato nicht zimperlich. Nur dass es davon keine Abschreckungsvideos gibt. Doch die Bilder entstehen auf der eigenen Netzhaut: In der Nacht des 23. April 1999 greift die Nato ohne Vorwarnung den Hauptsitz der rund um die Uhr sendenden *RTS* im dicht bebauten Zentrum Belgrads an. Die intelligente Bombe trifft zielgenau ins Erdgeschoss, um dann von unten nach oben alle Etagen zu durchbohren. Das Dach bleibt unversehrt, aber die darunter sind, haben keine Chance. 16 Hingerichtete und 30 Verletzte liegen in den Trümmern.

In einem Interview mit der *BBC* vom 12. März 2000 erklärte Tony Blair, der Angriff auf den *RTS* sei notwendig geworden, weil auch westliche Sender die Videos von zivilen Opfern übernommen hätten. «Das ist eines der Probleme, wenn man in einer modernen Kommunikations- und Informationsgesellschaft Krieg führt. Uns war klar, dass diese Bilder auftauchen und eine instinktive Sympathie für die Opfer bewirken würden.»

Mit seiner Begründung stand Blair im Widerspruch zur britischen Verteidigungsdoktrin, die festschreibt: «Die Moral der Zivilbevölkerung des Feindes ist kein legitimes Ziel.» Und auch im Handbuch der deutschen Bundeswehr heißt es: «Erhebt man die direkte Einwirkung auf den Kriegswillen der gegnerischen Bevölkerung zum legitimen Ziel militärischer Gewaltanwendung, so kann es im Ergebnis ... keine Grenzen der Kriegführung mehr geben.»

Als das jugoslawische Fernsehen nur Stunden später von einem Ersatzstudio dem europäischen Satellitenfernsehen immer noch Bilder lieferte, die geeignet waren, Behauptungen der Nato zu widerlegen, beschloss auf deutsche Initiative das europäische Satelliten-Konsortium, das Signal des jugoslawischen Fernsehens abzuschalten. «Seit gestern Abend ist die Berichterstattung über die Nato-Angriffe eingeschränkt. Bilder von getöteten Zivilisten und verwüsteten Wohnhäusern», so meldete die *ARD*-Tagesschau am 27. Mai, «werden künftig nicht mehr zu sehen sein.»[79]

Gab es keinen Widerspruch?

An der Abstimmung über das Mandat des Bundestages für den Bundeswehreinsatz hatte sich der damalige Justizminister Edzard Schmidt-Jortzig (FDP) couragierterweise nicht beteiligt. Seinen Protest gegen die «völkerrechtswidrige Kabinettsvorlage» gab er zu den Akten. Eine lobende Erwähnung für ihre ablehnende Haltung verdienen auch Sabine Leutheusser-Schnarrenberger von der FDP, Peter Gauweiler von der CSU, Hermann Scheer und Oskar Lafontaine, damals SPD, die gesamte PDS-Fraktion und Willy Wimmer von der CDU, der von einem «ordinären Angriffskrieg» sprach. Einen Tag nach Kriegsbeginn erhob die PDS Verfassungsklage. Der Krieg sei ein Verstoß gegen das Völkerrecht, das Grundgesetz, den Zwei-plus-Vier-Vertrag und sogar gegen Art. 5 des Nato-Vertrages. Das Bundesverfassungsgericht nahm die Klage nicht an.

In einer Erklärung des Willy-Brandt-Kreises forderten wir drei Wochen nach Kriegsbeginn die Einstellung des Bombardements: «Die Luftschläge wurden mit dem Ziel begonnen, Jugoslawien zur Zustimmung eines von der Nato garantierten Autonomiestatus für die Kosovo-Albaner zu zwingen.» Diese Einschätzung hielten Egon Bahr und der Friedensforscher Dieter S. Lutz ihrer Partei vor, wie auch Günter Gaus, Oskar Negt, Klaus Staeck und andere aus dem Kreis. Es lohnt, sich diese Kriegsbegründung aus aktueller Sicht noch einmal zu vergegenwärtigen: Das wäre, als würden die Russen heute Kiew bombardieren, um die Ukrainer zur Zustimmung eines von den Russen garantierten Autonomiestatus für die Separatisten in der Ostukraine zu zwingen.

Unser Appell endete: «Jede Maßnahme ist dann nicht mehr verhältnismäßig, wenn ihre direkten und indirekten Folgen und Nebenwirkungen, insgesamt betrachtet, mehr zerstören als schützen. Der Krieg der Nato ist rechtlich, militärisch und planerisch dilettantisch vorbereitet und durchgeführt – zu Lasten der Opfer, die es zu retten gilt.» Keine größere Zeitung nahm uns die Erklärung ab. Auch wenn die Presse zunehmend kritische Fragen stellte, zugespitzte Antworten störten. Die meisten deutschen Intellektuellen blieben sprachlos. Der Krieg war ein Meister in Rot-Grün.

Die Nato hat in diesem von westlichen Politikern forcierten Bürgerkrieg einseitig Partei ergriffen und militärische Ziele und Infrastruktur der Serben bombardiert. Bei einer Recherchereise zehn Jahre danach habe ich in Belgrad im Ministerium für Infrastruktur eine Aufstellung der Kriegsschäden bekommen, auch wenn nicht alles erfasst sei, wie es dort hieß. Das war mir insofern wichtig, als hierzulande die offiziellen Bilanzen, wenn überhaupt, nur die weitgehend den Serben zugeschriebenen Schäden im Kosovo auflisten. Die 78 Bomben-Tage über Restjugoslawien haben etwa 1200 Zivilisten das Leben gekostet, weitere 100 starben durch Streubomben. (Andere Quellen geben höhere Opferzahlen an. Alle Quellen bestätigen jedoch, dass die von der Nato zu verantwortenden Opferzahlen um ein Vielfaches über denen liegen, die der vorangegangene Bürgerkrieg im Kosovo, also der angebliche Völkermord, gekostet hat.)

Die 61 zerstörten Brücken waren inzwischen wieder aufgebaut, ein stolzer Bildband zeigte die jeweiligen Trümmer im Wasser und die befahrbare Neukonstruktion. Vieles andere war noch nicht wieder erneuert, worüber nicht so gern gesprochen wurde. Getroffen und stark beschädigt bis gänzlich zerstört wurden demnach 476 Bildungsstätten und Schulen, 113 Krankenhäuser und Reha-Kliniken, 74 TV-Stationen oder Transmitter und zahlreiche Elektrizitätswerke, 31 Landwirtschaftsunternehmen, 64 öffentliche Verwaltungen, darunter das Haus der Sozialistischen Partei Serbiens, das Innenministerium, die Chinesische Botschaft, Banken, Hotels und Touristenbüros. Die Ruinen gaben Belgrads Zentrum auch nach zehn Jahren noch ein trostloses Aussehen. Schaden nahmen 50 000 Wohnungen und 36 sakrale Einrichtungen. Experten hätten berechnet, wenn keine Hilfe aus dem Ausland käme, werde es 80 Jahre dauern, bis alles wiederhergestellt sei. Die Opfer müssen sich den Tätern andienen, sonst kommen sie nie aus ihrem Dilemma. Das aber ist ein noch schlimmeres Dilemma.

Ein Beispiel: Zerstört wurden auch 235 Fabriken, darunter 160 000 Quadratmeter Produktionsfläche und Maschinen der Zastava-Autoproduktion (eine in der DDR beliebte Marke). Wie durch ein Wunder wurden in Kragujevac nur 160 Autobauer verletzt, kein Wunder allerdings, dass 32 000 arbeitslos wurden. Die einstigen volkseigenen Zastava-Werke sind heute ein Joint Venture, bei dem 67 Prozent Fiat Chrysler gehören, einem der weltgrößten Konzerne. Zum Dank, dass das Unternehmen in das zertrümmerte Werk investiert hat, darf es seither steuer- und zollfrei produzieren, sodass die Stadt und das Land mit null Prozent an dessen Gewinn beteiligt sind. Mehr als 2400 Arbeitsplätze konnten dennoch nicht erhalten bleiben, da nur noch ausländische Teile montiert werden. «Nur die Luft in den Reifen ist serbisch», sagen die Arbeiter heute. Kragujevac gehört heute zu den ärmsten Städten des Landes. Darüber findet sich nichts in unseren Leitmedien.

Obwohl es Gründe gäbe, mit dieser Stadt etwas mehr Erbarmen zu haben. Die Deutschen haben sie leidgeprüft. Im Oktober 1941 erschoss die Wehrmacht hier 7300 Bewohner als Vergeltung für irgendein Gefecht mit Partisanen, bei dem 10 Wehrmachtssoldaten ums Leben gekommen waren. Unter den Opfern des Massakers waren auch alle 300 Schüler des örtlichen Gymnasiums. Ihre 18 Lehrer hätten der Hinrichtung entgehen können, entschlossen sich aber, das Schicksal ihrer Schüler zu teilen. In dem Vollzugstelegramm an das Auswärtige Amt hieß es: «Die Erschießungen in Kragujevac sind erfolgt, obwohl in dieser Stadt kein Angriff gegen deutsche Wehrmachtsangehörige stattgefunden hatte, weil anderwärts nicht genügend Geiseln aufgetrieben werden konnten.»

Bei den Nato-Bombardements sind die 33 Glaskuppeln zerborsten, die in dem Gedenkmuseum die 33 Gräberfelder symbolisierten. Getroffen wurde eine Skulptur, die den Titel trägt: «Der Faschismus ist überwunden.» Mit dem Motiv dieser Skulptur aus dem Gedenkpark in Kragujevac war 1967 in der DDR immerhin eine Sonderbriefmarke erschienen. In der Geschichtsschreibung war das Massaker, das zu den schlimmsten der NS-Zeit gehört, präsent.[80] Ein offizielles Gedenken oder eine Entschuldigung oder gar Entschädigung durch die Bundesrepublik ist nicht bekannt.

Das Fest des ewigen Lebens

So ließe sich zu jedem Opfer und jeder Zerstörung eine unerzählte, oder nicht zu Ende erzählte Geschichte nachreichen. Wie zu der 15-jährigen Sanja aus dem serbischen Städtchen Varvarin. Seit ein paar Monaten besuchte das begabte Mädchen das mathematische Elite-Gymnasium in Belgrad. Der Stolz der Familie – sie würde eines Tages die Enge der Provinz überwinden. Doch als die ersten Bomben auf Belgrad fallen, holt ihre besorgte Mutter sie sofort aufs sicher geglaubte Land zurück. Das nächste militärische Ziel, eine alte Kaserne, liegt hier 22 Kilometer entfernt. Und zwischen ihnen und dem Kosovo erhebt sich gar ein Gebirge.

Am Pfingstsonntag, in der serbisch-orthodoxen Kirche das Fest des ewigen Lebens, haben sich Sanja und ihre beiden Freundinnen herausgeputzt zum Kirchgang. Mutter Vesna bleibt zu Hause, um das Familienfest vorzubereiten. Im Städtchen herrscht buntes Treiben, auch der Wochenmarkt bietet Festliches. Auf dem Heimweg mittags um eins überqueren die drei Mädchen gerade die schmale Brücke über das Flüsschen Morava, als aus wahrlich heiterem Himmel zwei Kampfjets auf sie zu jagen. Wie mit der Axt durchtrennt, bricht die Brücke sofort auseinander und stürzt in den Fluss. Die drei Mädchen sind schwer verletzt, Sanja hängt mit dem Kopf nach unten über dem Wasser, aber lebt. Von beiden Seiten eilen Männer zu den Trümmern, um den schreienden Kindern zu helfen. In dem Moment stürzen sich nochmals zwei Flugzeuge mit ihrer tödlichen Ladung auf die längst zerstörte Brücke. Was jetzt folgt, ist reine Menschenjagd, purer Terrorismus.

Acht Retter sind tot. Kommt ein dritter Angriff? Inzwischen hängt Sanjas Kopf halb im Wasser, sie ist bewusstlos. Durch die Detonationen aufgeschreckt, ist Vesna eingetroffen, halb irre vor Angst um ihr Kind steigt sie in den Fluss – die Strömung reißt sie weg. Es dauert eine Weile, bis Sanja auf ein Brett gelegt und in ein Krankenhaus gebracht werden kann. Sie hat eine große Wunde vom Rücken bis zum Bein, Splitter im ganzen Körper. Sie stirbt im OP.

Am selben Tag meldete das Supreme Headquarter der Allied Powers der Nato, in Varvarin hätten vier Flugzeuge mit präzisionsgelenkten Waffen alle vorgesehenen Ziele erfolgreich getroffen. Die Autobahnbrücke sei eine Hauptkommunikationslinie und damit ein legitimes Ziel gewesen. Anstatt dass sich am Tag des ewigen Lebens bei den Varvarinern jemand entschuldigt, werden sie verhöhnt. Eine Autobahn hat es in ihrem Städtchen nie gegeben. Die 80 Jahre alte

Brücke konnte nur einspurig in eine Richtung befahren werden, so schmal war sie. Jeder Militärtransport wäre darauf eingebrochen. Zudem führte die Landstraße am Gebirge in eine Sackgasse, von einer Nachschublinie ins Kosovo keine Spur.

Noch während des Krieges verklagte Rest-Jugoslawien alle zehn Nato-Staaten für die völkerrechtswidrigen Angriffe beim Internationalen Gerichtshof in Den Haag. Die Klage wurde abgewiesen, weil nur UNO-Mitglieder klageberechtigt seien. Jugoslawien, seit 1945 Mitglied, wurde dieser Status, da im Zerfall befindlich, aberkannt. Angegriffene Länder, die dabei zu *failed states* werden, riskieren also kein Rechtssubjekt mehr zu sein. Sehr praktisch für Angreifer.

Beteiligung an Staatsverbrechen?

Sogar beim damaligen Generalbundesanwalt Kay Nehm sind 50 Strafanzeigen verschiedenster Kläger gegen die deutsche Regierung wegen § 80 StGB eingegangen, Vorbereitung eines Angriffskrieges. Der *Spiegel* stellte sich respektlos vor, Schröder, Scharping und Fischer würden unter folgender Anklage verhaftet: «Die Bundesrepublik habe sich an einem Staatsverbrechen beteiligt, dem schwersten, das im deutschen Strafrecht aufgeführt ist – einem Angriffskrieg von deutschem Boden aus. Darauf steht lebenslang.»[81] War jemand überrascht, dass der Generalbundesanwalt keine Ermittlungen aufnahm? Er ist den Weisungen des Bundesjustizministers unterstellt. Und hat ein solcher jemals seine Mitregierenden verklagt?

Den Klägern wurde immerhin mitgeteilt, weshalb keine Anhaltspunkte für eine Straftat vorlägen. So schrieb im Namen des Generalbundeanwalts Nehm Oberstaatsanwalt Dietrich an den klageführenden Anwalt Fiand aus Hamburg am 24.8.1999, er habe den Sachverhalt geprüft. Man dürfe das Strafgesetzbuch «nicht nur an dessen Wortlaut, insbesondere nicht allein am militärisch verstandenen Begriff des Angriffskrieges» auslegen. Die Frage sei vielmehr, ob das «friedliche Zusammenleben der Völker» gestört wurde. Und da hätten die Nato-Verbündeten und «die für den Einsatz der Bundeswehr Verantwortlichen im Rahmen des ihnen zustehenden politischen Ermessens» lediglich die Unterdrückung und Vertreibung der Kosovo-Albaner beenden wollen. Dafür gäbe es eine «Vielzahl allgemeinkundiger Umstände», wie die Debatten des Bundestages.

Nun wird aus der Rede von Kanzler Schröder vom 26. März 1999 zitiert. In den letzten Monaten und Wochen sei «nichts, aber auch gar nichts unversucht» geblieben, eine friedliche Lösung des Kosovo-Konflikts zu erzielen. In Rambouillet sei «ein faires Abkommen» unterbreitet worden. «Einzig die Belgrader Delegation hat durch ihre Obstruktionspolitik alle, aber auch alle Vermittlungsversuche scheitern lassen. Sie allein trägt die Verantwortung für die entstandene Lage. ... Allein in den letzten sechs Wochen haben noch einmal 80 000 Menschen dem Inferno, das es dort gibt, zu entrinnen versucht. Umgerechnet auf die Bevölkerung der Bundesrepublik Deutschland, wäre das die Einwohnerschaft einer Metropole wie Berlin.»

Einschließlich des phantasiebefördernden, kriegshetzerischen Umrechnungsfaktors war alles an diesem Statement Propaganda. Weder gab es Zigtausende, die aus einem Inferno flüchteten, noch ein faires Vertragsangebot, noch hatte Belgrad alle Vermittlungsversuche blockiert. Ein halbes Jahr vor Kriegsbeginn hatte Milošević einer Nato-Luftüberwachung des Kosovo zugestimmt und sich bereit erklärt, auch bis zu 2000 Verifikateure der OSZE in die Region zu lassen. Schließlich hatte die Belgrader Regierung auch dem politischen Teil des Rambouillet-Abkommens zugestimmt, im Gegensatz zu den Kosovaren. Woraufhin der serbischen Seite in letzter Minute als unverhandelbares Diktat der geheime Appendix B vorgelegt wurde, die totale militärische Nato-Besatzung ganz Jugoslawiens einschließlich der Immunität der Nato-Angehörigen vor allen zivil- und strafrechtlichen Verfahren. Der Völkerrechtler de Waart sprach von einem illegalen Würgegriff, und von Rudolf Augstein sind aus dem *Spiegel* die einprägsamen Worte überliefert, es seien Bedingungen gestellt worden, «die kein Serbe mit Schulbildung hätte unterschreiben können».

Nicht nur, dass Politiker gelogen und betrogen haben, auch ihr Untergebener, der Generalbundesanwalt, zeigte keinen Ehrgeiz, zur Wahrheitsfindung beizutragen. Er nahm die Falschdarstellungen als faktische Grundlage zur Abweisung aller Anzeigen. Überraschend war dennoch, mit welch dünner Begründung er vor den Journalisten, die es doch besser wussten, durchkam: Der Jugoslawien-Einsatz habe eine «dem Völkerfrieden dienende, nicht eine ihn beeinträchtigende Krisenintervention» dargestellt. Der dem Justizministerium unterstellte Beamte beugte sich damit der neuen Nato-Doktrin, wonach selbstmandatierte «humanitäre Interventionen» nicht weiter zu hinterfragen seien, sondern grundsätzlich in Ordnung gingen. Selbst wenn sie wie in Serbien zehn Tonnen Geschosse mit abgereichertem Uran sowie mindestens 1000 Clusterbomben und Landminen hinterließen. Fundamentale rechtliche Einschränkungen von Gewaltanwendung, wie Erforderlichkeit, Verhältnismäßigkeit oder Tauglichkeit, fanden keine Beachtung mehr. Das bedeutete zugleich die schwerwiegende Abkehr vom Gewaltmonopol der UNO.

So hatten sich viele ostdeutsche Bürgerrechtler, aber auch Juristen, Wissenschaftler und Militärs den Rechtsstaat nicht vorgestellt. Dem Ostberliner Ehepaar Kampffmeyer und einigen Mitstreitern war es immerhin gelungen, vor dem Landgericht Bonn im Namen der Opfer von Varvarin eine Klage auf Schadenersatz und Schmerzensgeld durchzubekommen. Sie berief sich darauf, dass die Beteiligung Deutschlands gegen die UN-Charta und das Grundgesetz verstoße und sich die Verantwortlichen nicht nur durch ihre Zustimmung zu den Ziellisten, die zivile Infrastruktur erfasst haben, strafbar gemacht hätten, sondern zusätzlich durch Beihilfe beim Aufklären von Zieldetails und sichern der Bomber-Angriffsgruppe durch Niederhaltung der Luftabwehr.

Die Ansprüche wurden zwar als unbegründet abgelehnt, gingen aber mit Revisionen bis zum Bundesgerichtshof. Der Prozess wurde tatsächlich in allen großen Zeitungen als ein «Verfahren für die Rechtsgeschichte» mit Spannung verfolgt. Fand er doch in einer Umbruchphase des Völkerrechts statt, in der einzelne Täter verantwortlich gemacht und Opfer individuell geschützt werden. Wenn Individuen verklagt werden dürfen, müssten sie doch folgerichtig auch das Recht haben, selbst zu klagen – so die herausfordernde neue Frage.

Doch so mutig wollte der BGH nicht sein. Er blieb bei der alten Regel, wonach Ansprüche nicht geschädigte Personen, sondern nur deren Heimatstaaten hätten. (Aber der war ja in dem Fall als Rechtssubjekt bedauerlicherweise untergegangen.) So mussten die Vorwürfe in der Sache gar nicht erst untersucht werden. Das Gericht wies vorsichtshalber dennoch darauf hin, dass den staatlichen Stellen bei der Auswahl der Bombenziele ein umfangreicher, wegen der Geheimhaltung «gerichtlich nicht nachprüfbarer Beurteilungsspielraum» zustünde. Gerichtlich nicht nachprüfbarer Spielraum – also rechtsfreier Raum –, wer von uns könnte sich wohl auf ein solches Privileg berufen? Was die Prozesskosten betraf, sah das Gericht keinerlei Spielraum, den mittellosen Klägern weiteres Leid zu ersparen. Es drohte ihnen mit Pfändung, falls sie die 16 000 Euro nicht pünktlich aufbrächten. Hier musste offenbar ein Präzedenzfall für weitere Klageflut vermieden werden. Wie staatstragend darf Justiz sein?

Die ostdeutschen Initiatoren, von ihrer Gerechtigkeitsmission und solidarischen Pflicht überzeugt, wollten sich dennoch nicht geschlagen geben und reichten im Namen der serbischen Opfer von Varvarin Verfassungsbeschwerde beim BVG ein. Sie sahen mit der Ablehnung der Entschädigung zwölf Grundgesetzartikel verletzt, darunter 2/1; 14; 19/4; 25; 26 und 100/2. Das BVG ließ sich sechs Jahre Zeit. Den Entscheidungsvorschlag machte schließlich als Berichterstatter Richter Peter Müller, der als CDU-Ministerpräsident die «humanitäre Intervention» einst begrüßt hatte. Das muss nichts heißen, muss aber auch nicht unerwähnt bleiben. Am 13. 8. 2013 begründete das Gericht seinen Entschluss, die Verfassungsbeschwerde mangels Erfolgsaussicht nicht zur Entscheidung anzunehmen. Für die Medien hatte sich der Fall längst erledigt, dabei war die Begründung doch noch sehr aufschlussreich.

Zwar gäbe es vereinzelt Fälle, in denen Geschädigten von «bewaffneten Auseinandersetzungen» eine Entschädigung durch den verantwortlichen Staat zugebilligt worden sei. Eine «Verdichtung» dieser Fälle zu einer gewohnheitsrechtlichen Regel «lässt sich jedoch - jedenfalls derzeit - nicht feststellen». Nun hätte das BVG ja mutig zu einer solchen, zweifellos der Gerechtigkeit dienenden «Verdichtung» beitragen und damit Rechtsgeschichte schreiben können. Aber dazu hätte es Männerstolz vor Königsthronen bedurft.

Der wiederum hätte zu einem anderen Umgang von nationalen (und internationalen) Gerichten mit der Nato geführt. Dort gilt das Prinzip des «need to know», nach dem es militärischer Praxis entspricht, dass nur die unmittelbar an dem Angriff Beteiligten die dafür notwendigen Informationen erhalten. Eine alte Geheimdienst-Regel. Die auch rückwirkend gilt. Das heißt, es war weder den Klägern noch den Gerichten möglich, zu ermitteln, was genau die Rolle der deutschen Aufklärungsflugzeuge war, ob sie den Angriff direkt abgesichert haben oder «Fahrlässigkeit» schon allein durch die Zielauswahl nachzuweisen ist. Sicher habe es sich bei der Brücke «nicht um einen Hauptverkehrsweg» gehandelt, so das BVG, aber sie vorsorglich in «völkerrechtskonformer Weise zu zerstören» hätte dennoch dazu beitragen können, «das Ziel der Abwendung einer humanitären Katastrophe zu erreichen». Du lieber Himmel!

Der Streit darüber, bei wem die Beweislast gelegen habe, war völlig überflüssig, weil beide Seiten nichts beweisen konnten. Militär kann sich offenbar bei Anklagen hinter Geheimhaltungsgeboten verstecken, Verantwortliche als Zeugen vorzuladen ist nicht vorgesehen. In hoheitlichen Bereichen, also in allem wirklich Lebenswichtigen, haben Politiker und Militärs Spielräume, die nur sehr eingeschränkt auf sachliche Richtigkeit zu überprüfen sind. Das Gericht muss in derartiger Unkenntnis zurückhaltend entscheiden. Sicherlich haben die Richter bei diesem heißen Thema nicht gewagt, *ihren* Ermessensspielraum auszuschöpfen. Sie sind andererseits aber an eine Rechtsprechung und an ein nationales und internationales Recht gebunden, mit denen sich die Macht gegen Angreifbarkeit abgesichert hat. Das ist die eigentliche Crux.

Auf eine allgemeiner gehaltene Klage gegen die Nato bekam Rechtsanwalt Fiand von Oberstaatsanwalt Hemberger am 26.8.1999 die Antwort, der Krieg könne schon deshalb kein Völkermord gewesen sein, da sich «die militärischen Maßnahmen nicht gegen das in Restjugoslawien lebende Staatsvolk» der Serben gerichtet hätten, «sondern vielmehr gegen die Führung der Föderativen Republik Jugoslawien, insbesondere Slobodan Milośević». Wer also meint, eine zu stürzende Regierung so unter Druck setzen zu müssen, dass die gesamte Infrastruktur des Landes bombardiert werden darf, ist juristisch abgesichert?

Ist die Nato überhaupt ein verklagbares Rechtssubjekt? Zumindest ist sie trotz zahlloser Aktionen, die sich dem sogenannten gesunden Menschenverstand als klare Kriegsverbrechen darstellen, noch nie verklagt worden. Die Mächtigen haben es trotz Weltrechtsprinzip verstanden, sich weitgehend politische Immunität zu verschaffen und so vor Strafverfolgung zu schützen. Verfolgt werden nur die politischen Gegner. Wie reagierte doch die Chefanklägerin des Internationalen Gerichtshofs, Carla Del Ponte, am 30.12.1999 auf die Frage der *New York Times*, warum die Klage Jugoslawiens gegen das Vorgehen der Nato zurückgewiesen wird? «Das Tribunal hat wichtigere Aufgaben als Ermittlungen gegen westliche Führungen, die die besten Stützen des Gerichtshofes sind.»

Das zeigt einmal mehr, dass die Aktivbürger sich bei der Gesetzgebung, bis hin zum Verfassungs- und Völkerrecht, ein Mitspracherecht erkämpfen müssen. Wie allerdings «das Volk als Gesetzgeber» beschaffen sein muss, ist eine Frage, die sich durch die Philosophiegeschichte zieht und die zumindest bis zum Schlusskapitel vertagt werden soll.

Die Bilanz der angeblich friedenserzwingenden Maßnahmen auf dem Balkan ist nicht nur ernüchternd, sondern ein Armutszeugnis für eine Politik, die humanitäre Motive für sich in Anspruch genommen hat. Bis auf die gewaltsame Abtrennung des Kosovo wurde kein politisches Ziel erreicht. Für die UÇK-Kämpfer ist so die wichtigste Botschaft, dass Gewalt sich lohnt. Die öffentliche Scheinordnung ist bis heute nur durch die «ethnischen Säuberungen» aufrechtzuerhalten gewesen, die angeblich vermieden werden sollten. 350 000 Menschen, darunter viele Roma, wurden nach Kriegsende vertrieben. Um die verbliebenen Albaner und Serben zu befrieden, müssen seither multinationale Truppen unter Führung der Nato vor Ort sein. Mit Camp Bondsteel haben sich die USA ihren größten ausländischen Militärstützpunkt gegönnt, der Kosovo ist ein Nato-Protektorat geworden. Ein Miniland, wirtschaftlich nicht lebensfähig, das von der EU, also uns allen, jährlich mit 100 Millionen Euro subventioniert werden muss. Und dennoch fest im Griff der organisierten Kriminalität ist.

Serbien ist in seiner Entwicklung um Jahrzehnte zurückgebombt worden. Geblieben ist eine arme, erniedrigte, erpressbare Bevölkerung, der die jungen, gebildeten Schichten davonlaufen. Die weitgehend im Besitz der deutschen *WAZ*-Gruppe befindlichen serbischen Medien dienen kaum der Aufarbeitung. Die Analyse im Land lebender Autoren ist dafür an Bitterkeit schwer zu übertreffen, wie der Suhrkamp-Band «Serbien nach den Kriegen» veranschaulicht.

Der kroatische Philosoph Boris Buden beklagt darin die Prekarisierung der menschlichen Existenz, die Vernichtung der letzten Überreste sozialer Solidarität, eine an den Frühkapitalismus erinnernde Ausbeutung, oft kriminelle Privatisierung, Re-Klerikalisierung bei kulturellem Konservatismus. Erst unsere Blindheit gegen die gnadenlose Profitjagd mache es möglich, diesen Prozess als den eines demokratischen und zivilisatorischen Fortschritts auszugeben.

«Das, woran Serbien heute leidet, ist kein unvollendeter Demokratisierungs-, sondern ein fortschreitender, eindeutig von faschistischen Zügen geprägter Zerfallsprozess.»

Der als Schriftsteller und Herausgeber nach Jahren in Harvard nun in Belgrad lebende Sohn des einstigen Staatsfeindes Nummer eins, Aleksa Djilas, macht den Vorwurf, dass die sogenannte «humanitäre Intervention» der Nato im Kosovo nicht nur inkonsequent war – weil der Kampf gegen den Nationalismus der Serben den Sieg des kaum anders gearteten albanischen Nationalismus ermöglichte, sondern auch blind war für die Werte der serbischen Geschichte und der orthodoxen Religion, Kunst und Tradition. «Deshalb wurde im Kosovo nicht nur über den serbischen Nationalismus gesiegt, sondern auch die serbische Kultur mehr oder weniger vernichtet.»

DEMOKRATIE HEISST AUCH SELBER SCHULD SEIN

Die Autorität von Wahlen schmilzt wie Polkappen

Dieser Krieg hat der Demokratie noch einen anderen Bärendienst erwiesen. Er hat die in ihrem Nationalstolz verletzten Serben zusammengeschweißt, Milošević ging gestärkt daraus hervor. Da der Krieg sein Ziel verfehlt hatte, blieb der Opposition nur, bis zu den nächsten Wahlen, die ein gutes Jahr später stattfanden, den Regime-Change vorzubereiten. Für den Export einer orangenen Revolution hätte es keines Krieges bedurft. Der Aufbau der serbischen Oppositionsgruppe Otpor (Widerstand) wurde mit jährlich 80 Millionen Dollar vom US-Außenministerium finanziert, auch vom Committee on the Present Danger, deren Vorsitzender der frühere CIA-Direktor James Woolsey war. Otpor war der erfolgreiche Probelauf für das Ziel, durch gutorganisierte «friedliche Revolutionen» im früheren sowjetischen Machtbereich antiwestliche Regierungen durch prowestliche zu ersetzen. Berechtigte Kritik an Missständen im Land wird so von einer konstruktiven zu einer destruktiven Kraft. Neben spektakulären Aktionen vor laufender Kamera und dem Einführen von wiederkehrenden Symbolen, wie später der Farbe Orange in der Ukraine oder Rosen in Georgien, sind Wahlen ein Arbeitsschwerpunkt.

Dabei geht es darum, Auslandsmedien die Behinderung der Opposition im Wahlkampf vorzuführen und grundsätzlich Manipulationen zu unterstellen. (Das deutsche Fernsehen hat solche Deutungen gern aufgegriffen. Andererseits fand man auf tagesschau.de auch den Bericht: «Otpor – oder wie wird man Revolutionär?», der die

Strategie detailliert beschrieb.) Die entscheidende Phase sind Fälschungsvorwürfe noch am Wahlabend, medial wirksame Proteste der Opposition, Erzeugen politischen Drucks im In- und Ausland, Sturz der Regierung und Übernahme durch die vom Westen aufgebaute Opposition.

Genau nach diesem Szenarium verlief der Sturz des aus den Wahlen als Sieger hervorgegangenen Milošević. Eine aufgebrachte Menschenmenge strömte vor das Parlament, zündete es an, um sich so dem angeblichen Stimmenraub der Wahlkommission zu widersetzen. Die Polizei zog sich zurück, während Teile des historischen Mobiliars in Flammen aufgingen. Das Gleiche geschah mit dem Gebäude des staatlichen Fernsehens, dessen Direktor vor das Haus geschleift wurde, wo er wegen der Berichterstattung, etwa über Otpor, fast zu Tode geprügelt wurde. Diese Bilder gingen um die Welt. Noch am selben Abend wandte sich Vojislav Koštunica, der von der US-Außenministerin Albright und Außenminister Fischer bei einem Geheimtreffen in Berlin als neuer Präsident auserkoren worden war, in dieser Funktion über das Fernsehen an die Bürger. «Ein klug dosiertes und auf die Situation abgestimmtes Konzept sowie knapp ein Jahr der Vorbereitung hatten mehr bewirkt als die Bombenangriffe.»[82]

Sofort nach dieser Otpor-Revolution beschleunigte sich in Serbien die Privatisierung einer Wirtschaft, die mehr mit gesellschaftlichem Eigentum experimentiert hatte als alle anderen. Gleichzeitig begann eine flächendeckende Abrechnung mit der als sozialistisch angesehenen Elite, ähnlich dem Post-DDR-Modell. 200 für staatsnah gehaltene Richter wurden entlassen, Funktionäre verhaftet und 40 000 Ermittlungsverfahren eingeleitet. Natürlich auch gegen alle Mitglieder der Wahlkommission. Hunderte Zeugen wurden vernommen. Der Prozess zog sich sieben Jahre hin. In dieser Zeit wurden vier Richter ausgetauscht, weil sie nicht bereit waren, ohne Beweise einen Schuldspruch zu fällen, wie Juristen mir in Belgrad erzählten. Erst als rechtsstaatliche Leute im Justizministerium die Oberhand gewannen, erging ein Urteil gegen alle Mitglieder der Wahlkommission: Freispruch. Wahlfälschung bei den Präsidentschaftswahlen vom 24. September 2000, aus denen Milošević als eindeutiger Sieger hervorging, ist nicht nachzuweisen. Das heißt, gestürzt wurde kein Diktator, sondern ein demokratisch gewählter Präsident.

Davon hatte ich in Deutschland nie gehört, nicht einmal auf alternativen online-Plattformen. Das war nun Schnee von gestern. Aber bis heute gilt, dass Wahlen, das eigentliche Instrument der Demokratie, entwertet sind. Kaum eine Wahl, bei der nicht schon im Vorfeld Einmischung, Manipulationen, Hacker, Bots beschworen werden – alles, was dem Gegner zuzutrauen ist. Auch vor der Europa-Wahl gab es derartige Warnungen. Nach der Wahl sah sich der Europa-Wähler durch das unwürdige Personal-Poker von Rat und Parlament um seine Stimme betrogen. Das Fatale an diesen echten oder behaupteten Wahlfälschungen ist, dass die einzige Institution der parlamentarischen Demokratie, die den Bürgern wenigstens noch die Illusion von Teilhabe an Macht verspricht, ad absurdum geführt wird. Der Einfluss von Wahlen auf den beschriebenen, die Macht unangreifbar machenden Rechtsrahmen tendiert gegen null, ihr Ausgang verändert nur Nuancen. Aber wenigstens die will man beeinflussen. Wenn man vermuten muss, die eigene Stimme nur in eine Lostrommel voller Propaganda, Fälschungen und haltloser Wahlversprechen zu werfen, gerät Politikverdrossenheit zum Dauerzustand.

Hieß es nicht, der vernünftige Al Gore hätte nur durch manipulierte Wahlautomaten gegen den schlichten Bush jun. das Nachsehen gehabt? Der spätere Nachweis, wie steigerungsfähig Schlichtheit sein kann, hat weder das Vertrauen in Wähler noch in Wahlen bestärkt. Abenteuerlich dann die Behauptung, Trump sei allein durch russische Einmischung an die Macht gekommen. Falls dieser Präsident je die Absicht hatte, das Verhältnis zu Russland zu entspannen, konnte ihm das so ausgetrieben werden. Jeder Versuch wird als Beweis dafür gewertet, wie abhängig ihn der den Russen geschuldete Dank macht. Dabei lohnt es, sich zu erinnern, worin genau die Wahlbeeinflussung bestanden haben soll.

Vier Wochen vor der Wahl hatte Julian Assange brisante Wikileaks-Enthüllungen angekündigt. Sofort behauptete Hillary Clintons Wahlkampfleiter John Podesta: Wikileaks sei der Propaganda-Arm der russischen Regierung. Dass es einen Zeugen gibt, der die Daten an Assange weitergegeben haben will, erschüttert die Legende nicht, dieser Zeuge kommt in der deutschen Lücken- und Linien-Presse einfach nicht vor. Nur auf so informativen Plattformen wie den *Nachdenkseiten* oder *Rubikon.* Oder im *Guardian.* Gegenüber der *Daily Mail* hat der einstige britische Botschafter in Usbekistan, Craig Murray, bekannt, er selbst habe die E-Mail-Daten von einem Mitarbeiter der Clinton-Administration bekommen, der frustriert war über die Intrigen gegen Bernie Sanders. Ein Insider-Whistleblower also.

Angenommen, es waren zusätzlich russische Hacker am Werk. Wahlfälschung durch Veröffentlichung der Wahrheit? Weil es nur auf einer Seite geschehen ist? Vielleicht. Doch wann sind Hacker, egal woher, eigentlich Whistleblower, die öffentlich machen, was Wähler wissen sollten? Schließlich muss das Geheimhaltungsinteresse des Staates hinter den Interessen der Öffentlichkeit und der Meinungsfreiheit im Zweifelsfall zurückstehen. Die *Washington Times* titelte: Waren es doch nicht die Russen? Craig Murray: «Das Schlimmste an alldem ist, dass es den Konflikt mit Russland verschärft. Das bringt für alle Gefahren – nur nicht für die Rüstungsindustrie und natürlich das größere Budget für die CIA.»[83] Der Dank, der Julian Assange gebührt, und die Gefahr, der er jetzt ausgesetzt ist, stehen im reziproken Verhältnis zu den eher dürftigen Solidaritätsbekundungen, die er erfährt.

Was Hillary Clinton später als den Hauptgrund ihrer Niederlage bezeichnet hat, passt heute nicht mehr ins Bild. Dass nämlich der republikanische FBI-Chef Comey zwei Wochen vor der Wahl verkündet hat, dass die strafrechtlichen Ermittlungen gegen Clinton wegen neuer Funde auf ihrem privaten E-Mail-Server wieder aufgenommen würden. Erst nach der Wahl stellten sich die Funde als belanglos heraus. «Wie das FBI Wahlkampf macht», titelte der *Tages-*

spiegel damals. Nach heutiger Erinnerung hat nur Einer Wahlkampf gemacht: Putin.

Das nicht zufällig kurze Gedächtnis der Medien hat überdies längst in Vergessenheit geraten lassen, dass die Russländer* allen Grund hätten, den Amis eine schicksalhafte Wahlbeeinflussung in Moskau heimzuzahlen. Die Amerikaner hatten 1996 alles Interesse daran, dass Boris Jelzin wiedergewählt wird, ein Mann, der mit der Schocktherapie von Privatisierung und Deregulierung die Wirtschaft des Kontrahenten ruinieren würde. Als Jelzins Popularität auf fünf Prozent abgesunken war, zogen US-Experten ins Moskauer Hotel «President». Zu diesem Team gehörten Bill Clintons Wahlhelfer Richard Dresner und der PR-Mann Steven Moore. Bis dahin hatten die Staatsmedien Jelzin wegen seines Tschetschenien-Krieges verdammt – wie von Zauberhand brachten die großen Fernsehsender in der Woche vor der Stichwahl 158 kritische Beiträge zu Sjuganow und 114 positive zu Jelzin. Für Jelzin waren 100 Millionen Dollar Wahlkampfhilfe von privaten Sponsoren eingegangen. Die PR-Leute rieten zu einer Diffamierungskampagne gegen den kommunistischen Gegenkandidaten Sjuganow, beispielsweise durch «Wahrheitsschwadronen», die ihn auf seinen Veranstaltungen mit (damals noch nicht so genannten) Fake News aus der Fassung bringen sollten. Jelzin willigte ein, als zentrale Botschaft die Gefahr eines Bürgerkrieges zu beschwören, falls die kommunistische Mangelwirtschaft wiederkehre.

Nach Jelzins Sieg schilderte das US-Magazin *Time* am 15.7.1996 detailgenau, wie man sich massiv in Russlands innere Angelegenheiten eingemischt hatte: Verdeckte Manipulation führt zum Erfolg, hieß es dort. Man konnte auch noch Meinungsfreiheit demonstrieren, Kritik an solchen Gaunereien war nicht zu erwarten. Auch der *Spiegel* widmete dem Vorgang einen kurzen Beitrag, der keine

* In Russland wird Wert darauf gelegt, die Bevölkerung nicht einfach als Russen zu bezeichnen. Etwa 20 Prozent der Einwohner gehören über 100 Nationalitäten an.

Empörung hervorrief. Dank Jelzins zügelloser Privatisierungspolitik wurde eine Kaste russischer Oligarchen mächtig. In der Amtszeit dieses protegierten Präsidenten halbierte sich das Nationaleinkommen, bis Russland 1998 zahlungsunfähig war.

Toskana-Fraktion versus Balaton-Klub

Solche Machenschaften gegenüber dem «großen Bruder» sind im Osten mit größerer Anteilnahme verfolgt worden. Erst langsam sickert in der Politik durch, dass selbst ostdeutsche CDU-Ministerpräsidenten, bei allen Vorbehalten, ein kulturell engeres Verhältnis zu Russland haben. Und zu Osteuropa. Es gehört zu den «dramatischen Unterschieden», dass der Toskana-Fraktion ein Balaton-Klub beigetreten ist. Die westorientierten Bundesbürger wurden mit DDR-Leuten konfrontiert, die, gewollt oder nicht, durch vielfältige Kontakte eher osteuropäisch geprägt waren. Aus den üblichen Arbeitstreffen innerhalb des Rates für gegenseitige Wirtschaftshilfe (RGW) ergaben sich nicht selten private Begegnungen.

Da uns gar nichts anderes übrig blieb, reisten wir gern ins Riesengebirge, die Hohe Tatra, auf die Krim oder ans Schwarze Meer. Oft in Privatquartiere von Leuten, die auch nicht viel hatten. Wir waren konfrontiert mit beschämend undeutscher Gastfreundschaft, mit Großfamilien oder großen Nachbar- und Freundesrunden, die Zeit füreinander hatten, und mit nicht enden wollenden Trinksprüchen: über den Frieden, die Freundschaft und die Liebe. Je hehrer das Begehr, je unabweisbarer die Sto Gramm.

Die Ostdeutschen haben offenbar auch ihre einstige Besatzungsmacht nicht in so schlechter Erinnerung. Zwar war die Massenorganisation «Deutsch-Sowjetische-Freundschaft» eine leere Hülle, aber bis 1989 haben doch alle Russisch gelernt. Oft ungern, aber heute schenken sie sich Souvenirs mit der Aufschrift: Венн Ду дас лезен каннст, бист Ду кейн Весси! In den Lehrplänen war die heroische

Gegenwartsliteratur obligatorisch, in den Konzertsälen und auf den Bühnen begegnete man aber der russischen Klassik, und Kenner schätzten lange vor der Perestroika für DDR-Verhältnisse bemerkenswert kritische sowjetische Filme und Romane. Nicht wenige haben das Land und seine nach deutscher Kriegsschuld staunenswert offenen Menschen kennengelernt – Delegazija: dienstlich, studienhalber, touristisch, gelegentlich auch privat. Begegnung mit Russland ist Begegnung mit Tragik – Stalingrad nur eine Metapher dafür. Die erleichtert angenommene Bereitschaft der Russländer zu rückhaltloser Vergebung blieb ein Wunder, war wie eine unverdiente Gunst.

Zigtausende FDJler arbeiteten über Monate auf der Großbaustelle der Erdgastrasse Druschba. Jahrelang wurde an dem über 500 km langen DDR-Abschnitt quer durch die Ukraine gebaut. Eine praktische und finanzielle Herausforderung, da zahllose Berge, neun Sümpfe, ein Stausee und der mächtige Fluss Dnepr gequert werden mussten. Nach Inbetriebnahme der Leitung zahlte die Sowjetunion mit zum Teil kostenlosem Gas. Schließlich wurde auch noch eine Erdgasleitung in Sibirien begonnen, bei bis zu plus 40 Grad im Sommer und minus 40 im Winter. In Westeuropa kam sie erst 1993 an, nun standen die kostenlosen Anteile dem vereinten Deutschland zu. Gedankt wurde das den Trassniks nicht, schon weil es unerwähnt blieb. Langlebiger als der einstige Frust wegen der politischen Bevormundung ist offenbar bis heute eine gewisse Alltagsnähe durch gemeinsame, realsozialistische Erfahrungen. Doch daran anzuknüpfen war nicht beabsichtigt.

Von metus punicus zu metus putinus

Heute ist das offizielle deutsch-russische Verhältnis gespannt bis feindlich. Abrüsten gegenüber Russland hieße vor allem medial abrüsten. Das kostet nichts, und man sollte meinen, das könnte mit gutem Willen zu schaffen sein. Ein Besinnen auf die ursprüngliche

Wortbedeutung: das Medium als Vermittler, der bei Streitigkeiten beide Seiten zu Wort kommen lässt und das Urteil nicht vorgibt, sondern friedfertig im öffentlichen Austausch fällt.

Da aber Medien inzwischen zu den wichtigsten Waffen gehören, erweist sich das Eindämmen ihres Missbrauchs als genauso schwer wie das Verhindern des Missbrauchs von echten Kanonen. Feindbilder legen nahe, dass es nicht lohnt, den Gegner mit mehr als einem aus dem Zusammenhang gerissenen Satz zu Wort kommen zu lassen. Anfang Februar dieses Jahres sah sich das russische Außenministerium genötigt, sich über russlandfeindliche Kampagnen deutscher Medien zu beschweren. Genannt wurden die *Bild-Zeitung*, die *Deutsche Welle* und *t-online*. Die Bundesregierung hat die Kritik umgehend zurückgewiesen. Wer sich derart beschwere, habe «wenig Ahnung von Pressefreiheit». Faktenbasierter, kritischer Journalismus sei das Lebenselixier für Demokratie.

Faktenbasiert? Die *Mittelbayerische Zeitung* vom 29.1.2019 titelte: «Putins gefährlicher Geheimplan. Wenn nicht alles täuscht, setzt der Kremlchef auf eine kontrollierte militärische Offensive im Osten Europas.» Offenbar verlässt sich die Zeitung darauf, dass ihre Leser über Überschriften nicht hinauskommen. Denn würden sie weiterlesen, würde die Panikmache allzu peinlich in sich zusammenfallen. Von einem Geheimplan ist im ganzen Artikel keine Rede mehr. Einziger Beleg für die unterstellte Kriegsbereitschaft ist eine Spekulation des Kreml-kritischen Journalisten Andrej Gurkow: Durch sinkende Umfragewerte und ökonomische Schwierigkeiten könnte Putin «neue militärische Abenteuer» ins Visier nehmen – so in der Ukraine und in Weißrussland. Kein einziger faktischer Anhaltspunkt dafür. Hier offenbart sich wenig Ahnung von Pressefreiheit, die nämlich nicht die Freiheit ist, mit Feindbildern Kriegsangst zu schüren.

Wer meint, Derartiges sei eben journalistische Provinz, dem sei ein Blick auf ein hauptstädtisches Qualitätsmedium empfohlen. Seit 2014 suche Russland die militärische Konfrontation mit den westlichen Staaten, behauptete im *Tagesspiegel* (5.12.2018) der Direktor des Instituts für Sicherheitspolitik der Universität Kiel, Joachim Krause. Um Kaliningrad baue Putin eine Drohkulisse mit Raketen auf, die zwar gerade noch unter dem INF-Vertrag erlaubt seien, die aber nur Sinn machten «als Teil eines Plans für einen regionalen Krieg im Baltikum, bei dem Russland nach erfolgreicher Besetzung der baltischen Staaten und vielleicht auch anderer Territorien die Nato von der Rückeroberung dieser Gebiete abschrecken will. ... Entscheidend ist, dass das militärpolitische Kalkül Moskaus durchkreuzt wird, welches darauf abzielt, wieder einen erfolgreichen Angriffskrieg in Europa möglich werden zu lassen.»

Wieder? Wie geschichtsvergessen geht es denn noch? Von wem bitte gingen die beiden Vernichtungskriege in Europa aus? Und wer im zweiten seine Verteidigung mit 27 Millionen Menschenleben bezahlen musste, den kann man selbst als Sieger kaum «erfolgreich» nennen. Einen «erfolgreichen Angriffskrieg» hat es in Europa nie gegeben. Und wird es nicht geben, denn Krieg ist bekanntlich nichts als Drückebergerei vor den Aufgaben des Friedens, Angriffskrieg erst recht.

Als Reaktion auf die Verlegung von vier Nato-Bataillonen in die baltischen Staaten und nach Polen sowie auf US-Abwehrsysteme, die auch mit Angriffsraketen bestückt werden können, hat die russische Regierung Abwehrmaßnahmen in Kaliningrad lange angekündigt. Das bedeute, so Direktor Krause, dessen Institut Politik, Medien und Wirtschaft berät, «dass in absehbarer Zeit Berlin und Warschau einer direkten Bedrohung durch russische nicht-strategische Kernwaffen ausgesetzt sind». Darauf müsste die Nato mit effektiven militärischen Reaktionen und die EU mit Sanktionen antworten.

Welcher Lobby der Direktor zu Diensten ist, lässt sich unschwer erraten. Auf die Frage, ob durch die Kündigung des INF-Vertrages durch die USA ein neues atomares Wettrüsten drohe, wiegelte er ab: Man solle nicht «geradezu reflexhaft und ohne vertiefte Kenntnisse der Zusammenhänge von der Gefahr eines angeblich gefährlichen Rüstungswettlaufes sprechen». Er warnte vor Apokalyptik und wies dank seiner vertieften Kenntnis darauf hin, «wie wenig sinnvoll» der Atomwaffensperrvertrag ist. Das hat die Weltöffentlichkeit in den letzten 30 Jahren allerdings ganz anders gesehen.

Auch in zahllosen anderen Interviews und Erklärungen hat Krause sich als Speerspitze der russophoben Propaganda und der Putin-Verdreher bewährt, wie man sich auf der Webseite seines Institutes überzeugen kann. Doch wer erfolgreich im Anwerben von sogenannten Drittmitteln sein will, darf nicht zimperlich sein. Von 2005 bis 2012 hat die Universität Kiel von der Nato und dem Verteidigungsministerium 2,7 Millionen Euro bekommen (*Spiegel*, 2.7.2013). Dabei trägt die Universität seit ihrer Gründung 1665 das Motto: Pax Optima Rerum – Frieden ist das höchste Gut. Sein Sicherheitsinstitut steht aber offenbar eher in direkter Linie in der Furcht vor den punisch-karthagischen Kriegstreibern, also *metus punicus* zu *metus putinus.* Karthago wurde bekanntlich dem Erdboden gleichgemacht.

Auf seiner Jahrespressekonferenz am 20.12.2018 in Moskau machte Putin die USA für die wachsende Gefahr eines Atomkrieges verantwortlich. «Wenn, Gott verhüte, so etwas passiert, kann das zur Vernichtung der ganzen Zivilisation führen, wenn nicht des ganzen Planeten.» Trump hat bisher nicht zu erkennen gegeben, dass er sich dessen bewusst ist. Und die Nato auch nicht.

Das russische Außenministerium verwahrte sich gegen die massive Verleumdungskampagne, von der die russländischen Auslandssender *RT deutsch* und *Sputniknews* betroffen sind. Diese wurden 2014 als Reaktion auf die unübersehbar einseitige westliche Berichterstattung zum gelenkten Putsch in der Ukraine gegründet. Seither versuchen sie, dem Info-Krieg und der Dämonisierung von Präsident Putin die staatliche Sicht entgegenzusetzen. Mit Originaltönen und Fakten, die man sonst nicht hört und sieht, mit Boulevard und dem Maß an Schönreden, das den genetischen Code jedes staatlich finanzierten Auslandssenders prägt.

RT musste sich im November 2017 in den USA als «ausländischer Agent» registrieren lassen, sonst hätte ihm ein Strafverfahren gedroht.

Das erste «Komitee für unamerikanische Umtriebe» hat 1938 den Foreign Agents Registration Act erlassen, der damals gegen die Propaganda des «3. Reiches» schützen sollte und bis heute gilt. Eine Vorschrift, wie sie schärfer noch in Israel und anderen Staaten praktiziert wird. Das allseits verdammte, russische Gesetz von 2012, das NGOs mit ausländischen Geldgebern ebenfalls vorschreibt, sich als Agent registrieren zu lassen, sei, so Putin auf dem internationalen Waldai-Forum im Oktober 2014 in Sotschi, ein Akt der Selbstverteidigung. Unpolitische NGOs zu beschränken sei allerdings ein Fehler gewesen.

Wirtschaftliche und gesellschaftliche Ächtung treibt nicht selten in Windrichtungen, die selbst nicht präferiert sind, die aber die einzigen Optionen für Bündnisse bleiben. So warnt Veronika Krasheninnikowa, die im obersten Rat der Putin-Partei «Einiges Russland» und in der Kommission für Öffentliche Diplomatie sitzt, in der russischen Presse und auf Veranstaltungen immer wieder vor Kooperationen der russischen Regierung mit europäischen Rechtsparteien. Diese nutzten das Vakuum, sprächen sich gegen Sanktionen aus und gäben der russischen Regierung die Chance zu zeigen, dass sie nicht isoliert sei. Und dann fänden sich immer Opportunisten, die zum eigenen Vorteil Geschäfte machten. Der russische Kredit für den französischen Rassemblement National sei geradezu eine Beleidigung für jeden Geschichtsbewussten. Insofern handele es sich um eine trügerische Chance, letztlich verliere Russland dadurch weiter an Reputation, und daran interessierte Kreise lachten sich ins Fäustchen. Aber auch die Isolierer richten Schaden an, weil sie ihre eigenen rechten Gegner stärken.

Für Schopenhauer war Verstand die Fähigkeit zum Erkennen von Ursache und Wirkung. Solchen Verstand zu beweisen sollte der Ehrgeiz aller Medien sein. Ein erfolgversprechendes Mittel, Erkenntnis zu hintergehen, besteht dagegen darin, den Anfang einer Kausalkette an dem Punkt zu setzen, der Störendes ausblendet und so dem erwünschten Ergebnis entgegenkommt. Etwa wenn die ganze Vorgeschichte der Krim-Krise unerwähnt bleibt: Nato-Manöver auf dem

Gebiet des Nichtmitglieds Ukraine, das intransparente 1200-Seiten-EU-Assoziierungsabkommen, das auch die «Vertiefung militärischer Zusammenarbeit» vorsieht und für Russland einen harten Rexit aus seinem Freihandelsvertrag mit der Ukraine bedeutet hätte, und schließlich der gelenkte Sturz des russlandfreundlichen Präsidenten. Die Provokation wird ignoriert, die Reaktion dämonisiert.

Zweifellos war die trickreiche Zurücknahme der Krim ins eigene Staatsgebiet von russischer Seite ein eklatanter Verstoß gegen das mit der Ukraine getroffene Budapester Memorandum. Dieser Rechtsbruch hat die Zweifel, wie sehr man sich auf die Zusagen von Großmächten verlassen kann, auf gefährliche Weise verstärkt. Allerdings sollte von den Medien zumindest zur Kenntnis genommen werden, dass die US-Administration das Budapester Memorandum nicht ratifiziert und als rechtsunverbindlich eingestuft hat. Wenn ein Vertragspartner nicht ratifiziert, erreicht ein Abkommen auch nicht den Status von Völkerrecht. Und Russland hat seinerseits die von den USA und der EU während der Unruhen in Kiew angedrohten Sanktionen gegenüber der verbündeten ukrainischen Staatsführung als Verstoß gegen die im Budapester Abkommen der Ukraine zugesicherten Souveränität gewertet, ebenso wie später die sofortige Anerkennung des «Staatsstreiches» als legitimen Regierungswechsel.

Gibt es denn seit dem Mauerfall nur gegenseitige Vorwürfe, keinen Ort für Verständigung, nirgends? Doch. Eine erfreuliche Überraschung war im Oktober 2018 die Arbeitsgruppe Medien des in Moskau tagenden Petersburger Dialogs. Ich war mit eher unguten Erwartungen der Einladung gefolgt. Erinnerte ich mich doch, mit welcher Häme und Arroganz vor zwölf Jahren, als der Dialog in Anwesenheit Putins in Dresden stattfand, die versammelte Journalistenprominenz über ihre russländischen Kollegen hergefallen war. Kurz zuvor war in Moskau die mutige Kollegin Anna Politkowskaja brutal ermordet worden. Die Angereisten wurden nun behandelt, als seien sie höchstpersönlich das Mordkomplott oder würden dieses zumindest decken.

Putins betroffener Hinweis darauf, dass die tote Politkowskaja dem Land viel mehr schade, als es von ihrer Kritik immer behauptet wurde, fand genauso wenig Gehör wie seine Beschreibung der Mediensituation: «Im Land arbeiten mehrere tausend Fernsehanstalten. Sosehr sich die Machthaber auf allen Ebenen das auch wünschen mögen – so ein riesiges System kann man nicht kontrollieren. Die Zahl der Printmedien ist noch größer. Es sind 35 000, mehr als die Hälfte davon mit ausländischer Beteiligung. Wenn wir aber auf den Medienmärkten des Westens Fuß fassen wollen, dann ist das kaum möglich. Unter bürokratischen Vorwänden wird das jahrelang hinausgezögert.»

Inzwischen hat der Petersburger Dialog Jahre der Diffamierung und der Krisen hinter sich, die Besetzung ist nicht mehr so prominent. Dafür war beim letzten Treffen die Aufteilung von Lehrmeistern auf der einen und Belehrten auf der anderen Seite, zumindest in der Arbeitsgruppe Medien, entfallen. Im Vorfeld war von Journalisten beider Seiten eine gemeinsame Zeitung herausgegeben worden, was wie ein Wunder begrüßt wurde. Unter der umsichtigen Moderation von Johann Michael Möller, *FAZ*-Korrespondent und Hörfunkdirektor i. R., räumten fast alle deutschen Teilnehmer den Glaubwürdigkeitsverlust ihrer Medien ein und beschrieben einen Journalismus in der Krise. Und je mehr sie sich öffneten, je offener beschrieben auch die russländischen Kollegen ihre Defizite. Eine Art kollegiales Vertrauen schien doch möglich.

Wir Journalisten wählen Fakten aus, aber ist das Unerwähnte keine Tatsache?, fragte Leonid Mietschin vom Öffentlichen Fernsehen Russlands. Profijournalisten lügen nicht, das sei selbstverständlich, aber ihre Auswahl bringe sie in die Nähe der Lüge. Wolfgang Kenntemich, langjähriger Chefredakteur des *MDR*, stimmte zu: Eine Institution wie das Fernsehen verleite zu permanenter Manipulation, durch verkürzte Zitate und Ausschnitte, durch Weglassen des Relevanten als des angeblich Falschen. Auch die *Tagesschau* manipuliere. Möller ergänzte, er sei schockiert, dass in deutschen Medien oft erst geurteilt und dann recherchiert würde.

Natürlich gab es auch kritische Fragen an die Partner. Wiktor G. Loschak vom Verlagshaus Kommersant versicherte, er befürworte nicht die russische Politik gegenüber den Minderheiten in der Ukraine. Aber er verstehe nicht, dass, während israelische und polnische Medien protestierten, ausgerechnet deutsche Medien dazu schwiegen, wenn in der Ukraine ständig neue Denkmäler, Gedenkmünzen, Briefmarken und Straßennamen Kriegsverbrecher und Holocausttäter wie Bandera oder Schuchewytsch ehrten.

Und auf deutscher Seite hatte sich die Vorstellung verfestigt, es gäbe in Russland eine Kluft zwischen den zensierten Staatsmedien und den unabhängigen Medien. Ich erlaubte mir zu erwähnen, dass ich in 30 Jahren Erfahrung mit westdeutschen Zeitungen, die ja alle nicht staatlich sind, durchaus auf Abhängigkeiten gestoßen bin. Darauf antwortete Sergej L. Agafonow, Chefredakteur und Besitzer der Zeitschrift *Ogonjok* mit einer Ehrlichkeit, die in Deutschland undenkbar ist. «Ich bin hundertprozentiger Inhaber der Zeitung, aber ich würde nie behaupten, dass ich unabhängig bin. Ich bin sehr abhängig, nämlich von mir persönlich. Ich werde nie eine nachteilige Information über einen Freund veröffentlichen. Und wenn ich eine Werbung von Coca Cola bekomme, werde ich nicht schlecht über den Konzern schreiben.» Das Verlagshaus «Kommersant» (zu dem *Ogonjok* gehört) sei abhängig von seinem Besitzer. Wo sei der Unterschied zwischen der Abhängigkeit vom Staat und der von einem Milliardär? «Wir sollten uns nicht selbst täuschen – alles in der Welt ist sehr bedingt.»

Deutsche Einheit: Modell für Europa

Sehr bedingt waren nach Auflösung des «sozialistischen Lagers» auch die alternativen Optionen. Ein anderes Modell als das kapitalistische gab es nicht. Und das hatte nun freie Bahn, die neoliberale Wirtschaftsdoktrin ungebremst durchzuziehen. Diese sah für die einstigen Ostblockstaaten, wie im ersten Teil am Beispiel der DDR beschrieben, eine klar umrissene Rolle vor: Freigabe aller Märkte, Exporteur preiswerter Rohstoffe, Experimentierfeld für Sozialabbau, Lieferant billiger Arbeitskräfte und hochqualifizierter Experten, Übergabe wertvoller Restbestände der Industrie, etwa in der Raumfahrt, der Optik oder Medizin. Allerdings war der Zugriff auf das Ausland nicht so unumschränkt möglich wie auf den der eigenen Nation zugewachsenen Teil. War die DDR-Ökonomie nach der Sowjetunion immer die stärkste im RGW, so ging nun keine derart in die Knie wie die ostdeutsche.

Dennoch wurde die Währungsunion ohne Wirtschafts- und Sozialunion später auch zum Modell für Europa. Und Deutschland zum größten Nutznießer des Euro. Die armen Südeuropäer zahlen durch Privatisierung ihrer staatseigenen Unternehmen und durch Lohnsenkung drauf. Sie blechen damit indirekt auch für unsere formidable Einheit. Der Euro hat, so wie er eingeführt wurde, das Ungleichgewicht der sich mit ihm finanzierenden Volkswirtschaften verschärft. Ob er die Zerreißprobe überleben wird, ist noch längst nicht entschieden. Letztlich soll diese Währung, vor der sich die schwächeren Volkswirtschaften nicht mehr durch Abwertung schützen können, das immergleiche Vorgehen absichern: Gewinne privatisieren, Verluste auf alle verteilen. Um ihre Schulden bezahlen zu können, werden die armen Staaten gezwungen, ihre Unternehmen unter Wert zu verkaufen. Der Erlös ist meist geringer als der Gewinn, der innerhalb weniger Jahre durch die Dividende einzubringen gewesen wäre. Aber dem Steuerzahler werden nun für viele Jahre die Sozialunterstützungen für die einstigen Belegschaften aufgebürdet. Die angeblichen Selbstheilungskräfte des Marktes heilen immer nur die privaten Heilsbringer.

«Die Geschichte des Endes der DDR ist auch unsere Geschichte», schreibt der italienische Autor Vladimiro Giacché. «Die heutige Beschaffenheit des europäischen Kapitalismus und seiner Kräfteverhältnisse ist undenkbar ohne den Anschluss der DDR.»[84] Deutschland habe mit der Vereinigung seine, nach der Niederlage im 2. Weltkrieg verlorene Rolle als politisches und ökonomisches Zentrum Europas wiedergewonnen. Einerseits sollte die vergrößerte BRD durch den Euro in die EU integriert und dort im Zaum gehalten werden, andererseits hat Deutschland dieser schnell seine Spielregeln diktiert. Vor allem mit den hohen Leitzinsen, die Deutschland Europa aufgezwungen hat, um Kapital anzulocken zur Finanzierung der Einheit mit Krediten, die auch der Inflationsgefahr durch die hohen Beitrittskosten begegnen sollten. Das führte 1992 dazu, dass die italienische Lira und das britische Pfund unter demütigenden Bedingungen aus dem europäischen Währungssystem ausschieden. Deutschland hätte mit seinem dirigistischen, nationalökonomisch egoistischen, auf Handelsbilanzüberschuss setzenden Kurs die anderen an die Wand gedrückt. «Die Europäische Zentralbank wurde eine Art kontinentale Bundesbank», so Giacché. «Wenn es etwas gibt, das die Geschichte des Anschlusses Ostdeutschlands lehrt, dann ist es die Macht einer Währungsunion und ihrer prägenden Kraft auch für die politische Union.»

Europas Einigung: Modell für Neokolonialismus

Wie viel Geschichte kann durch Gesetzgebung und Verträge rückabgewickelt werden? Das war auch bei der deutschen Vereinigung im zentralen Vermögensgesetz ein schmerzliches Kapitel. Die Erlasse der siegreichen Alliierten nach 1945 sollten Gültigkeit behalten, die in der DDR erlassenen Gesetze kamen alle auf den Prüfstand der neuen Interessen. Aber das betraf längst nicht nur Ostdeutschland. Das Rechtsgerüst ganz Ost-Europas geriet ins Wanken. Ergebnisse des 2. Weltkrieges wurden in Frage gestellt. Bis heute anhaltende Konflikte reiben sich an ihrem Verhältnis zur Geschichte. Über 2000 Jahre sind in Israel zu «bewältigen», über 200 auf der Krim.

Die Ukraine als Beispiel für neokoloniale Landnahme:

Welches Bleiberecht sollte dem von der aus Deutschland stammenden Zarin Katharina 1783 in Sewastopol begründeten Stützpunkt der russischen Schwarzmeerflotte zugemessen werden? Seine Rückeroberung von der deutschen Wehrmacht 1944 durch die Rote Armee hatte einen hohen Stellenwert im postsowjetischen Geschichtsbewusstsein. Die meisten Russen haben nie akzeptiert, dass der Ukrainer Chruschtschow die mit der russischen Geschichte eng verbundene Krim der Ukraine einfach «geschenkt» hat – ein feudaler Akt, der weder völkerrechtlich noch in der sowjetischen Verfassung vorgesehen war. Dennoch kam offenbar kein Jurist auf die Idee, ihn sofort oder später für null und nichtig zu erklären.

Innerhalb der Sowjetunion hatte der Vorgang keine größere praktische Bedeutung, doch mit deren Zerfall begannen die Probleme sofort. Die Ukraine blieb trotz ihrer nunmehrigen Selbständigkeit erheblich von der russischen Wirtschaft abhängig, es gab nicht nur Streit um die Gasschulden. In verschiedenen Abkommen wurde versucht, die ökonomische Zusammenarbeit und den Status der Krim und Sewastopols zu klären. Doch der nicht allzu belastbare Konsens wurde schwer attackiert durch die demonstrative, ja provokative Zusammenarbeit von Nato und Ukraine. Die Ukraine war das einzige Nichtmitglied, das an Nato-Militäreinsätzen teilnahm, an ISAF, KFOR, OAE und der Nato Response Force, sogar auf ihrem Territorium. 2008 wurde ihr dann von der Nato die grundsätzliche Beitrittsperspektive eingeräumt, ohne Russland je in diese Pläne einzubeziehen.

Wie hätten wohl die Staatsmänner dieser Welt reagiert, wenn ihr strategisch wichtigster Flottenverband dem Territorium des gegnerischen Militärbündnisses zugeschlagen werden sollte? 2009 schrieb der damalige russische Präsident Medwedew einen Brief an den ukrainischen Präsidenten Juschtschenko, in dem er darauf hinwies, dass dieser Weg in den Verträgen nicht vorgesehen war und unweigerlich zu Konflikten führen würde. Der Westen wusste, dass die Ukraine ein kulturell, religiös und ökonomisch gespaltenes Land ist, mit starken Bindungen sowohl an Russland als auch an Europa. In den 1990er Jahren hatten sich die alten ökonomischen Verflechtungen zwischen Russland, Weißrussland, der Ukraine und Kasachstan als relativ beständig erwiesen. Statt dass der Westen den geschwächten Ländern diese Basis gegönnt und zusätzlich attraktive Angebote aus Europa gemacht hätte, bestand er darauf, Kiew müsse sich entscheiden, mit wem es zusammenarbeiten wolle: entweder Fortschritt aus dem Westen oder Despotie aus Russland. Diesen fatalen Zwang kann man nicht unter Fehler abbuchen. Hier setzte sich vielmehr die von US-Sicherheitsberater Zbigniew Brzezinski beschriebene Absicht durch, in Eurasien keine Allianzen zu dulden, die den US-Führungsanspruch in Frage stellen. Ab Mitte der 1980er Jahre waren es dann die USA und ihr gehorsamster Zauberlehrling Deutschland, die die Ablösung Kiews von Moskau eifrig betrieben – die Brüskierung Russlands, die Zerreißprobe für die Ukraine und sich daraus ergebende Gefahren in Kauf nehmend.

Das der Ukraine offerierte, 1200 Seiten starke Assoziierungsabkommen trug stark die neoliberale Handschrift der EU. Die EU maßte sich darin sogar Kompetenzen an, die sie bislang gar nicht hat – nämlich die «Vertiefung militärischer Zusammenarbeit». Welches europäische Oberkommando würde, wie in Art. 4/2 vorgesehen, bei «regionalen Herausforderungen und Schlüsselbedrohungen» ein gemeinsames Krisenmanagement übernehmen? Putin drohte gegenüber der Ukraine zunächst nur mit Handelsnachteilen, falls das Abkommen unterschrieben werde. Das wird von westlicher Seite gern als unter Druck setzen oder gar als Erpressung ausgelegt.

Doch es war eine vollkommen rationale Reaktion, denn in Wahrheit wurde die russische Wirtschaft durch den erzwungenen, harten Ukrexit unter Druck gesetzt. Russland war bis dahin der größte Handelspartner der Ukraine, sie bekam über den 1998 abgeschlossenen Vertrag über Freundschaft und wirtschaftliche Zusammenarbeit nicht nur Gas zu Vorzugspreisen. Durch die Beitrittsverhandlungen der Ukraine zur europäischen Freihandelszone, von denen Russland wie ein Nichtbeteiligter ausgeschlossen wurde, hätten die verbilligten

Freundschaftswaren zollfrei in die EU durchgereicht werden können. Kein Wirtschaftsmanager, der halbwegs bis drei zählen kann, hätte dem zustimmen können.

Als schließlich der Internationale Währungsfond auch noch einen der Ukraine seit Jahren in Aussicht gestellten Kredit über gut 15 Milliarden Dollar auf Eis legte, weil die marktradikalen Auflagen, wie Freigabe der Landeswährung und Ausgleich des Haushalts durch Erhöhen der Energiepreise, nicht hinreichend eingehalten wurden, sprach Präsident Janukowitsch von Erniedrigung. Ihm drohte da offensichtlich Ungemach von zu vielen Seiten, und er erklärte, den Vertrag erst zu unterschreiben, wenn die Ukraine wettbewerbsfähig sei und unter unabhängigen Bedingungen verhandeln könne. Ein aus östlicher Erfahrung sehr nachvollziehbarer Entschluss.

Doch Politiker der USA und der EU, auch der deutsche Außenminister verfielen in Hysterie, sie steigerten sich in medial verstärkte Szenarien, nach denen sich die Ukraine mit der vorläufigen Aussetzung des Assoziierungsvertrags ein für alle Mal gegen die Demokratie und für die Diktatur entschieden habe, gegen Freiheit und für russische Knechtschaft. Mit Freiheit war vor allem Freihandel zugunsten westlicher Konzerne gemeint. Statt einzuräumen, dass die Ukraine gute Beziehungen zu beiden Seiten haben kann und muss, hat der Westen mit seinem hohlen Gerede große Mitschuld für die heutige Situation auf sich geladen. Seine Stimmungsmache übertrug sich direkt auf den Maidan, wo natürlich auch niemand das 1200 Seiten Unterwerfungsabkommen kannte. Nur schöne Versprechen über blühende ukrainische Gärten: Das Abkommen sei der einzige Weg zu Modernisierung, Wohlstand und Zukunft. Die Moderne begann mit 100 Toten.

Mit dem EU-Abkommen setzte generalstabsmäßig die Übernahme der ukrainischen Landwirtschaft durch westliche Konzerne ein. Das umfasste die ganze Lieferkette, von der Produktion bis zur Ausfuhr. Die fruchtbare ukrainische Schwarzerde hatte schon in Hitlers Wahn vom Lebensraum im Osten große Begehrlichkeit geweckt. In der Moderne muss man in begehrte Regionen nicht mehr einmarschieren, man kauft sie einfach auf. Wie einem Bericht des kalifornischen Oakland Institute zu entnehmen ist, wurden seit 2002 4,6 Millionen Hektar Schwarzerde an multinationale Unternehmen überschrieben. «Walking on the West Side» ist der ebenso schlichte wie treffende Titel des Reports. Märkte schaffen ohne Waffen. «Der Westen ist schlauer – Geld ist die Mauer», hieß ein Graffito auf den Resten der Berliner Mauer.

Die Ukraine ist eines von zehn Ländern, die in das Weltbank-Pilot-Projekt «Benchmarking the Business of Agriculture» einbezogen wurden. Hier wird untersucht, wie das Business zu vergolden ist, wenn Konzerne steuerlich und durch erweiterten Rechtsschutz begünstigt werden. Mit ökologischen und arbeitsrechtlichen Standards muss man es dann nicht mehr genau nehmen. So hat das EU-Ukraine-Assoziierungsabkommen in Art. 404 den bis dahin geltenden Stopp für genmanipuliertes Saatgut durch freie Fahrt für Biotechnologien unbemerkt für die Betroffenen gekippt. «Monsanto», inzwischen vom Bayer-Konzern übernommen, wusste es zu nutzen. Unmittelbar nach dem Sturz von Präsident Janukowitsch hat der zu manipulationserfahrene Konzern 140 Millionen Dollar in den Bau einer Saatgutfabrik in der Ukraine investiert, so das Oakland Institute.

Die EU ist dabei, die einstige Kornkammer der Sowjetunion zu ihrer eigenen zu machen. Das ist mit fortschreitender Deindustrialisierung verbunden. Heute ist die Ukraine das ärmste Land Europas. Der Durchschnittslohn beträgt monatlich 100 Euro, die Durchschnittsrente 47 Euro. Abgeordnete verdienen 1000 Euro plus Prämien. Angemessen, denn es heißt, man könne bei ihnen Gesetze kaufen. Etwa Strukturanpassungsprogramme, von denen man inzwischen aus internationaler Erfahrung weiß, dass sie die Menschen an Strukturen anpassen, die ihnen harte Sparmaßnahmen auferlegen und die Armut vergrößern.

«Mitgliedsstaaten der EU setzen öffentliche Finanzmittel dafür ein, die Errichtung riesiger tierschutzwidriger Anlagen zur Haltung von Millionen Schweinen, Hühnern und Enten außerhalb der EU zu unterstützen», so die «Humane Society Europe». Mit Hermesbürgschaften werden gigantische Tierkäfige gefördert, die in der EU niemals genehmigt würden. Wegen der billigen Arbeitskräfte, der günstigen Grundstückspreise für Betriebe und des Anbaus von Futtermitteln sowie der Befreiung von Gebühren für Wassernutzung seien die Erzeugerkosten 20 Prozent günstiger als in der EU.

Die Megafarm des in Luxemburg ansässigen Konzerns «Myronivsky Hliboproduct» (MHP) im ukrainischen Vinnytsia ist mit 112 Millionen Tieren die größte Europas, wenn nicht der Welt. Die ukrainischen Vorschriften zum Tierwohl seien wenig detailliert, so die UN-Organisation «Food and Agriculture». Seit 2003 hat diese Hühner-Hölle dennoch oder eher deshalb 770 Millionen US-Dollar von der Weltbank und der Europäischen Bank für Wiederaufbau und Entwicklung bekommen. Die Mastanlage liefert täglich etwa 1000 Tonnen Geflügelfleisch und Eier an EU-Staaten, auch an Deutschland. Wie viel Antibiotika da vorbeugend nötig sind, um keine Masseninfektionen ausbrechen zu lassen, möchte man lieber nicht wissen. Angaben dazu gehören auch nicht zum «Performance indicator». Die zweite Ausbaustufe ist im Gang, bis 2020 soll sich der Export verdoppeln.

Die Bewohner der umliegenden Dörfer leiden unter ständigem Gestank, Luftverschmutzung, erheblichem Lärm durch die Kolonnen von Lastkraftwagen, die sich durch ihre schmalen Straßen zwängen, unter den Schäden, die dadurch entstehen. Die Kommunen haben sich nicht nur beim Konzern, sondern auch bei der Weltbank und der Europäischen Bank für Wiederaufbau und Entwicklung (EBWE) beschwert, weil niemand mit ihnen redet und es keine Transparenz über die Risiken für Umwelt und Gesundheit gibt. Die Belastung durch den mit Medikamenten verseuchten Dung und die zusätzlichen Pestizide auf den umliegenden Feldern für Hühnerfutter und Sonnenblumenöl hat niemand untersucht.

Keine gute Performance. Aber auch Protestfahrten nach Kiew haben nichts genützt.

Der *Guardian* (23.6.2018) hat die erbosten Bewohner interviewt, die aber ihren Namen nicht genannt haben wollten. Gegen jeden, der sich über das Unternehmen beschwere, gäbe es Androhung von Gewalt. Sie vermissen den Wald, den das Unternehmen um sein Gelände versprochen hatte. «Wir möchten hier nur ein normales Leben führen und nicht wie Kakerlaken vergiftet werden.»

Schlechter als mit dem EU-Assoziierungsabkommen hätte die Bevölkerung der Ukraine gar nicht fahren können. Dazu hat die russische Reaktion auf diese Provokation ihren Teil beigetragen. Weitsichtige EU-Politiker hätten diese Zwangsläufigkeit voraussehen müssen und sich nicht derart ignorant und arrogant einmischen sollen. Aber das sind müßige Überlegungen, schließlich steht die Politik im Dienst des Kapitals, und das kann mit seinem Erfolg sehr zufrieden sein. Es gibt nur sieben Länder in der Welt, die meisten davon in Afrika, in denen mehr einheimische Böden von Ausländern kontrolliert werden als in der Ukraine.

Die deutsche Vereinigung war die Generalprobe, ob solche Eroberungszüge auch in Europa widerstandslos hingenommen würden. Die Premiere war erfolgreich. Die europäische Unterwerfung der Schwachen war die Generalprobe, was der Neokolonialismus aus den Entwicklungsländern noch herausholen kann. Auch dieser Premiere zollte das Kapital viel Applaus. Doch als der Vorhang gefallen war, hielt die Dekoration nicht mehr stand. Plötzlich war nicht mehr zu übersehen, was man vor allem herausgeholt hatte: Migranten.

Geflüchtete: Willkommen und Abschiebung

Die Geflüchteten erteilen uns eine Lektion. Es war eine Lebenslüge, zu glauben, ein kleiner Teil der Welt könne auf Dauer in Frieden und Wohlstand leben, während der Großteil in Armut und Kriegen versinkt. Dass die Völkerwanderung sich früher oder später in Bewegung setzen würde, haben wir geahnt. Eigensüchtig haben wir gehofft: später. Sollen die Enkel sehen, wie sie mit unserem Erbe klarkommen. Nach uns die Sündflut.

Doch die Betroffenen wissen heute besser als je zuvor, wie diejenigen leben, die eine Mitverantwortung für ihr Elend haben. Dass sie diese krasse Ungleichheit nicht länger hinnehmen wollen, ist ein relativ neues, rebellisches Moment. Die großen Meister aus den Silicon Valleys haben den Zauberlehrlingen mit dem Smartphone einen Besen in die Hand gegeben, der ihre Ausweglosigkeit zumindest in Gedanken hinwegfegt. Und das ist gut so. Wie jeder aufklärerische Akt. Nun suchen jene Meister nach der Zauberformel, den Besen zum Stehen zu bringen. Doch die Algorithmen sind im Äther – die Afrikaner haben inzwischen ihren eigenen Satelliten. Gaddafi hatte ihn einst mit libyschem Öl finanziert. Damit war das letzte Tal der Ahnungslosen geschlossen, der arabische Frühling brach aus.

Unterdessen gingen die vorgeblichen Kriege gegen den Terror weiter – Afghanistan, Irak, schließlich Syrien. Und in deren Gefolge kam es zum Sommer der Migranten – 2015 in Europa. Er hat Europa durchgerüttelt. Seither wird heftig gestritten über Willkommen und Abschiebung. Ganz ohne Begrenzung geht es nicht, aber was ist das ethisch gebotene, das verantwortungsvolle Maß? Das Grundgesetz bestimmt den Umgang mit Asylsuchenden. Da deren Verfolgung von uns nicht zu begrenzen ist, können wir auch ihre Aufnahme nicht begrenzen. Und wessen Würde unantastbar ist, der darf nicht kaserniert werden. Die Würde ist kein Konjunktiv, hieß es auf der großen *#unteilbar*-Demo.

Die UNO hat unlängst zwei Pakte auf den Weg gebracht, einen für Migranten und einen für Geflüchtete. Auch wenn die unter Mitwirkung von 146 Staaten erarbeiteten Abkommen nicht rechtsverbindlich sind, ist die UN mit ihrem Geist der internationalen Solidarität damit endlich wieder in die Offensive gekommen. So wie einst die Menschenrechte eine normative Moral etabliert haben, ohne selbst einklagbar zu sein, wird nun die Bereitschaft zu Mitmenschlichkeit herausgefordert. Die Verantwortung soll gerechter auf alle Staaten verteilt werden. Was auch darauf hinausläuft, die perfiden Dublin-Verträge außer Kraft zu setzen, die die ärmeren Grenzländer mit dem Problem allein lassen. Verzweifelt irren die Unwillkommenen dann durch Europa, werden wie Frachtgut hin und her geschoben.

Migratio heißt Umzug; Auswanderer hoffen ohne Rechtsansprüche auf Aufenthalts- und Arbeitsgenehmigung. Zur Flucht Gezwungene, politisch Verfolgte dagegen genießen Asylrecht. Als «Menschen mit Migrationshintergrund» werden heute der Einfachheit halber alle bezeichnet. Eine scharfe Trennung gibt es letztlich nur auf dem Papier.

Ich gehörte zu den Hunderttausenden, die den mutigen, humanen Entschluss von Angela Merkel, von der solidarischen Eintrittsklausel Gebrauch zu machen, staunend begrüßt haben. Der spätere Ruf nach nichts als der Wiederherstellung der «rechtsstaatlichen Ordnung an den Grenzen unseres Landes» war Unsinn. Sicher, die Einreise über die blaue oder grüne Grenze ohne gültiges Visum ist illegal. Aber Verfolgte haben nie ein Visum, sonst wären sie keine Verfolgten. Sie haben einen Anspruch auf Asyl oder können ihn zumindest erheben. Wessen Antrag nach Prüfung anerkannt wurde, der hatte offensichtlich keine Chance, seine legalen Ansprüche anders als über lebensbedrohende Wege durchzusetzen. Seine Einreise war legitim. Seine Aufnahme legal. Völkerrechtlich ist die Kanzlerin gedeckt. Sie hat allerdings über das Parlament hinweg entschieden. Hat sie damit ihre Richtlinienkompetenz überzogen? Wohl kaum. Für Ausnahmesituationen, für die es keine Präzedenzfälle gibt, kann es auch keine Richtlinien geben.

Was man ihr jedoch vorwerfen kann, ist der allzu leichtfertige Glaube: Das schaffen wir. Als in der Bankenkrise plötzlich alle Sorgen um ihre Ersparnisse hatten, hatte Merkel sehr schnell ein Gespür dafür, den Bürgern via Fernsehansprache zu versichern, dass ihre Konten sicher sind. Genau dieses Gespür fehlte ihr, als es nötig gewesen wäre, zu versichern, dass es keine «Einwanderung in die

Sozialsysteme» geben werde. Dass Löhne, Renten, soziale Hilfen sicher sind – was sie letztlich auch waren. Prekäre Verhältnisse gibt es genug, aber nicht wegen der Geflüchteten. Dass die Hartz-4-Sätze sicher erhöht worden wären, wenn nicht jeder zehnte Empfänger ein Asylant wäre, ist zynisch.

Nach einem Bericht der Deutschen Bundesbank vom Juni 2015 hat die Bankenrettung den deutschen Steuerzahler 236 Milliarden Euro gekostet. Das hat heftig auf die Sozialsysteme gedrückt, aber kaum jemand hat das beklagt. Das Finanzministerium hat für 2018 «Flüchtlingskosten» von 15,2 Milliarden Euro bereitgestellt. Das ist, hochgerechnet über Jahre, im Vergleich mit dem Rettungsschirm für Banken nur eine Rettungsmütze. Wenn deutsche Hartz-4-Empfänger heute Flaschen sammeln, dann nicht wegen der Rettung von Geflüchteten, sondern wegen der Rettung von Banken.

Was auch nicht, wie erhofft, geschafft wurde, war, mit den mentalen, kulturellen, religiösen Divergenzen sowohl wissend als auch feinfühlig umzugehen. Traumata, Existenznöten, vielleicht auch überhöhten Erwartungen auf der einen und Ängsten um den Verlust von Besitzständen und Gewohnheiten auf der anderen Seite wurde unzureichend begegnet. Hier wäre Aufklärung, und zwar auf beiden Seiten, hilfreich gewesen. Experten und beschäftigungslose Filmemacher hätten sich über so einen Auftrag gefreut.

Die großen Medien dagegen blieben mehrheitlich im Hörbereich des Regierungssprechers. In seinem Buch «Die Erfindung der bedrohten Republik»[85] analysiert David Goeßmann detailgenau und gut nachvollziehbar, wie sie erst den Willkommenshype anfachten und Beruhigungspillen verteilten, um dann nach der von Politikern und Berichterstattern dramatisierten Kölner Silvester-Nacht umzukippen und nur noch Beunruhigungspillen zu streuen.

Aufklärung fehlte auch darüber, dass es hier nicht um einseitige Solidarität geht. Wenn sich die bisherige Entwicklung fortsetzt, wird schon fünf Jahre nach ihrer Ankunft die Hälfte der Asylbewerber in Lohn und Brot stehen und so der Gesellschaft mehrfach zurückgeben, was sie empfangen haben. Verlustängste hätten dadurch gemildert werden können, wenn es eine bis heute fehlende seriöse, volkswirtschaftliche Rechnung gegeben hätte, welche Verluste an Lebensqualität eintreten werden, wenn die über eine Million fehlenden Fachkräfte ausbleiben. In Deutschland gibt es eine sogenannte Positivliste mit 50 Mangelberufen in der Industrie, auf dem Bau, im Handwerk, bei Dienstleistungen und Pflege. Wer hier eine Qualifikation nachweisen kann, dessen Antrag wird, zumindest vorerst, positiv beschieden. Das beschlossene «Fachkräfteeinwanderungsgesetz» soll da förderlich sein, ist aber genauso bürokratisch wie sein Name. Es öffnet halbherzig kleine Türen in der Abschottungsmauer, aus reinen Nützlichkeitserwägungen für uns Wohlhabende.

Welche Lücken die Abwerbung von Fachkräften in den armen Ländern hinterlassen, schert uns wenig. Der Ärztemangel in Südosteuropa ist wegen dieses Weggangs katastrophal. Seit 2010 hat Afrika mehr als zwei Milliarden Dollar für die Ausbildung von Ärzten ausgegeben, die dann in reiche Länder migriert sind.[86] Wäre es da nicht recht und billig, es gäbe Abkommen, die die reichen Länder verpflichten, den armen die Ausbildungs- und Studienkosten zu erstatten? Und wenn Deutschland, oder besser noch Europa, in Afrika und Asien Berufs- und Ingenieursschulen einrichten und finanzieren würde, deren Absolventen zur Hälfte im Lande bleiben und zur Hälfte unserem Mangel abhelfen?

Was mir in der ganzen Debatte am meisten gefehlt hat, ist ein Bewusstsein davon, welche Mitverantwortung der koloniale Westen an den Ursachen für Flucht und Migration trägt. Bekämpfung der Fluchtursachen – in dieser formelhaften Forderung gipfelt von Regierung über Opposition bis zu Bürgerversammlungen der neuen Weisheit letzter Schluss. Das wäre zweifellos die beste Lösung. Allerdings wird dies schon seit Jahrzehnten vergeblich verlangt. Warum sollte es gerade jetzt gelingen?

Vielleicht weil der reiche Westen sich wie nie zuvor in seinem Wohlstand bedroht fühlt. Dass dieser irgendwie auch mit der Ausplünderung der sogenannten Entwicklungsländer und damit der Geflüchteten zusammenhängt, ahnt man dunkel. Genauer will man *das* wiederum nicht wirklich wissen. Wissen könnte das Gewissen belasten. Schließlich haben wir auch viel geholfen.

Die Ausplünderung begann mit dem Sklavenhandel, in dessen Verlauf 50 Millionen Afrikaner verschleppt oder getötet wurden, und reicht bis zu den Kriegsverbrechen im Nahen Osten. Das Vergangene ist bekanntlich nicht vergangen. Der Schnee von gestern ist die Sintflut von heute. Die Ignoranz von heute ist unser Notstand von morgen. So, wie wir heute ignorieren, werden wir morgen ausbaden.

In den letzten 200 Jahren hat kein muslimisches Land gegen ein westliches Krieg geführt. Umgekehrt mussten die arabischen Länder über 20 Invasionen ertragen. Niemand hat weltweit so viele demokratisch gewählte Regierungen weggeputscht wie die USA. Stattdessen wurden willige Despoten eingesetzt. Das hat viele Entwicklungsländer zu Nichtentwicklungsländern gemacht. Die Schurken sind aus westlicher Sicht immer diejenigen, die mit dem Westen nicht bedingungslos kooperieren, die gar an den Handels- und Eigentumsverhältnissen rütteln wollen.

Wer Kriege sät, wird Flüchtende ernten. Es gibt Fluchtursachen, die so gravierend sind, dass sie für Generationen irreparabel sein werden. So bedrückend die Zustände auf dem Balkan sind und so katastrophal im Nahen Osten – für die nächsten Jahrzehnte ist ein Anschwellen des Flüchtlingsstroms insbesondere aus Afrika zu erwarten. Drei Viertel der dortigen Bevölkerung leben in Armut. Die Industriestaaten haben ihre Bodenschätze an sich gerissen und dabei Umwelt und Grundwasser versaut. In vielen Regionen hat die Arbeitslosigkeit die 70-Prozent-Grenze überschritten. Studien wie die der Stiftung Wissenschaft und Politik weisen nach, dass die meisten Länder, gerade aus Schwarzafrika, in den nächsten 50 Jahren keine Chance haben, ihren Lebensstandard zu verbessern. Also werden sie kommen – ihr Klima ist schon da.

Und nach wie vor wird die Armut durch das *land grabbing* verschärft. Die reichen Industriestaaten nutzen Afrika als Produktionsbasis für die Bedürfnisse des westlichen Marktes. Während die Bevölkerung hungert und verhungert, lassen multinationale Konzerne Getreide, Mais und Zuckerrohr zu Biosprit für ihre westliche Kundschaft verarbeiten. Deutschland ist in Äthiopien mit von der Partie, wo 85 Prozent der einheimischen Bauern bedroht sind.

Brot für die Welt, die Wurst bleibt hier! Die Afrikaner verlieren durch die subventionierten Lebensmittel der Amerikaner, Europäer und Japaner rund 20 Milliarden Dollar pro Jahr – das Doppelte der Entwicklungshilfe, die nach Afrika fließt! Geierfonds kaufen Kreditschulden für einen Bruchteil ihres ursprünglichen Wertes auf, um die Länder dann mittels privater Schiedsgerichte zur Rückzahlung mit Zinseszins und Verzugszinsen zu verklagen. Der US-Fonds Donegal hat so Sambia geschädigt, eines der allerärmsten Länder – bei einer eigenen Rendite von 700 Prozent.[87]

Hier zeigt sich die strukturelle Gnadenlosigkeit des Kapitalismus. Sein Eigentum ist oft gesetzlich legitimierter Diebstahl. Die westliche Leitkultur ist eine Leidkultur für die Schwachen. Erst wenn der Norden den Süden nicht mehr benachteiligen würde, fiele die Hauptursache für Migration weg. Aber das ist innerhalb der herrschenden Funktionslogik vollkommen ausgeschlossen. Die Ursachen der Flüchtlingsströme zu bekämpfen ist deshalb so aussichtslos, weil sie im System stecken. Wer aber vom Kapitalismus nicht reden will, sollte auch von der Beseitigung von Fluchtursachen schweigen. Auf dem Weltsozialforum in Nairobi hatte Bischof Tutu eine neue Weltordnung gefordert. Unter dem wird es nicht zu machen sein. Aber ist denn die neue Weltordnung zu machen?

Um ein heilloses Abgleiten nach rechts zu verhindern, gäbe es jetzt eine linke Zwischenlösung: Die Staaten müssen sich auf die vielen Billionen Euro privates Geldvermögen besinnen. In Deutschland wären es fünf Billionen. Nur ein Angebot: Spareinlagen bis zu 100 000 Euro pro Person werden nicht angetastet, darüber hinaus ist ein Solibeitrag für Geflüchtete fällig. Wer das als Kampfansage an

Unternehmer und Privateigentümer sieht, irrt. Es ist vielmehr Programm auch ihrer Rettung: Einen Bruchteil des wie auch immer entstandenen Vermögens hergeben, um die subversive Ungleichheit der Bewohner dieser Welt zu mildern und so den Großteil bewahren zu können. Vor Unruhen bis Rebellionen, vor Handelskrieg bis Krieg. Ob der Widerspruch zwischen Nötigem und Machbarem demokratisch zu überwinden sein wird, ist existenziell. Fremdenfeindlichkeit ist letztlich eine Folge der Kapitallogik. Die unversöhnliche Ursache verleugnet ihre Wirkung. Kapitalismus mit menschlichem Antlitz first. Wer lacht sich da tot?

Die Abgabe wäre ein Ausgleich für die Bereicherung des Westens. Eben weil das Vergangene nicht vergangen ist. Das Gegenwärtige nicht haltbar. Und das Künftige nicht gesichert. Solidarisches Gemeinwesen oder Barbarei.

Denn der sogenannte «Befreiungskampf gegen illegale Einwanderung» hat das Potenzial, Faschismus zu mobilisieren. Nicht nur in Ungarn, wo sich fast drei Viertel der Wähler zu solchen Kämpfern erhoben haben. Wer sich in Deutschland an der Basis umhört, gerade auch unter Gewerkschaftern, der könnte, wie der Soziologe Klaus Dörre auf einer Tagung der Luxemburgstiftung, zu dem fassungslos machenden Schluss kommen: Der Faschismus ist nicht mehr aufhaltbar. Und morgen gehört ihm Europa? Die «Glitzerdemo» gegen Hass und Gewalt in Berlin war ein fröhliches, aber energisches Stoppsignal. Auch in vielen anderen Orten ist die Revierverteidigung geglückt – vorerst.

Dass Menschen aufgezwungene Veränderungen nicht haben wollen, dass sie Parallelgesellschaften ablehnen, dass sie kulturelle und religiöse Konflikte nicht wünschen, ist weder fremdenfeindlich oder rechtsradikal noch rückschrittlich, sondern ihr gutes Recht, heißt es unter Konservativen. Ich staune nur immer, wie wenig sich solches Denken in diejenigen versetzt, denen seit vielen Generationen von Wohlstandsmenschen wie uns brutale Veränderungen ihrer gewohnten Lebensweise aufgezwungen werden. Die Parallelgesellschaften der übelsten Art ertragen mussten und weiterhin müssen: als Kolonialisierte, als Missionierte, als Opfer imperialer Putsche und des Terrors kapitaler Ökonomie – und auch noch des Krieges gegen den Terror. Wir wünschen nicht, ja, weigern uns, diesen Missstand als «kulturellen Konflikt» wahrzunehmen.

Auch religiöse Konflikte mögen wir gar nicht. Wir finden es bedauerlich, wenn christliche Länder islamische in ungezählten Kriegen erniedrigt, ins Chaos gestürzt und mit so genährtem Fundamentalismus geflutet haben. Aber es gab keine Alternative zum Schutz unserer und ihrer Sicherheit. Und was ist der Dank? Jetzt wird der Hindukusch auch in Deutschland verteidigt.

Man solle Menschen nicht zu Rassisten erklären, findet Wolfgang Streeck, «nur weil sie ihre Güter nicht für ‹moralisch enteignungspflichtig› erklären lassen wollen».[88] Nein, zu Rassisten keinesfalls, aber zu Ignoranten vielleicht doch. Radikalhumanistisch gesehen, sind wir alle enteignungspflichtig für die uns zuteilwerdenden Wohltaten aus der permanenten Enteignung der armen Welt. Ist es denn tatsächlich unser Recht, noch dazu unser gutes, uns freizuhalten von Übeln, die wir aktiv oder durch schweigende Duldung anderen antun? Den Einklang mit der eigenen kleinen Welt verlieren – nicht mit uns, rufen die aus dem Westen, nicht schon wieder, die aus dem Osten. Und beide wissen: Es wird nie wieder, wie es war.

Denn es darf auch nicht so bleiben, wie es war. Mit unserer Kultur des Habens und ihrer Ignoranz gegenüber dem Erbleichenden: Wär ich nicht arm, wärst du nicht reich. Allein in den letzten vier Jahren, so die Internationale Organisation für Migration, sind auf der Flucht 25 000 Menschen umgekommen – hinzu kämen die Namenlosen, die in der Sahara verdursteten, und die 14 000, die im Mittelmeer ertranken. Dass solche Zahlen hingenommen werden, ist eine Schande für die Zivilisation. Denn es geht nicht um Zahlen, sondern um Menschen. Die militante EU-Grenzschutzbehörde Frontex hat das Mare Nostrum der italienischen Marine verdrängt, zum Dank für die Rettung von 150 000 Menschen aus Seenot. Das vorrangige Mandat ist jetzt der Schutz der europäischen Grenzen. Wurde in Kauf genommen oder gar beabsichtigt, dass die wieder steigende Zahl von Ertrunkenen der kostengünstigste und wirksamste Schutzschild gegen Fluchtwillige ist? Die Konsuminseln im Norden werden immer brutaler verteidigt.

Der Haushalt von 2018 wies 6,8 Milliarden Euro für die «Bekämpfung von Fluchtursachen» aus, dagegen 38,5 Milliarden für Rüstung. Noch Fragen zum Schwerpunkt? Oder zur Zweckentfremdung der EU-Fonds zur Wirtschaftsförderung in den Fluchtländern? Sie werden weitgehend dafür zweckentfremdet, sich Asylanten vom Hals zu halten. Sechs Milliarden Euro für die in der Türkei Abgefangenen. Von dem Fonds für Afrika werden Zelte und Lebensmittel für die Geflüchteten im Sudan abgezweigt oder Internierungslager in Libyen bezahlt oder Jeeps und Schiffe für die Grenzpolizei in Niger. Eine Hilfe für die Entwicklung der Wirtschaft in den Fluchtländern lässt sich damit schwerlich leisten.

Weder in Mexiko noch sonst wo. Stattdessen passiert allenthalben das Gegenteil: Nachdem das NAFTA-Freihandelsabkommen in Kraft getreten war, verfünffachte sich der US-Export von hochsubventioniertem Getreide und überschwemmte den mexikanischen Markt. Hunderttausende mexikanische Bauern hatten keine Existenzgrundlage mehr. Auch der verzwanzigfachte Import amerikanischen Schweinefleisches vernichtete 120 000 Arbeitsplätze in Mexiko. Um mit den ruinierten Existenzen dann nichts mehr zu tun zu haben, müssen sehr hohe Mauern gebaut werden, die die Mexikaner auch noch selbst bezahlen sollen.

Wer gegen den permanent betriebenen Angriff auf Recht und Würde dieser unter widrigsten Bedingungen Lebenden und Sterbenden nie aufbegehrt hat, weder durch praktisches Engagement noch durch theoretisches Rebellieren in Bild, Schrift und Wort, der möge vom Obersten Gericht mit christlicher Nächstenliebe und Mitgefühl bestraft werden. Und dann aufwachen.

Durs Grünbein hat, rückblickend auf die Kontroversen unter Literaten und Verlegern, in der *Süddeutschen Zeitung* das eigentliche Problem in einem Nebensatz abgehandelt: Die Lage sei so komplex, dass sie «nur noch durch eine Weltrevolution zu lösen» sei. Das wurde unhinterfragt hingenommen. Könnten wir uns bitte schön darauf einigen, an diesem Punkt mit den Überlegungen nicht aufzuhören, sondern anzufangen?

Fernziel muss eine Welt sein, in der jeder leben kann, wo er will. Ein Privileg, dass die Reichen längst haben. Damit die Mehrheit am liebsten zu Hause lebt, muss sich vieles, wenn nicht alles, ändern. «Transkontinentale Migration ist kein geeignetes Mittel, um Armut und Elend in der Welt zu bekämpfen», findet Julian Nida-Rümelin.[89] Aber das ist vielleicht zu kurz gedacht. Nachdem die einstige Systemkonkurrenz entfallen ist, wird der Druck der vor den Grenzzäunen stehenden klimageschädigten Elendsgestalten womöglich zur einzig bekehrenden Kraft. Die Flüchtenden als das ersehnte revolutionäre Subjekt, das Egalisierung und Ökologisierung zwangsläufig vorantreibt? Prekarier aller Länder vereinigt euch.

Hallo? Ist da noch jemand? Wer hat das Licht ausgemacht?

Offene Wunde der kapitalistischen Gesellschaft

Wir haben unsere Revolution, wie Esau sein Erstgeborenenrecht, für ein Linsengericht verkauft, sagt heute der Theologe und Mitbegründer des Neuen Forums, Heiko Lietz. Aber der Erwerber kann mit unserem Recht, mit seinem Sieg, nichts anfangen.

Als sich das sozialistische Lager mit Selbstgefallen auflöste, erlag das westliche dem Irrtum, der Markt-Fundamentalismus sei endgültig der Weisheit letzter Schluss. Was er für die Finanzoligarchie natürlich auch ist. Als folgerichtig das Ende der Ideen-Geschichte ausgerufen wurde, hielt dem der marxistisch geschulte Osten entgegen, der Kapitalismus habe nicht gesiegt, er sei nur übrig geblieben. Und das genüge nicht für Endgültigkeit. 30 Jahre nach dem sogenannten

Mauerfall ist gewiss, dass auch der Kapitalismus nicht übrig bleiben wird.

Früher, zu Zeiten des Kalten Krieges, gab es für den Westen zwei Hauptziele. Erstens: Den Ideenkrieg zwischen beiden Systemen gewinnen. Da war das Demokratie-Versprechen ein wichtiger Trumpf. Der einstige US-Vizepräsident Al Gore beschrieb, wie der Sieg gelang: «Ermöglicht wurde dies durch den bewussten und gemeinsamen Entschluss von Männern und Frauen in den Staaten der ‹freien Welt›, die Niederlage des kommunistischen Systems zum *zentralen Organisationsprinzip* nicht nur der Regierungspolitik, sondern *der ganzen Gesellschaft* (Hervorhebungen, D. D.) zu machen. ... Der Widerstand gegen den Kommunismus bildete den Grundzug praktisch aller geopolitischen Strategien und Sozialpolitiken, die der Westen seit dem Zweiten Weltkrieg entworfen hat.»[90] Zweitens: So viel Profit machen, wie das erste Hauptziel nur irgend ermöglicht. Das heißt, die Profitmacherei stand unter dem Vorbehalt, nicht nur einer kleinen Clique, sondern möglichst vielen Menschen mehr Wohltaten bieten zu müssen als die Kommunisten.

Echte Konkurrenten versuchen gerade da, wo der andere seine Stärken hat, ein paar Punkte zu machen. So war der Westen in so manchem sozialer als sein Rivale. Mehr Lohn, mehr Urlaub, mehr Konsum. Aber auch der Realsozialismus hätte sich nicht zwei, drei Generationen halten können, wenn er nicht in manchem einen Freiheitsvorsprung gehabt hätte: bei einklagbaren sozialen Menschenrechten, speziell dem Recht auf Arbeit, bei der Brechung des Bildungsprivilegs, im Familiengesetzbuch, bei der früheren Abschaffung von Strafbarkeit der Homosexualität und in dem Kontext von früherer Befreiung von verklemmten Moralauffassungen zwischen Schuld und Sünde, wie sie der Freiraum des Atheismus mit sich brachte.

Seit Ideenwettbewerb sich erübrigt hat, ist Profit die einzige Zielmarke geworden. Das Scheitern des Ostens hat den Westen von Selbstkritik erlöst. Rücksichten auf frustrierte Wähler sind nicht mehr nötig, wenn deren Votum nur Nuancen im Detail gilt und nicht grundstürzenden Alternativen. Es genügt vollkommen, eine kleine Gruppe zu privilegieren, gern auch auf asozial überzogene Weise. Denn Demokratie begann dem «Standort» zu schaden: Soziale und kulturelle Standards, erst recht ökologische, schmälern das Geschäft. Die Erderwärmung sowie die Verseuchung von Boden, Luft und Wasser sind zur Frage des Überlebens der Gattung geworden – so bedrohlich, dass wir Zeiten drastischer Regulierung erleben werden, oder wir erleben nichts mehr.

«Um nicht in den unmodischen Ruch von Antikapitalismus zu geraten, bietet sich der Neoliberalismus als Buhmann, als Bezeichnung aller bösen Verirrungen des Kapitalismus an, auf die sich Konservative wie Progressive durch den Kompromiss einigen konnten, die Existenz eines gesunden, guten Kapitalismus anzuerkennen.»[91]

Die Politiker, die man bis vor kurzem «etabliert» genannt hat, die nun aber um ihre Etablissements zu fürchten beginnen, weil ihr demokratischer Rückhalt immer kleiner wird, beschwichtigen immer noch, wir würden doch nicht im Kapitalismus leben, sondern in einer sozialen Marktwirtschaft. Doch wenn es die je gab in der bislang fast 300-jährigen Geschichte des Kapitalismus, dann nur in Europa und nur zur Zeit der dortigen Systemkonkurrenz. Also etwa in den 40 Jahren nach dem 2. Weltkrieg. Gute Löhne führten dazu, dass Facharbeiter ihre proletarische Kultur verloren und verbürgerlichten. Das war die goldene Phase des Kapitalismus, angeblich begleitet von einer Schönwetterdemokratie. Aber worin bestand dieses schöne Wetter?

Für den Umstand, dass es nach Kriegen meist eine wirtschaftlich erfolgreiche Aufbauphase gibt, wäre jedes Schön-Wort eine zynische Beschreibung. Aber dieser Krieg hatte auch etwas anderes hinterlassen – ein zweites, konkurrierendes Weltsystem. In dessen Windschatten durften erstmalig Kräfte gedeihen, die die systemimmanente Ausbeutung im Inland eindämmten: die Sozialdemokratie, die Gewerkschaften, die Mitbestimmung, die sozialen Bewegungen, die Parlamente. Erst als die Strahlkraft der sozialistischen Alternative nachließ, hatten auch die das Kapital bändigenden Kräfte ihre

Schuldigkeit getan. Heute weiß man: Ist er ungebändigt, entlässt der Kapitalismus die Demokratie. Es ist erstaunlich, wie wenig dieser Zusammenhang bei den Betrachtungen über das Koordinatensystem der letzten 30 Jahre reflektiert wird. Die Bändigung war lästig, ist erledigt, kann vergessen werden.

Al Gore sprach nicht zufällig von «Ideenkrieg». Die Idee wird bekanntlich zur materiellen Gewalt, wenn sie die Massen ergreift. Sollte die Angst vor dem sozialistischen Damoklesschwert der angedrohten Enteignung, die in einem Teil der Welt halbwegs umgesetzt war, womöglich die einzige Kraft gewesen sein, die dem nimmersatten Kapital eine Zeitlang Zügel anlegen konnte? Offenbar hatte der auftrumpfende Westen unterschätzt, wie weitgehend die soziale Marktwirtschaft nur defensive und offensive Reaktion auf die Planwirtschaft war – und lediglich die Illusion erzeugte, den richtigen Weg gefunden zu haben.

Der Realsozialismus krankte wesentlich auch daran, dass das Volk über das Volkseigentum keine wirkliche Verfügung hatte. Es gehörte ihm zwar de jure, aber de facto nur eingeschränkt. Es hatte keinen Einfluss auf Art und Umfang der Produktion, auf das Wichtigste also. Dafür immerhin auf die Nutzung der zu großen Betrieben gehörenden Ferienheime, Kulturhäuser, Kindergärten, Arztpraxen und Verkaufsstellen, die zum Teil auch öffentlich zugänglich waren. In diesem sehr komplizierten Anspruch war man noch im Stadium eines Experiments, da war, historisch gesehen, der Probelauf von 40 Jahren viel zu kurz. Zu kurz, um die Frage zu beantworten, wie viele Abschläge an Betriebsgewinnen hinnehmbar sind, um den Werktätigen und Jugendlichen auch ein «geistig-kulturelles Leben» mit hochsubventionierten Theater-Abonnements oder Sportstätten zu ermöglichen.

NEBENBEMERKUNG: *Ein Kulturhaus erzählt*

Im Herbst 2012 baten mich die Filmemacher Helga Storck und Peter Goedel um einleitende Worte zur Premiere ihres Films: Ein

Kulturhaus erzählt.[92] Zwölf Jahre hatten sie an der filmischen Rekonstruktion der Geschichte des Kulturhauses der einstigen Bunawerke in Schkopau bei Halle gearbeitet. Nach dem 2. Weltkrieg, als überall Wohnungen fehlten, wurde dieser Kulturpalast von den Sowjets gebaut, mit modern ausgestattetem Theater für 800 Besucher, einem Konzertsaal und über 100 Räumen für Zirkel und Feste aller Art. Die Arbeiterbewegung hatte von Beginn an einen kulturellen Ersatz für die Kirche gesucht, eine neue Feierkultur, Kunst galt als zentraler Vermittler der Volksbildung. Anknüpfend an die Volks- und Gewerkschaftshäuser der Weimarer Republik, hat sich die DDR nach den auch geistigen Verheerungen der Nazi-Herrschaft die Idee der «allseits gebildeten Persönlichkeit» etwas kosten lassen. Im Lauf der Jahre entstanden mehr als 1000 Kulturhäuser und 6000 Dorfklubs.

Beide Filmemacher haben die DDR als Jugendliche verlassen, sie hatten keinen Grund zu Nostalgie. Aber das Erlebnis eines künstlerischen Angebots schon in der Kindheit hat beider Berufswege geprägt und war Anlass, bislang unveröffentlichtes Archivmaterial aufzustöbern und einstige Mitwirkende nach ihren Erinnerungen zu befragen. Auch ich habe einschlägige, gehörte ich doch als junge Autorin zu den Heerscharen von Schriftstellern, die jährlich zu den «Tagen der Literatur» im riesigen Kulturhaus des Chemiekombinates Bitterfeld vor Brigaden gelesen haben. In einer Mischung aus Rührung und Beklemmung setzte ich junges Ding mich vor gestandene Ingenieure, Facharbeiter, Angestellte aus der Verwaltung oder auch betriebseigene Kindergärtnerinnen und las ihnen aus meinen unmaßgeblichen Geschichten vor. Von den anschließenden Diskussionen sollten beide Seiten etwas haben, denn sie führten meist mit der Offenheit, die aus den Texten herausgehört wurde, zu den naheliegenden Problemen des täglichen Lebens. Da solche Lesungen grundsätzlich während der Arbeitszeit stattfanden, waren sie als Abwechslung willkommen, selbst wenn die Zuhörer keine geübten Leser waren.

Dabei war der Anspruch dieses sozialistischen Bildungskonzeptes durchaus an Hochkultur orientiert. Es schüchterte mich ein, dass schon in den 1950er Jahren in Bitterfeld die Meistersinger von Nürnberg aufgeführt wurden und später Gastspiele der Moskauer Philharmonie oder der Leningrader Opern auf dem Programm standen. Dass aber dieser Anspruch von dem Kulturpalast – auch die Proletarier sollten Paläste haben – in Buna noch weit übertroffen wurde, habe ich erst durch den Film erfahren. Der beginnt mit einer Szene, in der Ernst Busch vom Berliner Ensemble auf der Bühne Arbeiterlieder singt, und der ganze Saal stimmt ein. Das Berliner Ensemble war regelmäßig zu Gastspielen hier. Auch das Gorki-Theater, etwa 1960 zur Eröffnung der Arbeiterfestspiele, mit Heiner Müllers «Lohndrücker». Das Nationaltheater Weimar oder Peter Schreier von der Staatsoper Berlin wurden fast ebenso gefeiert wie die Mailänder Skala, das königlich-schwedische Ballett oder die Geiger Igor und David Oistrach.

Doch damit nicht genug – Höhepunkt war die Entscheidung des damaligen Intendanten der Komischen Oper Berlin, Walter Felsenstein, während des Umbaus seines Hauses die Spielzeiten von 1965 und 1966 in das Kulturhaus Buna zu verlegen. Drei seiner Opern hatten hier Premiere: «Hoffmanns Erzählungen», «Der Barbier von Sevilla» und die «Bettleroper». (Der Eintrittspreis für Abendvorstellungen waren generell 2,20 Mark.) Am Ende wurde ein Großteil der Belegschaft in die wiedereröffnete Komische Oper nach Berlin eingeladen, was den Betrieb in Buna beinahe lahmgelegt hätte.

Gab es denn in dieser Provinz überhaupt genügend interessiertes Publikum? Das Kombinat hatte 18000 Beschäftigte. Da der Betriebsplan nur als erfüllt galt, wenn auch der Kulturplan abgeleistet und erst dann auf Prämien zu hoffen war, gab es schon einen Druck, die Angebote wahrzunehmen. Aber lieber verordnete Kultur als geduldete Unkultur. Und zu den vielen Dutzend Zirkeln malender, filmender, tanzender, laienspielender, nähender, schreibender und komponierender Arbeiter gingen alle freiwillig, auch Kinder und Jugendliche. Die Bedingungen waren großzügig, erzählen einstige Teilnehmer. So hatte man Zugriff auf den Kostüm- und Requisitenfundus des Landestheaters Halle, und der Chor wurde zweimal im Jahr für neun Tage von der Arbeit freigestellt, um in einem Trainingscamp für die Arbeiterfestspiele zu proben. Es soll etwa eine Million Laienkünstler in der DDR gegeben haben.

Die Filmemacher stellen dem Wirtschaftswunder im Westen das Kulturwunder im Osten gegenüber. Dabei werden auch die partielle Komik und die bitteren Seiten nicht ausgespart. Etwa, wie der Schöpfer der gefeierten Losung «Greif zur Feder, Kumpel», der Schriftsteller Werner Bräunig, selbst mit seinem Anspruch auf einen Realismus, der nicht nur sozialistisch, sondern auch wirklich real war, in frühen Jahren verleumdet wurde und daran zerbrach. Oder wie die Schkopauer trotz all dem Tanzen und Singen aufgebracht waren über den ständigen weißen Carbid-Staub über ihrer Stadt.

War alles umsonst? Immerhin: Das Bildungsprivileg war entzogen, die Barriere zwischen Künstlern und denjenigen, die sie durch Wertschöpfung finanzieren, abgesenkt. Vielleicht haben die Werktätigen es falsch verstanden, aber von all den Bühnen wurde ihnen gesagt: «Wer seine Lage erkannt hat, wie soll der aufzuhalten sein?» Und: «Wenn die Herrschenden gesprochen haben, werden die Beherrschten sprechen.» Spätestens 1989 haben sie ihre Lage erkannt und gesprochen – mit Humor und einer von vielen im Westen unerwarteten politischen Reife.

Eine zeitgemäße Entsprechung für die hundertjährige Tradition von Arbeiterbildungs- und Kulturvereinen ist nicht gesucht worden, galten sie doch im Westen als linke Brutstätten. Der denkmalgeschützte Palast in Buna ist dem Verfall preisgegeben, die Fenster eingeschlagen, die Wände ein Paradies für Sprayer. Die Ruine ein treffliches Symbol für die Wertschätzung des kulturellen DDR-Erbes.[93] Das mir einst vertraute Kulturhaus Bitterfeld hat es besser getroffen, es gehört jetzt Preiss-Daimler. In seinem Programm überwiegen Firmengalen, Comedy-Lesungen, Musikantenstadl oder Travestieshows. Heute spricht man von bildungsfernen Schichten, entpolitisierten Arbeitnehmern und rechtslastigen Wählern wie von etwas Unvermeidlichem. Kultur und Kunst haben wieder nach Hause gefunden, zu ihren Eliten.

Das Volkseigentum war das eigentliche, das verrückteste und revolutionärste Wagnis des Sozialismus – mit weitreichenden Folgen bis in die sozialen Beziehungen. War es doch das erste Mal, dass die Wirtschaft nicht von einer für menschliche Belange blinden, unsichtbaren Hand geleitet werden sollte, sondern von einem sichtbaren, kollektiven Akteur, möglichst fähig zu rationalem Handeln. So, wie es gelaufen ist, hat es nicht funktioniert. Doch das beweist gar nichts. 40 Jahre waren auch zu wenig Zeit, um unter den bereitwillig übernommenen, schwerfälligen sowjetischen Planungsmethoden und den Boykott-Sanktionen des Kalten Krieges konkurrenzfähig werden zu können. Das zentrale Thema Eigentum hat in der staatlich finanzierten Diktaturforschung keinen Platz, wen wundert es. Nach 30 Jahren Tabuisierung tauchen nun Reizworte wie *Kollektivierung* oder *Vergesellschaftung* beim Graben nach zeitgemäßen Lösungen wie unentschärfte Bomben wieder auf.

«Die Eigentumsfrage ist die offene Wunde der kapitalistischen Gesellschaft; in ihr liegen die Nerven blank», schreibt Wolfgang Streeck.[94] Unter dem Titel «Der alltägliche Kommunismus» erträumt er eine gemeinnützige «Fundamentalökonomie», in der die soziale Infrastruktur für Wasser, Strom, Heizung, Transport und die sozialen Leistungen für Gesundheit, Pflege und Bildung keine Mittel zur Profitmaximierung sind. Die Kosten der Nichtprivatisierung sollten es wert sein, das kollektive Gut Solidarität zu subventionieren. Dazu bedürfe es verstärkte volkswirtschaftliche Forschung. Dem ist uneingeschränkt zuzustimmen.

Merkwürdig erscheint nur, dass so getan wird, als seien das alles ganz neue Überlegungen, als lägen nicht schon Jahrzehnte Erfahrungen mit praktiziertem, alltäglichem Kommunismus vor. Im Moment der versuchten Rehabilitierung des allzeit verfemten Begriffs muss offenbar vermieden werden, auch nur den Verdacht zu wecken, diktatorische Anleihen beim Realsozialismus nehmen zu wollen. Doch auch der hat einmal mit partizipatorischen Absichten begonnen. Dass die zentrale Planwirtschaft «mit der Eigenverantwortung der sozialistischen Warenproduzenten und der örtlichen Staatsorgane» verbunden ist, stand in der DDR-Verfassung. (Die übrigens 1968 durch einen Volksentscheid angenommen wurde.) Woran und an wem war das Anliegen gescheitert? Was folgt daraus für heute? Selbst die Erinnerung an einstiges Gemeineigentum wird in vorauseilender Vorsicht wie eine Unberührbare behandelt. Wer über Emanzipation nachdenkt und versucht, das Grundprinzip der Profitmaximierung zu brechen, tut gut daran, die gescheiterten Praktiken der DDR und der übrigen RGW-Staaten nicht zu ignorieren. Denn scheitern geht schneller als gelingen.

Das Volkseigentum war nicht einfach Staatseigentum, denn im Unterschied zu heute war die Verfügungsgewalt des Staates darüber begrenzt. Er durfte vieles nicht, wozu Eigentümer ansonsten berechtigt sind: Der DDR-Staat durfte, was «des Volkes eigen» war, nicht verkaufen, also nicht privatisieren, auch nicht beleihen oder verpfänden. Das Volkseigentum gehörte also de jure dem Volk, auch wenn es de facto sehr eingeschränkte Verfügung darüber hatte.

Heute gehört dem Volk auch de jure nichts mehr. Das Volkseigentum wurde privatisiert oder verstaatlicht. Das heißt, es wurde Privateigentum des Staates. Das hat nichts mit Vergesellschaftung zu tun, denn die Gesellschaft und ihre Bürger sind von jeder Verfügung ausgeschlossen. Die staatlichen und kommunalen Vertreter sind befugt, wie Privateigentümer den erklärten Willen von Mehrheiten zu missachten, stattdessen auf dubiose Wirtschaftsberater und Lobbyisten zu hören und die Güter der öffentlichen Daseinsfürsorge zu verscherbeln: Energie, Wasser, Abwasser, Wohnungen, Bildung, Pflege, Verkehrsbetriebe, Post. Eigentum von Bund, Ländern und Kommunen gilt als Privateigentum und wird dementsprechend nach § 903 BGB behandelt.

Danach ist Eigentum das von einer natürlichen oder juristischen Person ausgeübte Herrschaftsrecht über die Sache. Da die Gemeinschaft aller Bürger im BGB als natürliche oder juristische Person unbekannt ist, kann, darf und soll sie kein Eigentümer sein. Das ist der wohl wichtigste Grundkonsens im Kapitalismus. Aber dieses dem Privateigentum vorbehaltene Herrschaftsgebot ist weitgehend verschleiert. Gemeineigentum, wie es auch das Grundgesetz anbietet, hat es in der Bundesrepublik nie gegeben, es gibt dafür überhaupt keine Rechtsmaterie, es ist, nachdem die Westalliierten nach dem Krieg dagegen vorgegangen sind, einfach nicht vorgesehen. Als Einfallstor zur Demokratisierung der Wirtschaft schlicht unerwünscht.

Dafür gibt es Staats- oder Kommunaleigentum als Herrschaftsrecht der juristischen Person Staat. Die Mächtigen können das viel besser kontrollieren, denn Eigentum juristischer Personen ist Privateigentum, auch wenn es kollektiven Verfügungsrechten unterliegt – in dem Fall wahrgenommen durch die Bundes- und Landesregierungen. Diese Verfügungsmöglichkeit macht das Staatseigentum zweifellos zu einem einmaligen, schwer durchschaubaren, Begehrlichkeiten weckenden Konstrukt, was aber nichts an seiner grundlegenden Rechtsform ändert: *Staatseigentum* ist *Privateigentum des Staates.* Kommunales Eigentum ist das Privateigentum der Kommune. Genossenschaftliches Eigentum ist das gemeinschaftlich genutzte Privateigentum der Genossenschaftler. Belegschaftseigentum ist das gemeinschaftlich genutzte Privateigentum der Belegschaft. Aktionärseigentum ist übrigens auch gemeinschaftlich genutztes Privateigentum von Anlegern in einem Unternehmen. Das sogenannte öffentliche Eigentum gehört nicht der Öffentlichkeit. Es ist keine basisdemokratische Rechtsform, sondern unter Auflagen, auf die die Bürger keinen Einfluss haben, nur zur öffentlichen Nutzung freigegebenes, staatliches Privateigentum. Es kann der Öffentlichkeit jederzeit wieder entzogen werden.[95]

Linke Illusion: Allmende

Warum ist es so wichtig zu verstehen, dass all diese Eigentumsformen nur verschiedene Varianten von Privateigentum sind? Natürlich ist es sympathischer und gemeinschaftlicher, wenn sich Genossenschaftler zusammentun oder Belegschaften aufgegebene Betriebe übernehmen, als dass ein einzelner Boss das alleinige Sagen hat. Viele kleinere, unabhängige Initiativen, wie etwa die Tageszeitungen *taz* oder *Junge Welt*, wären ohne eine sie tragende Genossenschaft gar nicht lebensfähig. Alternative Öko-Höfe oder Kunstwerkstätten arbeiten gemeinschaftlich.

Das Problem ist nur, ob Weinbau-Kooperative oder Monopolkapitalist – sie alle unterliegen der brutalen Konkurrenz- und Marktlogik, die fordert, sich gegen andere zu behaupten oder unterzugehen. Auch Genossenschaften betreiben Ausbeutung, nämlich Selbstausbeutung. Auch Belegschaften, denen ein Betrieb gehört, sind motiviert, zum eigenen Überleben und dem ihrer Familien so viel Gewinn wie möglich zu machen. Und sie werden bereit sein, dafür ökologische und soziale Standards niedrig zu halten. Jedenfalls nicht höher als ihre Konkurrenzbetriebe, denn sonst führt ihr Idealismus sie geradewegs in den Bankrott. Auch staatliche oder kommunale Betriebe haben nicht die Erlaubnis, unrentabel zu sein. Sonst droht die Privatisierung. Die Privateigentümern aufgezwungene Interessenlage führt dazu, dass sie sich der zerstörerischen Funktionslogik des Kapitalismus nicht entziehen können. Egal, ob Handwerker-GmbH oder Aktiengesellschaft.

Der wohl prominenteste Theoretiker der Gemeinwohl-Ökonomie, der Österreicher Christian Felber, hat überzeugende Methoden erdacht, wie das große Privateigentum zu begrenzen ist und etwa über regionale Wirtschaftsparlamente mehr Mitbestimmung erreicht werden kann. Haben soll nicht mehr belohnt werden, sondern nur noch Arbeiten. Diese Ansätze zu mehr Demokratie in der Wirtschaft wären hervorragend geeignet, mit Gemeineigentum umzugehen, aber dieser Begriff kommt bei ihm erstaunlicherweise gar nicht vor.

«Langfristiges Ziel der Gemeinwohl-Ökonomie ist, dass möglichst viele Menschen zu MiteigentümerInnen an den Unternehmen werden».[96] Ja, es ist viel sympathischer, wenn ein Betrieb der ganzen Belegschaft gehört und nicht einer Handvoll Patriarchen. Aber dass private Anteilseigner, nur weil sie kleiner sind und sich mit anderen Kleinen zusammengetan haben, es sich deshalb schon leisten können, Tag und Nacht an das Gemeinwohl zu denken, ist eine linke Illusion. Die Belegschaftseigner brechen die zerstörerische Funktionslogik nicht, auch sie verhärten im Hamsterrad kapitalistischer Marktgesetze. Und daran ändern auch Pluspunkte in der «Gemeinwohlbilanz» vermutlich nichts, von denen, falls als Prämie gedacht, zumal nicht klarwird, wer sie bezahlen soll.

Schließlich fehlt auch in Christian Felbers herzerwärmend engagiertem Konzept das Zauberwort *Allmende* nicht. Er nennt es auch *öffentliches Gemeinschaftseigentum*, und da schlittert er meines Erachtens in die nicht nur unter Linken übliche Begriffsverwirrung in Bezug auf das Eigentum, in den folgenreichen Verzicht auf Eindeutigkeit. Ach, würden doch alle Weltverbesserer die Beschäftigung mit Gesetzestexten etwas ernster nehmen, denn sie sind die Chiffren der sich selbst legalisierenden Macht. Ihr juristischer Verschleierungscode muss geknackt werden, wenn politische Forderungen zielgenau sein sollen. Ich gehe davon aus, dass auch österreichisches Eigentumsrecht dem im Westen üblichen angelsächsischen entspricht, wie deutsches ebenso, für das ich hier spreche.

Felber behauptet, öffentliches Eigentum sei «ein Gemeinschaftsgut, das allen gehört». Aber das ist ein Irrtum, weder steht das Volk als Eigentümer in der Verfassung oder in sonst einem Gesetz, noch hat es einen Anspruch darauf, dass öffentliches Eigentum nicht gegen seinen Willen privatisiert wird. (Beides war im DDR-Volkseigentum gegeben.) Das sogenannte öffentliche Eigentum ist nach dem Nestor für Öffentliches Recht und ehemaligen Verfassungsrichter, Hans-Jürgen Papier, eine «Leerformel», ein «Etikettenschwindel». Während das Bürgerliche Gesetzbuch ausführlich die rechtlichen Angelegenheiten des Privateigentums regelt, hat sich ein anderes Eigentumsrecht «aus Mangel an Rechtsmaterie» nicht entwickelt. Es gibt kein öffentliches Eigentumsrecht, weil es kein öffentliches Eigentum gibt. Was ja eine Form von Gemeineigentum wäre. Was schwindelnderweise öffentliches Eigentum genannt wird, ist staatliches oder kommunales Privateigentum, das leihweise öffentlich zugänglich gemacht wird. Diese Widmung kann aber von der Regierung jederzeit zurückgenommen werden, ohne dass die Bürger etwas dagegen tun können – was sie hinreichend als Nichteigentümer ausweist.

Nun gibt es zweifellos vorbildliche Kommunen, die ihren Bürgern weit entgegenkommen und ein hohes Maß an Mitbestimmung gewähren. Felber nennt sie «moderne Allmenden», was für dieselbe linke Illusion steht. Im geltenden deutschen Recht existiert die Rechtsform Allmende nicht. Denn im Gegensatz zu den mittelalterlichen Weiden und Waldstückchen, die niemandem gehörten und daher von allen Dorfbewohnern genutzt werden konnten, gibt es in der eigentumsfundamentalistischen, westlichen Welt heute keinen Quadratmeter Grund und Boden mehr, der keinen Eigentümer hat. Sicher, Kommunen können Flächen oder Grundstücke zur allgemeinen oder kollektiven Nutzung freigeben. Aber die Nutzer sollten sich nicht einbilden, dass sie deshalb Eigentümer sind. Sie sind nur Besitzer, sie sitzen auf einer Sache, die von der Kommunalregierung privatrechtlich verwaltet wird.

Felber nennt drei positive Beispiele für «moderne Allmenden», die aus meiner Sicht vielmehr anschaulich machen, wie abhängig solche Nutzer von der Politik bleiben. Da wäre der Stromversorger SMUD in der kalifornischen Hauptstadt Sacramento. Wie seiner Website zu entnehmen ist, ist er community-owned, also im Eigentum der juristischen Person Kommunalregierung, nicht, wie Felber unterstellt, aller Bewohner. Richtig ist, dass der Betrieb vorbildlich mit der Bevölkerung vernetzt ist, jede Region wählt für vier Jahre einen Vertreter in die Direktion. 1989 durften die kalifornischen Kunden des Unternehmens sogar darüber abstimmen, ob das «betriebseigene» (aha) Atomkraftwerk weiterlaufen sollte; sie entschieden sich dagegen.

So viel Bürgernähe wurde begünstigt durch das kalifornische Parlament, in dem die Demokraten jahrzehntelang die Mehrheit hatten. 2003 allerdings wurde der demokratische Gouverneur Gray Davis durch ein Bürgerbegehren, einen Recall, abberufen, was in der US-Geschichte erst zum zweiten Mal vorkam. Grund für den Unwillen der Bevölkerung war unter anderem die kalifornische Energiekrise von 2001, in der es zu großflächigen Stromausfällen kam. Mit dem republikanischen Nachfolger Schwarzenegger hatte das Unternehmen insofern Glück, als der eigentlich extrem Konservative Verständnis für Umweltpolitik hatte. Doch ökonomisch war der regierende Schauspieler eine Null, die Bonität Kaliforniens sank auf den letzten Platz aller US-Bundesstaaten, was für SMUD schwerwiegende Einschnitte bedeutete. Sollte in Kalifornien mal ein Trump-Mann regieren, wird Schluss sein mit der Förderung von erneuerbaren Energien. Mit der schönen alten Allmende haben solche Abhängigkeiten rein gar nichts zu tun.

Felbers zweites Musterbeispiel für «moderne Allmende» kenne ich aus eigener Anschauung; es ist der seit 1989 erstmalig auf der Welt praktizierte Bürgerhaushalt in der brasilianischen Großstadt Porto Alegre. Ich selbst habe immer wieder geschwärmt von diesem Beweis für Aktivbürgerschaft, für den die Stadt 1996 von der UNO den Titel Welthauptstadt der Demokratie verliehen bekam. Die gewählte Linkskoalition hat damals in der bankrotten, korrupten Stadt die Bürger einbezogen in die Beratungen über Ein- und Ausgaben der gesamten Stadtentwicklung, sie konnten sich in Haushaltsrecht und Moderation von Versammlungen qualifizieren und haben sich eine hohe Mitentscheidungskompetenz erarbeitet, mit spürbaren Erfolgen. Hatte anfangs nur die Hälfte der Häuser Anschluss an die Trinkwasserleitungen, so haben das heute alle. Porto Alegre hat die höchste Alphabetisierungsrate in Brasilien. Und schließlich haben Bürger der Stadt das Weltsozialforum gegründet, mit seinem hoffnungsvollen Motto: Eine andere Welt ist möglich.

Dieses wunderbare Forum hat inzwischen 14 Mal in verschiedensten Teilen der Welt stattgefunden, doch seine Mobilisierungskraft lässt nach, weil die andere Welt in immer weitere Ferne rückt. Auch mehren sich die Stimmen von Beteiligten in Porto Alegre, die Ergebnisse nicht mythisch zu verklären.[97] Zwar konnten sie zur Legitimation politischer Entscheidungen beitragen, aber nicht zur Veränderung der bestehenden Macht- und Eigentumsstrukturen. Die vorübergehende Mitbestimmung von Bürgern in städtischen Betrieben macht aus diesen noch lange keine «Volksbetriebe» oder gar «moderne Allmenden», wozu Felber sie schönredet. Die krasse Kluft zwischen wohlhabenden Vierteln und den Slums der Stadt konnte nicht verringert werden. Auch deshalb wollten die Wähler die regierende Arbeiterpartei abstrafen – und hatten dazu keine andere Möglichkeit, als sich selbst mit dem ultrarechten Präsidenten Jair Bolsonaro zu bestrafen. Unter ihm ist ein Kulturkampf ausgebrochen, der die brasilianische Demokratie in Frage stellt. Da muss man um die partizipatorischen Modelle bangen.

In Spanien und Italien wurden nach konservativen Wahlerfolgen Bürgerhaushalte jedenfalls massiv zurückgefahren. Dennoch sollen sie als Lernorte für demokratisches Handeln in der Kommunalpolitik nicht kleingeredet werden. Mischformen, auch mit online-Beteiligung, gibt es heute auf der ganzen Welt, in Europa, Russland, ansatzweise in Afrika, am wenigsten in Asien, dort vor allem in China. Den weltweit größten Bürgerhaushalt mit einem jedes Jahr zu entscheidenden Budget von 100 Millionen Euro bietet Paris seinen Bürgern an. Doch nur drei Prozent der berechtigten Einwohner nehmen teil. Schade. Geht es den Parisern zu gut? Oder leben sie im Gegenteil unter einem so harten Konkurrenzdruck, dass sie weder Zeit noch Kraft aufbringen wollen für ein Angebot, von dem sie ahnen, dass es am Grundübel der kapitalistischen Funktionslogik nichts ändern wird?

Die Schweiz mit ihrer direkten Demokratie ist in Sachen Mitbestimmung ein erstaunlicher Vorreiter. Letztlich kann man sich aber darauf verlassen, dass die Schweizer sehr, sehr konservativ sind. Einer Enteignung von Produktionsmitteln zugunsten von Gemeineigentum würden sie nie zustimmen. Felber lobt zu Recht die in den 1980er Jahren getroffene Volksabstimmung, die sich gegen die Privatisierung der staatlichen Eisenbahn und für ihren Ausbau ausgesprochen hat. Mit Sicherheit hat der Schweizer Staat mehr Geld und Verstand in die Führung seines Unternehmens gesteckt als der deutsche. Hierzulande wird niemand den wie ein Privatunternehmen geführten Staatskonzern Deutsche Bahn bewundern, der für Streckenstilllegung, Verspätung, Preissteigerung, Bespitzelung von Aufsichtsräten und Mitarbeitern steht und gegen den Willen der kraftvollen Stuttgart-21-Bewegung Milliarden zerstörerisch in den Sand setzt. Wo jahrelang protestierende Bürger dennoch nicht verhindern können, dass sich der Chef dafür zweieinhalb Millionen Euro Jahresgehalt genehmigt, sollte man den guten Namen Allmende auch mit dem Modell staatseigener Bahnen nicht belasten. Der Staat bleibt letztlich «wirklicher Gesamtkapitalist», der seine Staatsbürger ausbeutet, wie schon der alte Engels wusste.

Kapitalismus mit Ewigkeitsgarantie: Eine Warnung

Ein überzeugendes Beispiel für «öffentliches Gemeinschaftseigentum» wird man vergeblich suchen, weil es das nicht gibt. Nein, lieber Christian Felber und verehrte weitere Autoren, die den Eindruck erwecken, es lägen alle Instrumente zur Humanisierung der Gesellschaft schon vor, und wir müssten nur die Ärmel hochkrempeln und sie ergreifen. Das ist ein Trugschluss! Das Suggerieren von Lösbarkeit hindert daran, den Tatsachen ins Auge zu sehen. In den USA gibt es seit Jahrzehnten Hunderttausende Kooperativen und Genossenschaften – das mag deren Mitgliedern das Leben erleichtert und teilweise zu unternehmerischen Erfolgen geführt haben –, an den marktradikalen, krank machenden gesellschaftlichen Strukturen hat das nichts geändert. Wir haben in den letzten 30 Jahren erlebt, wie schwach soziale Besitzstände hierzulande juristisch gesichert sind, gegenüber dem geheiligten Privateigentum an Grund und Boden oder Produktionsmitteln. Die sozialen Rechte einzuschränken verstößt nach Axel Honneth gegen die «staatliche Gewährleistung privater Autonomie».[98] Die Gesetze sind dennoch so beschaffen, dass es jeder Art von Marktwirtschaft legal möglich ist, in reinen Marktfundamentalismus zurückzufallen. Da nutzen keine beschönigenden Umschreibungen. Es gibt viele wunderbare Theorien. Aber praktisch existiert bislang kein bewährtes Mittel, die apokalyptische Wucht des Kapitalismus aufzuhalten.

Die große Frage ist, wie die grundfalsche kapitalistische Funktionslogik von Profitmaximierung durch Wachstumszwang, von Privilegierung der Privilegierten und Schwächung der Schwachen durchbrochen werden kann. Nicht vorübergehend gezähmt und eingedämmt bis zur nächsten Krise, in der sie wieder voll durchschlägt. Sondern wirklich vom Kopf auf die Füße gestellt. Das heißt von Privatwohl auf Allgemeinwohl. Von Oligarchie auf Demokratie. Von Existenzangst auf Freiheit von Not und Bevormundung. Neugierig höre ich auf Lösungsvorschläge. Der Stein der Weisen ist nicht in meinem Besitz. Auch nicht nach Lektüre einiger der ganze Bibliotheken füllenden, hochinteressanten Bücher[99] zu alternativen Zukunftsstrategien.*

* Ich habe seit langem den Wunsch, eine Webseite zu erstellen mit einer Bibliographie all dieser enorm anregenden, zukunftsweisenden Bücher, von denen man zumindest einmal gehört haben sollte. Vielleicht mit kurzen Resümees. Die Seite wäre offen für Leser, die Titel ergänzen wollen. Ich habe es nicht geschafft. Hat nicht jemand Lust, so etwas in Eigeninitiative zu starten?

Eine überzeugendere Option als die wirklichen Gemeineigentums hat sich mir nicht erschlossen. Ein Eigentum also, das nicht separaten Gruppen gehört, die damit immer separate Interessen verfolgen, sondern tatsächlich allen. Das durch keine feindliche Übernahme und keinen Politikerwechsel entzogen werden kann. (Nur durch Verfassungsänderung in einem Volksentscheid.) Auch Produktionsverhältnisse und Verfügung wären gesetzlich zu regeln. Was zweifellos schwierig wird, da es für jede ökonomische Theorie eine Gegentheorie gibt. Angebot oder Nachfrage, Zinseszins oder ein anderes Geldsystem, Finanzkapital zähmen oder liberalisieren? Ich kenne keine andere Gesellschafts«wissenschaft», die so wenig gesichertes Wissen schafft und so viele Interessen und Ideologien bedient. Dabei sollte die Basis für Korruption weitgehend entfallen in einer Gemeinschaft, in der von großen Aufträgen alle Gemeinschaftseigentümer profitieren und nicht einzelne; auch Wahlkampfspenden würden sich erübrigen. Weil auch die Demokratie sich ändern muss.

Eine Gesellschaft, in der solches Gemeineigentum dominant ist, wäre die einzige, die gemeinschaftlich erwirtschaftete Überschüsse aus freiem, demokratisch ermitteltem Willen in einen Topf werfen kann, aus dem ein Luxus ganz anderer Art subventioniert würde: heilig nicht Geld, sondern Gattung, Solidarität mit Mensch und Tier und Baum und Meer. Kinder first, Alte fürstlich. Loben statt toben, lieben statt loosen. Keine Rüstung, aber Entrüstung über Gewalt. A-Waffen ächten und abschaffen. Wirtschaft selbstverwaltet statt selbstgefällig, radikal weniger, aber nützliche Arbeit für jeden. Mehr Zeit füreinander und für politische Teilhabe. Weniger digitaler Müll, mehr Mühe für Bildung. Weniger Konsum, mehr Kunst für alle. Preise, die den Naturverbrauch ausweisen. Weniger Gas, mehr Gastfreundschaft. Weniger Jetten, mehr Joggen. Nulltarif im Nahverkehr, autofreie Innenstädte, Menschen und Güter auf die Schiene, nicht auf die Autobahn. Urlaub nebenan, am glasklaren Fluss, nicht auf der Rückseite des Globus. Schon das Formulieren der Alternativen macht klar: mehr Spaß, aber weniger Spanferkel.

Ob für den Bruch der Funktionslogik ein «alltäglicher Kommunismus» a là Streeck genügt, in dem nur die Fundamentalökonomie sozialisiert würde, oder ob die ganze Großindustrie und die Banken ebenfalls in Gemeineigentum zu überführen wären, muss die Gemeinschaft herausfinden. Wenn für Mehrheiten die Richtung klar ist, wird das Revolutionäre in der Eroberung der Gesetzgebung liegen. Ohne veränderte Gesellschaftsverträge und Verfassungen läuft gar nichts, soll es doch rechtsstaatlich zugehen. Denn die jetzige Macht hat sich juristisch abgesichert. Und hier, liebe bewundernswerte junge Freunde von *Fridays for Future*, liegt der Hase im Pfeffer.

Ihr wisst auch das, auf einem eurer Plakate habt ihr *Climate Change* durchgestrichen und darüber *System Change* geschrieben. Ihr habt vor vielen Erwachsenen verstanden, dass es keinen Klimawandel ohne einen Politikwandel geben wird. Daher: Wer vom Kapitalismus nicht reden will, sollte auch vom Klima schweigen. Wer vom Klima nicht schweigt, darf wiederum nicht unerwähnt lassen, dass nach Meinung vieler Fachleute der größte Umweltverschmutzer der Welt das Militär des US-Imperiums ist. Auf seinen 1400 Militärbasen in aller Herren Länder verbraucht, also verbrennt, es täglich 320000 Barrel Öl – nichts und niemand soll mehr Treibhausgase emittieren. Bei den täglichen Übungsflügen und Manövern sollen megatonnenweise Schadstoffe in die Umwelt gelangen.[100]

Selbst unbenutzte Waffen zerstören im Frieden, was sie im Krieg zu schützen vorgeben: Sie binden menschliche Kreativität für technische Todbringer, statt die Kapazitäten gegen die natürlichen Todbringer, die Geißel der Menschen wie Krebs, Aids oder Malaria, zu vereinen. Ja, Krankheiten und Umweltverseuchung sind oft Spätfolgen von A-Waffentests oder Uranmunition. Wer also in der Klima-Bewegung vorankommen will, muss mit der Friedensbewegung zusammenarbeiten. Und da zum Frieden der soziale gehört, ist auch der traditionelle Klassenkampf nicht obsolet. In Europa soll die Kluft zwischen Arm und Reich heute so groß sein wie vor der Französischen Revolution – erst kommt das Fressen, dann kommt das Klima.

All das gehört zusammen, das wisst ihr. Menschen lernen nur nach selbstgemachten Katastrophen. Aber sie lernen. Das ist das Positivste, was im Moment zu sagen ist.

Aber da ist noch etwas, liebe Generation Alarm, was ihr womöglich unterschätzt. Der Kapitalismus hat sich mit seinem Rechtssystem nicht nur abgesichert, sondern er ist weiter gegangen: Er hat sich eine juristische Ewigkeitsgarantie geschaffen. Auch das deutsche Grundgesetz hat drei Artikel für unabänderlich erklärt: die Einhaltung der Menschenrechte, die demokratische Sozialstaatlichkeit und die föderale Struktur der Bundesrepublik. «Mit diesem Schritt kreiert das Grundgesetz etwas, das gelegentlich ein Paradoxon genannt wird: Es entzieht der Demokratie die Möglichkeit zu ihrer Abschaffung auf demokratischem Weg.»[101] Zumindest für die ersten beiden Staatsziele kann man das uneingeschränkt begrüßen. Aber solche Eingriffe müssen die absolute Ausnahme bleiben. «Sie können nur für die grundlegendsten Werte des Zusammenlebens angewandt werden», meint Gregor Gysi als Jurist.

Der Kapitalismus hat der Demokratie die Möglichkeit zu seiner Abschaffung entzogen. Hatte das Grundgesetz bewusst die Entscheidung für ein wirtschaftliches System offengelassen, so hat die EU mit ihren Verträgen von Maastricht, die keine demokratische Legitimation haben, diese Lücke geschlossen. Die Marktwirtschaft ist mit den sogenannten vier wirtschaftlichen Grundfreiheiten zu «unverfälschtem» Wettbewerb festgeschrieben. Sie enthalten ein gemeinschaftliches Liberalisierungsgebot und verpflichten zu Deregulierung. Damit wurde die von Naomi Klein beschriebene Schocktherapie des Washington Consensus der Nachwendejahre verewigt. Eine Wirtschaftspolitik, propagiert und gefördert von der Weltbank und dem Internationalen Währungsfonds, unter der Russland beispielsweise größere volkswirtschaftliche Verluste erlitt als während des 2. Weltkrieges. In dieser Zeit fiel die Industrieproduktion der Sowjetunion um 24 Prozent, in den zehn Jahren nach ihrer Auflösung um fast 60 Prozent.[102] Wenn Vertreter des Club of Rome angesichts heutiger

Herausforderungen die derzeitige Marktlenkung für veraltet halten, werden sie nicht erhört werden. Der EU-Vertrag kann vorsorglich nur einstimmig geändert werden, was bei 28 Staaten nie geschehen wird.

Die US-dominierte Nato ist die Schutzarmee des Kapitalismus. Staaten, die es wagen, ihre Natur-Ressourcen privaten Eigentümern entziehen zu wollen, werden früher oder später zu Schurkenstaaten erklärt und mit dem selbstmandatierten Recht zu Gewalt angegriffen. Das ist viele Male geschehen. Regierungen, die verstaatlichen wollen, setzen ihre Bürger einem großen Risiko aus.

Macht euch bewusst, dass unsere repräsentative Demokratie der optimal legalisierende Schutzmantel des Kapitalismus ist. Lest in Hannah Arendts Buch *«Über die Revolution»*, weshalb sie der Meinung ist, dass die Parlamente «nicht mehr als Organe der Volksmacht anzusehen (sind), sondern als sehr wirksame Hilfsmittel, diese Macht einzuschränken und zu kontrollieren». Versucht zu verstehen, weshalb diese nach Belieben vereinnahmte Philosophin die repräsentative Demokratie durch ein Rätesystem ersetzen wollte. Erkundigt euch danach. Auch über die Vorzüge gebundener Mandate. Und über eine Zusammensetzung von Parlamenten, die nicht nur von Parteien bestimmt wird. Fragt, weshalb die Jusos und die Grünen einst mit entschiedenen Forderungen nach Rätestrukturen gescheitert sind.

Lest in Bernie Sanders Buch *«Unsere Revolution»*, weshalb er die US-amerikanische Ordnung, die sich doch als Pate aller Demokratie versteht, als «Demokratiefarce» bezeichnet. «Die Menschen glauben nicht mehr daran, dass die Regierung ihre Interessen vertritt.» Weil die Wahlkampffinanzierung der Reichen dafür sorgt, dass nicht die einfachen Bürger repräsentiert werden. «Was heute abläuft, ist eine absolute Schande.»

Vergesst nicht, dass Geheimdienste unter dem Deckmantel der Terrorbekämpfung allzu auffällige Abweichler und potenzielle Gefährder ihrer Ordnung observieren. In welchem Ausmaß, hat uns Edward Snowden mit viel Risiko für ihn selbst offenbart.

NEBENBEMERKUNG: *Edward Snowden*

Ist es nicht beschämend, dass ein auf der ganzen Welt als Held verehrter Whistleblower wie Edward Snowden, der uns allen die Augen geöffnet hat, was US-Geheimdienste und deren Verbündete mit uns treiben, sich in diese Welt nicht wagen darf? Snowden hat auch ein neues Zeitalter des Strafrechts begründet, da sich mehr und mehr die Erkenntnis durchsetzt, dass Aufdecken staatlicher und privatwirtschaftlicher Rechtsbrüche gesellschaftlich erwünscht ist und nicht bestraft werden darf. Aber praktisch wagt der Westen nicht, sein Rechtsbewusstsein gegen die USA durchzusetzen. Nach deutschem Asylrecht ist Snowden ein politisch Verfolgter, der an die USA nicht ausgeliefert werden dürfte, weil ihm Haft, Folter und, nicht auszuschließen, gar die Todesstrafe drohten. Aber der sich wie ein US-Protektorat gebärdende deutsche Staat lehnt das Asylgesuch von Snowden ab, wie all die andern 21 Staaten, in denen er sich vergeblich darum bewarb. Dabei haben seine Anwälte an die politischen Führer der EU-Staaten appelliert, Snowden in der EU aufzunehmen. Der Whistleblower habe einen «immensen Beitrag zum Schutz unserer Freiheiten» geleistet und verdiene «eine echte Zuflucht, ein Land der Freiheit, in dem er und seine Familie in Frieden leben können». Es gab keine nennenswerten Reaktionen. Auch das Nobel-Friedenspreis-Komitee hat bisher, trotz vieler Vorschläge, nicht gewagt, Snowden zu berücksichtigen. So bleibt das einzige Land des Asyls für die Wahrheitsikone vorerst ausgerechnet Russland. Er erlaubt sich dort sogar, die russische Regierung als korrupt zu kritisieren und zu versichern, mit der Politik Putins «definitiv nicht einverstanden» zu sein.

Bisher ist es dem kapitalistischen Westen immer wieder gelungen, Kritiker auszugrenzen, zu bedrohen, ihren Protest totlaufen zu lassen, sie aufzukaufen oder durch PR-Strategien fragwürdig zu machen und zu zersetzen. Kapitalismuskritiker müssen damit rechnen, als Verschwörungstheoretiker oder gar als Antisemiten verunglimpft zu werden. Die bankenkritische Occupy-Bewegung hatte zuletzt die vollkommen richtige Losung ausgegeben: Occupy the Law. Doch das hat das bestehende Recht nicht zugelassen. Bürger als Gesetzgeber müssen zudem ein profundes Maß an Sachkenntnis aufbringen, was im Gegensatz zu den bezahlten Profis viel Enthusiasmus verlangt, aber nicht unmöglich ist.

Der Friday wird nicht frei von Blockaden sein, liebe Future-Aktivisten.

Menschen, die friedlich die Systemfrage stellen, müssen davon ausgehen, von De-facto-Geheimdiensten der Wirtschaft als «terroristisches Ziel» bekämpft zu werden. Die EU-Terrorismusdefinition kommt diesen Diensten entgegen. Das Ziel, die wirtschaftlichen oder sozialen Grundstrukturen eines Landes umzustürzen, also zu zerstören, ist Terrorismus. Dass die Sozialisierung öffentlicher Güter als Zerstörung gegenwärtiger Strukturen angesehen wird, ist angesichts feudaler, außergerichtlicher Schiedsgerichte, wie sie in Freihandelsabkommen eingerichtet sind, nur zu wahrscheinlich. Dieses Risiko müsst ihr einkalkulieren. Greenpeace ist bereits nach dieser Klausel verurteilt worden.

Wenn ihr Manager großer Unternehmer davon überzeugen wollt, nach Gemeinwohlprinzipien zu wirtschaften, werden sie bedauernd darauf verweisen, dass sie nach Aktionärsgesetz ihren Aktionären verpflichtet sind. Die würden sie sonst von ihrem Posten jagen.

Wenn es tatsächlich gelingen sollte, das Unternehmen «Deutsche Wohnen» mit seinen den Mietern abgepressten 18 Prozent Rendite zu enteignen, könnte die EU mit ihrer am römischen Recht ausgerichteten Eigentumsdogmatik dazwischengehen. Der EGH ist längst auf Linie gebracht: Osteuropäische Bauarbeiter müssen in Deutschland nicht nach Tarif bezahlt werden, weil das die Freiheit der Unternehmen einschränken würde.

Natürlich auch der Bundesfinanzhof. Nach fünf Jahren juristischer

Auseinandersetzung um die Gemeinnützigkeit der international das Wirtschaftssystem attackieren wollenden Bewegung Attac hat er am 26.2.2019 ein für die Zivilgesellschaft verheerendes Urteil gesprochen: Es schränkt deren künftiges politisches Engagement stark ein und bedroht sie mit dem Verlust der Gemeinnützigkeit, indem er die Prüfung an die Erstinstanz zurückverwiesen hat. In ihrem Kampf fürs Gemeinwohl braucht die aktive Zivilgesellschaft Rechtssicherheit. Sonst kann sie von der Politik keine Transparenz einfordern oder Lobbymacht öffentlich machen.

Das, liebe Freunde der Generation Alarm, kann man sowieso nur sehr bedingt. Eine neue EU-Richtlinie erklärt das meiste, was uns interessiert, zum Geschäftsgeheimnis und gewährt der Öffentlichkeit nur in engbegrenzten Ausnahmefällen ein Auskunftsrecht. Der Deutsche Gewerkschaftsbund hat schon vergeblich dagegen protestiert. Hofft nicht darauf, nach jetziger Gesetzeslage als Whistleblower einen guten Rechtsschutz zu haben. Der Tatbestand «Datenhehlerei» gilt als strafrechtliches Minenfeld. Aufdecken, wie Konzerne Steuern sparen und unterschlagen, dürft ihr genauso wenig wie Wirtschaftsprüfer.

Im Pressewesen gibt es keine Rechtsschutzversicherung, weil die Interpretation dessen, was von der Meinungsfreiheit gedeckt ist und was nicht, so unvorhersehbar ist, dass dies jeden Versicherer ruinieren würde. So bleibt das Risiko bei den Bloggern, den Journalisten und ihren Verlegern. Auch deshalb sind die Medien, wie sie sind. Medienplattformen in Gemeinbesitz gibt es selbstredend nicht. Die Privaten agieren nach eigenem Gutdünken, Gutverdienen. YouTube ist eine private Firma und darf schalten und walten, wie immer sie will.

Im Juli 2019 hörte man, dass das Medienportal Nuo-Viso-TV von YouTube abgeschaltet wurde, also seine 170 000 Abonnenten. Vielen, wie auch mir, wird seine Existenz dadurch zum ersten Mal aufgefallen sein. Es habe gegen die Nutzungsbestimmungen verstoßen, hieß es ohne jede Vorwarnung und nähere Begründung. Die Löschung des Kanals erfolgte nur Minuten, nachdem eine Folge hochgeladen worden war, in der Deutschland für seine Mitverantwortung an dem Elend in der Welt angeklagt wurde. War die Darstellung überzogen? Ist meine noch genehm? Nach heftigen Protesten aus der Szene der freien Netzplattformen wurde die Sperre dieses Kanals, mit einem offenbar breiten Meinungsspektrum von meist links bis gelegentlich eher rechts, nach vier Tagen wieder aufgehoben. Wer künftig von wem, wofür zensiert werden wird, ist völlig offen.

Ich habe in diesem Buch zu zeigen versucht, dass die «Fehler» der postsozialistischen Zeit keine Versehen waren, sondern Absicht. Daran zu erinnern, ist nicht unwichtig. Inzwischen geht es aber nicht mehr darum, ob dieses oder jenes zu vermeiden gewesen wäre. Das Dilemma ist nicht, dass der Osten noch kein richtiger Westen geworden ist. Das Dilemma ist eher, dass er sich schon zu viel angenähert hat. Heute bin ich mir noch sicherer, dass der eigentliche Fehler darin bestand, dem falschen System beizutreten.

Das mag auf den ersten Blick ignorant gegenüber den Zuständen erscheinen, aus denen wir uns einst befreien wollten. Ob Sozialismus je so leistungsfähig sein könnte wie der Mensch und Natur burnoutende Kapitalismus, ist fraglich. Ob Produktivität aber der erstrebenswerteste Gesichtspunkt bleibt, scheint inzwischen ebenso fraglich. Es geht ums Maßhalten zwischen Extremen: Konsummaschine oder Klimaschützer? Luxus oder Limit? Jedes haben oder jemand sein?

Wir hatten eine Gesellschaft, in der, nach meinem Empfinden, im Großen und Ganzen und auch notgedrungen Besitz weniger wichtig war als Beisammensein. Am Ende war man sogar beisammen, um den Machtapparat demokratischer Kontrolle zu unterwerfen. Einfache Bürger wie ich konnten den in Untersuchungshaft sitzenden Sicherheitschef (Erich Mielke) vernehmen. Polizeipräsidenten wurden auf Forderung der Basis ebenso abgesetzt wie Generalsekretäre. Mit etwas mehr Zeit hätte womöglich der Beweis erbracht werden können: Es wäre einfacher gewesen, mit Hand an der Macht und Volkseigentum im Rücken eine humane Gesellschaft zu schaffen, als mit der festgezurrten Fußangel von Eigennutz, Konkurrenz und Wachstum.

Unsere nachträgliche Kritik an der Kapitalmaschine konnte an den Machtverhältnissen nichts ändern. So wird es auch eurer Kritik ergehen. Ihr habt schon erfahren, dass es allen Lohnabhängigen per Gesetz verboten ist, an den Fridays mitzustreiken, denn sie haben kein politisches Streikrecht. Eure Eltern müssten extra um Urlaub bitten, um sich in eure Future-Demos einzureihen. Wenn sie sich daran nicht halten, droht ihnen Abmahnung oder Kündigung. Das könnt auch ihr nicht wollen – wer bezahlt dann das Ticket zu euerm nächsten Kongress?

Wer sich an die Spielregeln hält, hat das Privileg, auf Kosten anderer in den Genuss von Wohlstand und relativen Freiheiten zu geraten – dessen bin ich mir durchaus bewusst. Mein Leben ist angenehm. Aber gutes Leben nur für sich selbst ist kein gutes Leben. Ich sehe, wohl ähnlich wie ihr, die ganze Welt in ihrem erbärmlichen, bedrohten Zustand. Er erklärt sich aber wesentlich aus der Ewigkeitsgarantie, die der Kapitalismus sich geschaffen hat.

Glaubt mir, ihr habt keine Chance.

Oder glaubt mir nicht, und macht was draus.

ANMERKUNGEN

1 Widerstand darf auch Spaß machen, Interview mit Herbert Grönemeyer in der *taz* vom 11.11.2018

2 DDR zwischen Wende und Wahl. Meinungsforscher analysieren den Umbruch, hrsg. von Peter Förster und Günter Roski, Berlin 1990, S. 54.

3 Horst Teltschik: 329 Tage. Innenansichten der Einigung, Berlin 1991, S. 164.

4 Ebenda, S. 129.

5 Christoph Links: Umgestaltung der ostdeutschen Verlagslandschaft im Prozess der deutschen Einheit, Dissertation an der Humboldt-Universität, Juni 2008.

6 Ernst Ulrich von Weizsäcker (Hg.): Wir sind dran. Was wir ändern müssen, wenn wir bleiben wollen, Gütersloh 2017.

7 Zusammen-wachsen, Gespräche aus einer Wende, Berlin 1992.

8 Emnid, September 2018.

9 Sebastian Haffner: Der Verrat, Berlin 1993, S. 150.

10 Arbeitsbienen für den Staat, *Spiegel* 7/1990.

11 *n-tv*, 7.12.2004.

12 Hans-Ulrich Wehler: Deutsche Gesellschaftsgeschichte, Bd. 5; München 2008, Vorwort, S. XV.

13 Arnulf Baring: «Deutschland, was nun?», Berlin 1991, S. 59.

14 Zusammen-wachsen, Gespräche aus einer Wende, hrsg. von Ulrich Herold, Friedrich Schorlemmer, Berlin 1992, S. 134.

15 Daniela Dahn: Gendern, in: *Ossietzky* 19/2016.

16 Interview mit Raed Saleh im *Tagesspiegel* vom 30.9.2018.

17 Ilko-Sascha Kowalczuk: Stasi konkret. Überwachung und Repression in der DDR, München 2013, S. 235.

18 Karsten Krampitz: Aktenberge als Splitterbomben. Bilanz zur Überführung der Stasi-Akten ins Bundesarchiv, *ND* vom 18./19.5.2019.

19 Heiner Müller: Werke, herausgegeben von Frank Hörnigk, Bd. 8, S. 438.

20 Daniela Dahn: Der Waschzwang des Staates oder wem gehört die Gauck-Behörde, in: *Süddeutsche Zeitung* vom 17./18.1.1998.

21 Siehe Klaus Marxen u. a.: Die Strafverfolgung von DDR-Unrecht, Fakten und Zahlen, Berlin 2007, S. 43.

22 Hannah Arendt: Elemente und Ursprünge totaler Herrschaft, Vorwort zur 3. Auflage 1966, München 2000, S. 635 f.

23 Klaus Bästlein: Der Fall Globke. Propaganda und Justiz in Ost und West, Metropol-Verlag, Berlin 2018.

24 Ebenda, S. 136.

25 Ebenda, S. 143.

26 Zahlen aus: Klaus Bästlein: Das Urteil gegen Hans Globke, in: Nach Auschwitz: Schwieriges Erbe DDR, Frankfurt / M. 2018, S. 92.

27 Ebenda, S. 178.

28 Siehe Annette Weinke: Die Verfolgung von NS-Tätern im geteilten Deutschland. Vergangenheitsbewältigung 1949–1969, Paderborn 2002.

29 Behörde lauschte den «Landsern», *Neues Deutschland* vom 16. 11. 2004.

30 https://novelero.de/auf-ein-wort-mit-manja-praekels/.

31 https://www.spiegel.de/netzwelt/netzpolitik/hans-georg-maassen-der-heimliche-rechtswunsch-des-verfassungsschutz-chefs-a-1227675.html.

32 Vorgänge 203, Zeitschrift für Bürgerrechte und Gesellschaftspolitik, S. 132 f.

33 https://www.welt.de/politik/deutschland/article160942859/Wenn-selbst-dem-Richter-Zweifel-an-der-Strafjustiz-kommen.html.

34 Siehe dazu ausführlicher in: Daniela Dahn: Schiefer Vergleich? Widersprüchliche Bewertung von NS-Verstrickung, *Freitag* vom 20. 4. 2007.

35 Grundriß der Geschichte für die Oberstufe der höheren Schulen, Klett-Verlag, Stuttgart 1964, S. 183.

36 http://www.hagalil.com/archiv/2002/01/riga.htm.

37 *Der Spiegel* 6/1997, S. 37.

38 https://www.dw.com/de/deutsche-renten-an-belgische-ss-freiwillige/a-47604523.

39 https://www.rbb-online.de/kontraste/ueber_den_tag_hinaus/diktaturen/rentenskandal--juedische-opfer-kaempfen-um-anerkennung--ss-leute.html.

40 Siehe: «Und diese verdammte Ohnmacht, Report der Untersuchungskommission zu den Ereignissen im Oktober 1989, Hrsg. von Daniela Dahn und Fritz-Jochen Kopka, BasisDruck 1991.

41 *Panorama*-Sendung vom 30. 1. 1997. Zum selben Thema auch die Sendungen vom 29. 3. 1993 und 28. 8. 1997.

42 Régine Robin: Gedächtnis einer Stadt, Berlin 2002, S. 178.

43 Franziska Augstein: Von Treue und Verrat – Jorge Semprun, München 2008, S. 285 f.

44 Joachim Perels: Entsorgung der NS-Herrschaft?, Hannover 2004, S. 265.

45 Annette Weinke: Bundesrepublik und DDR: NS-Prozesse als Katalysator kollektiver Lernprozesse?, Konferenzvortrag Tübingen 19.4.2008.
46 Zitiert aus: Kleines Land mit großem Herzen, *Spiegel* vom 14.10.2013.
47 Jörg Baberowski: Geschichte für Trottel, *FAZ* vom 26.5.2014.
48 Bernd Sösemann: «Mein Kampf» – eine Edition mit Schwächen, *Tagesspiegel* vom 25.1.2018.
49 Joachim John: Wir lassen uns zu viel gefallen, in: *Schweriner Volkszeitung* vom 13.7.2006.
50 Martin Sabrow: Die NS-Vergangenheit in der geteilten deutschen Geschichtskultur, in: Teilung und Integration, Bonn 2005, S. 139.
51 Elke Schieber: Tangenten. Holocaust und jüdisches Leben im Spiegel audiovisueller Medien der SBZ und der DDR 1946 bis 1990 – Eine Dokumentation, Berlin 2016.
52 Renate Kirchner: Jüdisches in Publikationen aus DDR-Verlagen 1945–1990. Eine Bibliografie; im Anhang des Buches: Detlef Joseph: Die DDR und die Juden, Berlin 2010, S. 264–399.
53 Matthias Krauß: Völkermord statt Holocaust, Jude und Judenbild im Literaturunterricht der DDR, Leipzig 2007, S. 182.
54 Bästlein, ebenda, S. 63 f.
55 Monika Schmidt, Schändungen jüdischer Friedhöfe in der DDR, Berlin 2007, 144 Seiten.
56 Jeder achte Deutsche ein Antisemit. *Spiegel*-Umfrage in Nr. 4 vom 20.1.1992, S. 50.
57 Friedrich Ebert Stiftung: Rechtsextreme Einstellungen in Deutschland, Berlin 2006, S. 43.
58 https://www.danieladahn.de/israelkritik-und-meinungsfreiheit-annaeherung-an-ein-schwieriges-thema/.
59 Siehe: www.bdp.deutsch-israelische-beziehungen.
60 *Spiegel* vom 12.6.1967.
61 Annette Vowinckel: Die Verlängerung der deutschen Geschichte in den Nahen Osten, Zeithistorische Forschungen, Heft 2/2004.
62 Kurt Pätzold: Thesen zur Analyse des historischen Faschismus. In: *antifa*, Magazin der VVN-BDA, 5.9.2013.
63 Noam Chomsky: Konzerne müssen nicht existieren, in *Freitag* vom 1.7.2005, S. 3.
64 *Welt am Sonntag* vom 1.12.2002.
65 Heribert Prantl: Jein zum Krieg, *SZ* vom 19.5.2010.
66 https://www.epochtimes.de/politik/welt/911-medien-manipulation-60-prozent-der-amerikaner-bezweifeln-offizielle-version-des-11september-2001-dank-rethink911video-a1181071.html.
67 Forsa-Umfrage im Auftrag der *Zeit* vom 23. Juli 2003.

68 Ein seriös recherchierter Überblick ist z. B.: Mathias Bröckers / Christian C. Walther: 11.9. Zehn Jahre danach, Frankfurt / M. 2017.
69 https://www.siper.ch/institut/medienarbeit/aufgezeichnete-vortraege.html.
70 Hannah Arendt: Wahrheit und Lüge in der Politik, München 1972, S. 42.
71 Jeremy Scahill: Schmutzige Kriege: Amerikas geheime Kommandoaktionen, München 2015, S. 44.
72 http://yemenpost.net/Detail123456789.aspx?SubID=7606.
73 Interview mit Jirí Dienstbier, in: *Freitag* vom 4. 6. 1999.
74 Z. n.: John Laughland, Visitors Justice, *The Spectator* vom 9. 2. 2002.
75 Aus: Jo Angerer und Mathias Werth: Es begann mit einer Lüge, *ARD* am 8. 2. 2001.
76 Jörg Becker und Mira Beham, Operation Balkan: Werbung für Krieg und Tod, Baden-Baden 2006.
77 James Harff, interviewt von Jacques Merlino, dem stellv. Direktor des 2. französischen Fernsehens, im April 1993.
78 Gordana Brun: Zeitbomben ticken noch. Über die Langzeitschäden der Nato-Aggression, *ND* vom 29. 12. 1999.
79 Eckart Spoo, Irreführung der Öffentlichkeit, in: Wolfgang Richter, Elmar Schmähling und Eckart Spoo (Hg.), Die Wahrheit über den Nato-Krieg gegen Jugoslawien, Schkeuditz 2000.
80 Siehe u. a. den 575 Seiten starken, kommentierten Bildband von Heinz Bergschicker: Deutsche Chronik 1933–1945. Bilder / Daten / Dokumente, Berlin 1981, S. 378 f.
81 *Spiegel* 17/1999, S. 32.
82 Régis Gente: Spontan und gründlich geplant, in: *Le Monde diplomatique*, Januar 2005.
83 https://www.craigmurray.org.uk/archives/2016/12/cias-absence-conviction/.
84 Vladimiro Giacché: Anschluss. Die deutsche Vereinigung und die Zukunft Europas, Hamburg 2014, S. 140.
85 David Goeßmann: Die Erfindung der bedrohten Republik. Wie Flüchtlinge und Demokratie entsorgt werden, Berlin 2019.
86 Atlas der Migration, Rosa-Luxemburg-Stiftung, Juni 2019, S. 22.
87 www.faz.net/aktuell/politik/an-afrikas-schulden-verdienen-unter-geiern-1437471-p2.html.
88 Wolfgang Streeck: Platz für pragmatische Gerechtigkeitspolitik!, *FAZ* vom 4. 8. 2018.
89 Julian Nida-Rümelin: Über Grenzen denken. Eine Ethik der Migration, Hamburg 2017.
90 Al Gore: Wege zum Gleichgewicht, Frankfurt / M. 1994, S. 269.

91 Richard Schuberth: Narzissmus und Konformität, Berlin 2018, S. 95.

92 «An der Saale hellem Strande. Ein Kulturhaus erzählt», DVD, 92 min., Basis-Film Berlin, mit ausführlichem Booklet. Erstausstrahlung: 2. Oktober 2012, Bayrischer Rundfunk, 23:15 Uhr.

93 https://www.youtube.com/watch?v=WNCTSP_5YEo.

94 Wolfgang Streeck: Der alltägliche Kommunismus. Eine neue Ökonomie für eine neue Linke, *Blätter für deutsche und internationale Politik*, 6/2019.

95 Siehe dazu ausführlicher in Daniela Dahn: Wir sind der Staat. Warum Volk sein nicht genügt, Reinbek 2013, S. 146 ff.

96 Christian Felber: Gemeinwohl-Ökonomie, Wien 2012, S. 89.

97 Rogerio R. Mororó: Der demokratische Mythos Porto Alegre – Widersprüche und Wirklichkeit eines partizipativen «Planungsmodells», Wiesbaden 2014, 625 Seiten.

98 Axel Honneth: Das Recht der Freiheit. Grundriss einer demokratischen Sittlichkeit, Berlin 2011, S. 143.

99 Z. B. Ernst Ulrich von Weizsäcker u. a. Club of Rome: Der große Bericht. Wir sind dran. Was wir ändern müssen, wenn wir bleiben wollen, München 2017.

100 https://www.greenfinder.de/news/show/us-militaer-der-groesste-umweltverschmutzer-der-welt/.

101 Gregor Gysi: 70 Jahre Grundgesetz, Grundrechtereport 2019, S. 18.

102 Joseph Stiglitz: Die Schatten der Globalisierung, Berlin 2002, S. 170.

MIX
Papier aus verantwortungsvollen Quellen
FSC® C083411

Das für dieses Buch verwendete Papier ist FSC®-zertifiziert.